イスラエル流“やり抜く力”の源を探る

起業家精神のルーツ

Why Israel Is a Hub of Innovation and Entrepreneurship

CHUTZPAH《フツパ》

Inbal Arieli
インバル・アリエリ

前田恵理《訳》

CCCメディアハウス

CHUTZPAH

Why Israel Is a Hub of Innovation and Entrepreneurship

Published by arrangement with Harper Business,

an imprint of HarperCollins Publishers,

through Japan Uni Agency, Inc., Tokyo

子どもたちには、〝何を考えるか〟ではなく
〝いかに考えるか〟を教えなければならない。
——マーガレット・ミード（文化人類学者）

私の最愛なる息子たち
ヨナタン、ダニエル、ヤーデンへ

目次

第17章　どうにかなるさ　……274

※本文中の（＊1）（＊2）……はその章内の原註番号を示す。

イントロダクション

「そんなことは不可能だ、できっこない」

こんな言葉を浴びせられればほとんどの人はあきらめてしまうでしょう。でも、イスラエル人の反応は、これとはまったく違います。彼らは不可能と言われたことを達成しようと奮い立ち、夢を描いて行動を起こします。その結果は当初描いた目標どおりにはいかなくても、それに匹敵するものを達成するのです。おそらく、当初想定したゴールを上回るすばらしい成果をあげることでしょう。

このような彼らの姿勢の根底にあるのは、イスラエル特有の「フッパ」chutzpah精神、つまり人生に対する決然とした態度です。それを粗野で頑固な態度と受けとる人もいるでしょうが、ポジティブにみれば、目標達成のためには穏当な態度よりも一途な姿勢を重視する精神とみなすべきでしょう。フッパ精神を適度にもてば、何事も可能になるのです。家族との夕食の席で自説を言い張る七歳の子どもであろうと、商取引でクリエイティブな解決策を提案する経験豊富なビジネスマンであろうと、フッパ精神のパワー——何事も達成可能とみなす、決然としていて勇敢かつ楽天主義的なパワー——がイスラエル人には浸透しているのです。

フッパ精神のスパイスはイスラエル人の生活のあらゆる面でみることができます。それはまた、技術立国イスラエルの成功にとって不可欠な要素でもあります。イスラエルを「スタートアップ・ネーション」（起業国家）と呼ぶ人もいます。確かに、ぴったりの表現です。イスラエルは世界でもっともスタートアップ企業の集積度が高く、起業家精神のグローバルな拠点として米国を除く世界のトップにランクされているのです。

私はよく次のような質問を受けます。イスラエルはどうやってイノベーションの発祥地になったのでしょうか？　イスラエルはどうして創業の才を次々に生み出すことができるのですか？こうした質問に対する説明として、私はこれまで、先進技術を備えたイスラエル軍の影響とか、学習と探求心を重視するユダヤの長年の伝統などを指摘する声を耳にしてきました。でも、これらの説明は見当違いではないものの、視野が狭すぎます。私にわかってきたことは、イスラエル人は部族的コミュニティの内部でチャレンジとリスクに満ちた幼少期を送るという独特な方法によって育てられ、これがイスラエルの起業家精神を生み出すルーツであるということです。まさにこれこそが、イスラエル人すべてが備えているフッパ精神の根底にあるものなのです。

過去二〇年にわたり、私はイスラエルの起業生態系（エコシステム）にどっぷり浸かって、さまざまな洞察やデータや事例を蓄積してきました。事業を次々と立ち上げるシリアルアントレプレナー（連続起業家）と仕事をしたり、有能なイスラエルの若者たちを育ててきました。

そうしたキャリアを積んだのは、私がイスラエル軍参謀本部諜報局のエリート部隊である8200部隊に所属していたときでした。その間に私はアクセラレーターという業務の促進役やインキュベーターというテクノロジーの才の産婆役を指導したり、グローバルなテクノロジー企業の上級幹部の任を引き受けたり、そして自らも起業家となり、また好奇心あふれる息子三人の母親にもなりました。

長年にわたって、私はイスラエルの起業家精神のルーツを奥深くまで観察し、これに不可欠な主要因を突き止めてきました。その結果、イノベーションと起業家精神は魔法のように突如として生まれるものではなく、また「イノベーション遺伝子」を生まれながらにして宿した少数の選び抜かれた人たちによってなされるものでもなく、幼少期から育まれたある特定のスキルの産物であると強く確信するようになりました。

もちろん私は一介のイスラエル人の母親にすぎず、私の考えは偏っているかもしれません。でも、なぜイスラエルがイノベーションの実験室であり、起業家精神に満ちているのかについての答えは、イスラエルの子育ての仕方にあると私は思っています。

幼児の首が据わるようになった時から、私たちイスラエル人は子どもたちに対して、何も恐れたり遠慮したりせずに周囲を自由に動き回るよう促します。これはまったく、言うは易く行うは難しです。長男のヨナタンが生まれたとき、私は心配でたまりませんでしたが、自分にできることは息子に不安や恐怖心を与えないことなのだと気づきました。比較的容易にそう思えたのは、同じように考える母親が私の周囲に大勢いたからです。私たち母親の役割は、子どもの安全を気にかけたり既知のことを教えたりするだけではなく、子どもの真の自立心を育てることなのです。

　私が息子に自立心をもたせるのは、窮地に対処する方法を学ばせるためです。そのためには一〇〇パーセント安全とは言い切れない状況に追い込んで探求心をもたせ、自分で立ち直るプロセスを経験させることが必要なのです。ここで言っている「自立」は無条件なものであり、生易しいものではありません。

　こうした自由は子どもたちが成長するにつれて拡大していきます。そして、私たちの社会や文化の中に根付き、埋め込まれています。イスラエルはリスク回避社会ではありません。失敗を受け入れ、さらに大事なことは子どもたちが間違いを犯すことを許し、柔軟性と創造性を育て、その結果として目を見張るような発明品を生み出しているのです。


　投資家のウォーレン・バフェットはこう言っています。「オイルを求めて中東に行くなら、イスラエルは除外することだ。だが頭脳を求めて行くならイスラエルだ。イスラエルには桁外れの頭脳とエネルギーがある」（＊1）

　今日、イスラエルは人口比換算でスタートアップ企業の数が世界一であり、二〇〇〇人当たり一社以上となっています。つまり、人口わずか八〇〇万人（面積は米国のミシガン湖のおよそ半分に過ぎない）のイスラエルでは、スタートアップ企業の数が五〇〇〇社を超え、成熟したテクノロジー企業も一〇〇〇社にのぼっているのです。

世界経済フォーラム・イノベーション・レーティングによれば、イスラエルは一三八ヵ国中第三位のイノベーション大国です。チェリートマトから点滴灌漑まで、はたまた世界初のカプセル内視鏡からこれまた世界初のオンラインチャットのソフトウエア、ＵＳＢフラッシュドライブからスマートフォン向けのＧＰＳ高精度アプリケーションWazeの開発など、枚挙にいとまがないほどです。イスラエルはＧＤＰ（国内総生産）に占める研究開発費の割合でも世界トップであり、従業員数に占める科学者や研究者の割合でもＯＥＣＤ諸国中でトップです。ノーベル賞では、イスラエルは一九六六年以来、化学、経済学、文学、平和賞などの分野で一二人の受賞者を輩出しています。そのユニークなケースは、英国ＭＲＣ分子生物学研究所のベンカトラマン・ラマクリシュナンと米国イェール大学のトーマス・スタイスとともに、二〇〇九年にノーベル化学賞を受賞したイスラエルのワイツマン科学研究所のエイダ・ヨナスです。彼らは細胞内でタンパク質を合成する小顆粒、リボソームの研究で画期的な成果をあげました。この研究によって、白血病や緑内障、ＨＩＶ、抗うつ剤治療への道が開かれたのです。ヨナスはイスラエルで初の女性ノーベル賞受賞者であり、中東では科学分野で初の受賞者でもあります。また、女性がノーベル化学賞を受賞したのは四五年ぶりのことでした。

小国イスラエルがわずか数十年の間に、テクノロジーと新規事業の分野で多くの実績をあげたのは見事というほかありません。イスラエルは世界のどの国よりも国民一人当たりもっとも多くのベンチャー資金を集めており、米国やカナダ、欧州の列強をも凌《しの》いでいます。地政学的には不穏な環境に置かれながらも、イスラエルのハイテク企業に対する投資家の信頼は、米国に次いできわめて高いのです。イスラエルで活動し、イスラエル企業に投資しているベンチャーキャピタルやプライベート・エクイティ・ファンドの数は、今では優に一〇〇社を超えています。イスラエルへの投資の八五％は海外から、そのほとんどは米国からで、最近ではアジアからの投資も増えています。また二〇一八年時点では、米国のナスダック市場に上場しているイスラエルの企業数は、米国と中国に次いで最多となっています。そのうえ、アップルやインテル、フェイスブック、グーグル、ドロップボックス、ペイパルなど三〇〇以上の多国籍企業がイスラエルに研究開発拠点を構え、地元の優秀な人材を活用しています。

これらの実績によって、テック・イノベーションおよび起業家のエコシステムとしてのイスラエルは、米国に次いでイノベーションの主要な拠点となり、その結果、「スタートアップ・ネーション」とか「シリコン・バディ」（イスラエルのシリコンバレー）と呼ばれているのです。

イスラエルはイノベーションと起業家精神の強固な経済センターとして、「家族生活指数」では五〇ヵ国中、第六位です。ちなみに家族生活指数とは、高等教育の費用や質、余暇活動、家族の幸福感などの要素を数値化したものです。最後に面白い数字をあげましょう。イスラエルは人口比で換算すると博物館の数が世界一多いのです。

イスラエルに滞在したことのある人なら、そのユニークさはウォーレン・バフェットのいう頭脳のパワー以上のものであることに気づくことでしょう。イスラエルの人々は今を生きています。統制されたカオスの中でエネルギーに満ちあふれ、成長しています。子どもたちには、大胆かつ豊かな想像力で夢を追いかけることを奨励します。でも、それには代償も伴います。

ある日、私が息子のヤーデンを迎えに車で学校に行った時のことです。長年の友人で近所に住むヨナタン・アディリとばったり出会いました。彼も娘のカルメルを待っているところでした。

ヨナタンはかつてイスラエルのシモン・ペレス首相の初代CTO（最高技術責任者）を務めていました。当時のペレスはCTOを必要としていたというよりも、ヨナタンのような隠れた実力者、逸材を側近にもつことを考えていました。その結果、ヨナタンはペレス首相の右腕として、米国ホワイトハウスや韓国青瓦台の国家元首を相手にイスラエルのテクノロジー外交で指導的な役割を果たしました。また、彼は神経科学や免疫療法、幹細胞、生物情報科学のような今後有力なテクノロジーについて、ペレス首相の長期プラン策定の責任者にもなりました。

ペレス首相の右腕となる前のヨナタンは、二〇〇四年のタネンバウム・ヒズボラ・イスラエル捕虜交換交渉において、イスラエル軍の軍事外交ユニットのキャプテンとして活躍し、テルアビブ大学では政治学と法学の修士号を取得し、非営利政策シンクタンクのレウート研究所ではシニア政策コンサルタントを務めていました。これらはすべて、彼が二四歳になる前のことです。

今のヨナタンは、自ら創業してCEO（最高経営責任者）を務めているヘルシードットアイオー（Healthy.io）の経営に専念しています。同社は、ホームキットとスマートフォンを使って尿検査を行うというすばらしいソリューションを基盤にして誕生した革命的な会社です。同社はデジタル上のヘルスケア分野でリーディングカンパニーに成長し、そのスマホカメラのスキャナーはFDA（米国食品医薬品局）の認可を取得しました。彼のテクノロジーと外交上のリーダーシップは世界経済フォーラムで認められ、三〇歳の時、「ヤング・グローバル・リーダーズ一〇〇人」のうちの一人に選出されました。また最近では、同社はグーグルやウーバー、ドロップボックス、キックスターターと共に、優れた「テクノロジー・パイオニア」グループの一社に選ばれています。そのうえ二〇一八年にはタイム誌で、彼はヘルスケア分野で最も影響力のある五〇人の一人に挙げられたのです。

私と同様、ヨナタンには三人の子どもがいます。帰宅の道すがら、私たちの話は、自分たちが子どもの頃どんなふうに育ったか、そして今では子どもたちをどう育てているかという点に及びました。彼は、自分は優秀な四人兄弟の末っ子で、自分の実力を示さなければという精神的なプレッシャーはなかったと言います。「それは皮肉ね。だってあなたは一七歳で学士号を取ったんでしょ」と私は冗談を言いました。彼は笑みを浮かべてこう返しました。「子どもの頃は多くのことに取り組んで成し遂げたけど、べつに強制されてやったわけじゃないよ、本当に。僕の父さんは七歳の時にテヘランからイスラエルに移住してきたんだ。突然の移住という逆境に直面して、父さんは、何をするにしても正しく行動するという確固たる人生観を持つようになったんだ。そして、私たち兄弟全員に善良な人間になること以外は期待しなかったんだよ」（＊2）

二人はベンチに腰を下ろしました。傍らのスナックバー（軽食堂）は混んでいて、客は新聞を読んだり大声をあげておしゃべりしていました。「静かな午後を少々ドラマチックな話で始めようか」と彼はジョークを飛ばしました。

「そう、面白そうね。ちょうどいいわ。だって私、ストレスと不満がないと退屈になってくるのよね」と私は冗談を返しました。そこで、私は本書を書き始めてからずっと考えていた問題を切り出しました。

「イスラエル人がまったく見ず知らずの人と、時には喧嘩腰の激しい議論をしがちなのはどうしてだと思う？　それでいて、私たちは日常のありふれた状況には冷静に対処できないのよね」

「それは面白い指摘だね。私たちイスラエル人は、プレッシャーを受けるときわめて効率的になるんだ。わが国の軍隊は世界でもっとも有能で熟練したプロだし、行動計画は直ちに実行する。また、私たちイスラエル人はアイデアを思いつくとすぐに会社設立に着手し、資金を調達し、仲間を集めて数ヵ月のうちに事業を立ち上げる。でも、私たちには何事も緊急事態とみなす傾向があって、それほど緊急でもない事態に対処するために膨大なリソース（資源）を投入してしまうんだ。これって効率的とは言えないよね？　火事でもない時でも絶えず消火活動をしてるという感じかな」

彼の話を聞いて、私はこう考えるようになりました。イスラエル人のストレスへの対処姿勢は諸刃の剣ではないのか？　一方で危機に対処する方法を完璧なものにしようと心がけ、他方では最悪の事態が起こることを絶えず想定し、その結果、私たちは常に極度の緊張を強いられている。

私は、イスラエルのような極度の緊張状態の中で育ち、生活することがもたらす文化的副作用について理解したくて、ヨナタンにこう尋ねました。「誰もがストレスを感じているのは、あまりにも多くの人が何もかもに首を突っ込んでいるからじゃないのかしら？」

「同感だね」。彼は言いました。「誰もが事態に対処する責任を感じて、自分の意見を提案し、その意見を聞いてもらいたいと思っているんだ。それが物事を複雑にし、難しくしていることに当の本人たちは気づいていないのさ」

「その通りね。私たちは、事が起こったら直ちに非常事態モードに入れるように、絶えず注意を怠らずに身構えているんだわ。それが不要な混乱を引き起こしてるのね」

「全員の意見は同じとみなす」という戦術は、非常事態に対処するにはうってつけです。というのも、すべての意見と選択肢を検討したことを確信する方法としてはもっとも手っ取り早い方法だからです。決定を下す必要がある場合は迅速に、でも衝動的であってはなりません。とはいえ、ヨナタンの言うことも正論です。私たちイスラエル人はすべての物事を緊急事態として捉え、考えすぎという分析麻痺に陥っているのです。あまりに多くの人が首を突っ込んで、それぞれ自分は専門家だと強く信じ、なすべきことははっきりわかっていると思い込んでいます。そして、それぞれが自分の意見を通そうとするのです。ヨナタンはこう続けました。「多くの意見が平等なものとして捉えられているから、専門家の意見もどうでもよくなる。そして分析過多になって、ついには分析麻痺に陥ってしまうんだ」

イスラエル人のこのような行動様式は論理的に説明がつくと私は思っています。地政学上の環境と自国の歴史のせいで、私たちはきわめて効率的で、きわめて用心深く敏感、かつ非常にイノベーションあふれた文化を醸成してきました。考える時間がなければ直ちに行動を起こすというアプローチです。その結果、人生のあらゆる問題に対する創意工夫に満ちたソリューションが生まれたのです。傑出した起業家が輩出するわけです。しかし同時に、このことは、事が起これば直ちに対処するよう身構えている不安状態に、私たちが絶えず晒《さら》されていることを意味しています。

長期計画とリアルタイムの意思決定とは、起業家にとって不可欠にして相矛盾するスキルと思われがちです。起業家は将来プランとその道筋について構想できなければなりません。しかし、いったん事業を立ち上げれば、トップの座を目指して、状況に応じた即座の対応が求められます。物事は計画した通りに進むとは限りません。状況に即座に対処する力を身につけなければなりません。創業前の戦略的プランニングは、ビジネスの拡大とリアルタイムのマネジメント双方をカバーする必要があります。つまり、ある意味で、想定されるすべての状況に通用するよう都合よくできている計画よりも、特定のリアルな時間に生起した事象や必要とされる事柄に対する対応能力が求められるのです。発展がめざましい人工知能の世界では、状況即応とは、人工知能のソフトウエアに組み込まれている任意のルールを活用して、人間の推論では予想不可能なことをシミュレーションすることを指しています。この即応能力は、アーティストの世界でも即興技（アドリブ）としてみられます。

イスラエル人は幼少の頃から状況即応能力を訓練しています。それゆえ私たちは、次のステップを即座に決めたりして、絶えず「状況即応スキルの筋肉」を活発に働かせているのです。いわば常に競技の場に臨んでいるようなものです。しかし私たちは、戦術的な思考には恵まれていても、一〇〇年の歴史を誇る諸機関や共同組織の設立に必要とされる先見の明と将来戦略を持ち合わせてはいません。常に明日のことしか考えず、数十年先のことには目もくれない。このことがイスラエルの事業の拡大を阻んでいるのです。私たちは優れた起業家にはなりえても、不幸にも私たちの多くは大規模な事業体の優れた経営者にはなれないのです。

翌日、ヨナタンもこうした見方に同意して、こう付け加えました。「勘弁してよ。僕たちイスラエル人は質問力や反論能力、創造力や臨機応変な対応能力など、すばらしい起業家になるために必要なスキルを鍛錬することで手一杯なんだ。でも、成功企業の運営にとって重要な事業の拡大、長期的なプランニングなどのスキルを身につけた事業経営者たちのように、こうした面のスキルも訓練できると思うよ。プランニングよりも直感を重視しようとして長年にわたり磨いてきたスキルはひとまず置いといてね。少々苦手かもしれないが、多少訓練すれば身につくと思うよ」

その夜、私はこう考えました。「訓練すればなんとかなる問題なのだろうか。私たちの危機対応能力は遺伝ということで説明がつくのだろうか。それとも子どもの頃から訓練されて身についたスキルなのか。そうであれば、その後の人生で、あるいは違った環境で、身につけられるのだろうか?」

私たちは、起業家といえばヨナタンのようなすばらしいアイデアの持ち主を思い浮かべがちですが、現実には、日の目を見ないすばらしいアイデアやサービス、製品は数限りなくあります。すべての起業の核心にあるアイデアはいたるところから生まれているのです。

イスラエル人のヤリブ・バッシ、クファー・ダマリ、ヨナタン・ウイネトラブの三人は二〇〇九年、グーグル主催の民間月面無人探査レース「Google Lunar XPRIZE」への参加を決めましたが、その前の二〇〇八年に彼らに会った人なら、そんなアイデアは馬鹿げていて無理だからおやめなさいと忠告し、一笑に付したことでしょう。このコンペは、民間資金の拠出によるチームが無人探査機を開発して月面に着陸させ、高鮮明の画像データを地球に送信するというものでした。その費用は三億ドルを下らないと見込まれ、賞金二〇〇〇万ドルでは到底割に合うものではありませんでした。結局、主催者のグーグルが最終的に競技の中止を発表するまでに、世界中から名乗りを上げた競合チームは次々と脱落していきました。競技の有無にかかわらず、唯一残ったのがこのイスラエルのチームです。幸いにも三人は、筋金入りのフッパ精神によって生まれ育った人たちでした。

その一〇年後、イスラエルの民間宇宙団体SpaceILがクモ状月面無人探査機ベレシートを開発し、これによってイスラエルは米国、ロシア、中国に次いで四番目の月プロジェクト立ち上げ国になりました。民間資本による最初の月面探査機の予算は一億ドル以下で、米国、ロシア、中国の各政府が要した標準予算に比べればほんのわずかでした。

宇宙の世界でも、彼らのアイデアとフッパ精神に限界はありませんでした。

フッパ精神はレースへの参加を促した原動力でしたが、しかしレースの主催者が設定した目標とはまったく別のものを意図するものでもありました。レースの開催はグーグルのアイデアですが、SpaceILの主たる目的は、探査機を月面に着陸させて画像を撮ることではなく、よりいっそうすばらしい成果を達成しうるような教育プログラムを作り上げることにあったのです。ベレシートによる画像撮影は、そのための動機づけにすぎなかったのです。非営利団体として設立され、主として慈善家の資金で運営されているSpaceILは、今ではイスラエルの科学技術教育の振興を担っているのです。その結果、学校での課外活動プログラムやSpaceIL主催のイベントなどを通じて、多くの子どもたちが航空宇宙や天体物理学などに興味を持ちはじめています。

フッパ精神は、既存の専門知識もなく、また物事を詳細にわたって計画することもなく、とてつもなく大きなプロジェクトに取り組むことを求めるものです。SpaceILの三人の創業者は、航空宇宙について深い専門知識はもっていませんでした。ヨナタンは現在、スタンフォード大学でがん研究の博士号取得を目指しています。クファーは現在、サイバーセキュリティ分野のスタートアップ企業であるタブーキー社の製品戦略担当役員です。ヤリブはドローンによる消費財配達会社、フライトレックスのCEOです。いったいなぜ、彼らは突然に航空宇宙分野で起業家になろうとしたのでしょうか？　彼らは、新しい課題にチャレンジすること自体が面白いと思ったのです。

フッパ精神は、すでに手にしているもので間に合わせ、物事を成り行きに任せて解決してゆくというものです。月面探査機ベレシートが月面着陸するには二ヵ月間、四〇〇万マイルもの飛行を要しました。つまり、徐々に軌道を修正し、最外点まで達し、月の重力によって月周回軌道に乗せ、最後に「晴れの海」に着陸するまでに、それだけの長い期間が必要だったのです。ご存じのように地球から月までの距離はおよそ二五万マイルです。しかし、予算の制約上ベレシートはインドネシアの通信衛星ＰＳＮ－６に搭載されて打ち上げられ、これほどの長旅をせざるをえなかったのです。

フツパ精神とは、どれほど不可能なアイデアであっても、人々を鼓舞して乗り気にさせるものです。アイデア実現の旅を信じ、その旅がもたらす予想外の結果を受け入れ、信じることです。それが、イスラエルでは「ヤッラ」yallaということなのです。この言葉は、ともかくやってみて結果をみようという意味です。志を抱いて奮起しよう、非現実的な目標を現実のものにしようというわけです（ちなみに、このyallaはエジプト起源の言葉で、ペルシャ人、トルコ人、ヘブライ語の映画やテレビで使われ、スラングとして広まったものです）。

二〇一九年四月一一日、月面探査機ベレシートが月面への着陸態勢に入ったとき、イスラエル国民は固唾《かたず》を飲んで見守っていました。ベレシートが月面を背にした画像を地上に送ってくると、そこにはイスラエルの国旗と「小さな国の大きな夢」の文字が映っていました。しかし、ベレシートは月面着陸の寸前でメインエンジンが停止し、月面に衝突してしまいました。とはいえ、この失敗から立ち直り、新たにベレシート2号機を開発することによって、SpaceILとその創業者たちはフツパ精神とその潜在能力について私たちに重要な教訓を与えてくれたのです。

さて、アイデアは欠かせぬものにしても、それが起業家精神のすべてというわけではありません。起業家精神とは、アイデアを実行に移し、アイデアに命を吹き込む能力です。アイデアに命を吹き込むプロセスでは、起業家はこれまで実際に使ったことのないスキルも含めて、さまざまなスキルを活用する必要があります。世界経済フォーラムによれば、説得力、心の知能、他者を教える能力といった社会的スキルがますます求められているとのことです。

このようなスキルは、人間の身体組織にたとえて考えることができます。つまり、人の筋肉組織はみな同じでも、その使い方は人それぞれです。鍛えたり強化したりする筋肉は、人によって違います。もし若い頃から質問力や反論能力を培うことを奨励されていれば、好奇心という筋肉が十分に鍛えられていることでしょう。そういう人は、その筋肉を動かしながら使い方を知るようになります。でも、幼少期に特別なスポーツをしなかったからといって、大人になってもできないということにはなりません。同じことが、起業家にとって欠かすことができない、私たちのソフトスキルにも当てはまります。つまり、起業家として必要なスキルを訓練し、強化育成するのに、遅すぎるということはけっしてないのです。体の筋肉と同じように、これらのスキルは人々の内奥にあります。ですから、その存在に気づいて、それを使うように意識することです。本書はその方法を明らかにしたものです。さあ、あなたもフッパ精神に目覚めてください！

これから私は読者のみなさんを、イスラエル人の一般的な幼年時代への旅にご案内いたします。その過程で、この旅が現実のビジネスのライフサイクルと酷似しているのに気づいて驚くことでしょう。アイデアの発見に始まり、ターゲット市場およびバリュープロポジション（顧客への価値提案）の発見と探索、自らの事業の存在意義の検証、さらにはグローバルな企業としての持続性と事業規模を維持するために必要な効率性の追求といった試行錯誤のプロセス、そしてその結果としての自らの事業の改革と再生へと続くのです。

イスラエル社会は世界の他の先進国と同様に、いろいろなタイプの人で成り立っています。したがって、私が本書で触れる経験や見解は、ある点では他のイスラエル人からみれば違うかもしれません。しかし、私がここで紹介する私なりのキーポイントと原則は、イスラエル社会についての幅広い実体験から得たものであり、事業家や起業家、あるいはそれらを目指している人々にとって参考になるものと思っています。

アリババの創業者ジャック・マーはイスラエルを訪問した折、自分がイスラエルで学んだ重要な二つのことは、「イノベーションとフツパ精神、つまりチャレンジする勇気だ」（＊3）と語っています。

あなたがイスラエルを訪れたことがあるにせよないにせよ、本書をあなた自身のフツパ精神と起業家精神のスキルを身につけるための教本としていただければと思います。「ヤッラ」（とにかくやってみよう）。フツパ精神と起業家精神を結びつけ、訓練し、強化していきましょう！

STAGE I

アイデア発見の土壌をつくる

DISCOVERY

「発見」という言葉を聞いて、あなたはどう思うでしょうか？　自分以外の誰も知らないことを見つけることでしょうか？　あるいは、あなたがこれまでに知らなかったことを見つけることでしょうか？

私にとって「発見」とは、私がこれまで想像していなかった仕方で、いわば点と点とが突然つながり、新しいことを理解したときに「なるほど、そうか！」と閃くような瞬間です。職場でも家庭生活でも、私がこれまでそのような瞬間に遭遇したのはごくわずかでした。そんな瞬間の私を他人が見たら、私の目は輝いて、発見の喜びが顔中に広がっていることに気づいたでしょう。新しいアイデアや新しい解決策を発見したとき、たいていの人は心から興奮し、ワクワクするものです。

経営者や起業家たちと一緒に仕事をしてきた経験からすると、発見は通常、必要に迫られて生まれるものだというのが私の実感です。自身が問題に直面したり、あるいは他者の問題に気づいた場合です。そして、いったん点と点をつなぐ何かを発見すると、まさに魔法のごとく、そのアイデアに取り憑かれてしまうのです。でも、そこから苦労が始まります。なぜなら、アイデアそのものだけでは十分とは言えないからです。

だから、「閃きの瞬間」に遭遇したら、私は次のような一連の問いを自らに問いかけることになるのです。

• 自分の発見は他人にも有効なものか？　有効だとすれば誰に対してか？

- 既存のものよりも優れた製品やサービス、効率的なソリューションを実現するにはどうすればいいか？
- それを実現するには何が必要か？　必要なリソースをすべて持ち合わせているか？
- このプロジェクトをすべて自分一人でやるつもりか？
- このプロジェクトを誰とやりたいと思うか？
- このプロジェクトにかかるリスクと機会費用を受け入れる覚悟はあるか？
- 必要な情報をすべて持っているか？

以上はほんの一例に過ぎません。まだまだあります。自分を質問攻めにしてしまうのです。この段階でプロジェクトのプロセスに秩序をもたらそうとすればするほど、私のやる気は落ちていき、自らの新発見に対する興味も薄れてゆくことになります。

ここで、子どもたちが新たな発見にどう反応するか、想像してみてください。彼らが閃きの瞬間を得たときの目の輝き、感情の高揚や熱狂ぶりを。子どもたちは多くの問いを自らに課すことなく、本能的に行動し、不安を覚えて立ち止まることなどしないでしょう。どんなリソース――たいていは友達ですが――でも掻き集めて行動を起こし、その過程で障害物を取り除きながら、臨機応変に動いていくでしょう。そして、達成するものが多ければ多いほど、彼らの目はいっそう輝くことでしょう。

さあ、子どもたちから学ぼうではありませんか！

第1章

ガラクタと遊ぶ

一九五〇年代、ヨルダンとの国境に近いイスラエル北部の町、スデ・エリヤフのキブツ（集産主義的協同組合）で、あるドイツ人移民の若い女性が、就学前児童を対象としたユニークな教育法を開発しました。

当時のスデ・エリヤフは財政的には豊かでないものの、信念や創造性に富んだ入植地でした。マルカ・ハースというこの女性が、きわめて少額の予算で、キブツ初の保育園を整備する任を負うことになりました。彼女はクリエイティブな解決法を思いつき、その教育法はすぐさまイスラエルの幼児教育施設のスタンダードになったのです。

彼女は大量生産された高額の玩具を購入せず、家庭や野外、キブツの作業場にある廃品を保育園の広場に集めました。それらは、キブツで大人たちが使い古したものでした。こうして「ガラクタ広場」という概念が生まれ、ここからイスラエルの教育哲学全体、つまり「ガラクタと遊ぶ」という考えが発展してきたのです。そういうわけで、今日ではイスラエルのほとんどのデイケア施設、託児所、幼稚園でガラクタ広場が見られます。

フェンスで囲まれたガラクタ広場には、古い家具やトラクター、梯子、ベッド、タイヤ、樽、古いストーブ、フライパン、ティーカップ、食器、衣類、バスケット、塗料の缶、紙、ストローなどが置かれていて、見た目にはきれいとは言えません。

でも、ガラクタ広場で遊んでいる子どもたちを観察すれば、いくつかのことに気づくでしょう。第一に、子どもたちはガラクタ広場で時間を過ごすのが大好きだということ。いくつかのガラクタを同時に扱っている子もいれば、一つのガラクタに熱中している子もいます。ほとんどの子は他の子と一緒に遊んでいます。一人で遊ぶのは楽しくないのでしょう。彼らは非常に活発で、遊びに熱中しています。子どもたちはガラクタを相手にして、何時間でも遊んでいられるようです。

第二に、子どもたちを観察していると、既製の玩具で遊んでいるときには見られないような集中力と創造力を発揮していることに気づきます。子どもたちはガラクタをいじくり回したり、バラバラにしたり、一つのガラクタからさまざまな使い方を思いついたりします。ガラクタの元々の目的に合った使い方をする子は少ないのです。ガラクタの既成の使い方や従来の活用法などに縛られないわけです。それに、他人の経験などに頼る必要もありません。独自のものを発見し、そのために行動を起こし、何であれ自分の望むものを生み出そうとします。古い電子レンジは、四歳の少女が操作するスペースシャトルのダッシュボードに変わり、その少女の友達が乗務員になります。車のタイヤは二人の少年による特別のミラーダンスのステージに変わり、キーボードのキーは四人の子どもたちによって分解され、特殊なパワーを備えた魔法の石に変わるのです。

ガラクタ広場では、子どもたちは大人の世界にどっぷり浸っている一方で、その世界を実験する自由も持っているのです。古い器具や家庭用品と自由に戯れ、それらの内部構造や材質を探り、その過程で物事の「原因と結果」という視点を身につけるようになります。

しかし、ガラクタと遊ぶことには、材料の実験をする以上の意義があります。マルカ・ハースは次のように述べています。ガラクタ遊びは「筋肉、感覚、感情、知性、個人の成長、社会的交流など、その人の全体とかかわっています」（＊1）。ガラクタ広場で子どもたちは、大人たちに見られるような人的交流を作り出し、日常生活に見られるような人間関係や社会的地位、男女の役割といった人間的な活動をつくりだし、演じることができるのです。

「イントロダクション」で述べたように、イスラエルの子どもたちは、すべての子どもたちがそうであるように、創造という筋肉を幼い頃から鍛えはじめているのだと思います。でも、他の多くの文化圏の子どもたちが、保護・隔離されているために自分たちの筋肉を自由に鍛える機会を失うおそれがあるのに比べて、イスラエルの子どもたちは玩具《おもちゃ》としては危険で適切とはいえない物の中に放り出されるのです。だからこそ、彼らは創造という筋肉をいっそう鍛えられ、幼少期から社会的な、そして創造的なスキルを伸ばせるのです。私の言葉を鵜呑みにしていただかなくても結構ですが、起業家精神の研究者イソベル・バン・デル・クイプとイングリッド・バーハウルの調査によれば、「子どもの人格が幼児期に鍛えられるとすれば、初期教育は人格形成、もっと具体的に言えば起業家資質の育成において重要な役割を果たしている」（＊2）とのことです。

それでは、壊れたコンピューターや廃品の洋服ハンガーと遊ぶことが、いったいどうして起業家のスキルを育むことにつながるのでしょうか？　驚かれるかもしれませんが、ガラクタ広場で遊ぶことは起業活動に必要なすばらしいスキルを身につけるのに役立つのです。ちなみに、そのスキルとは、リスクマネジメント、自立心、問題解決力、チームワークなどです。どうやって？　それをこれから説明していきましょう。

歴史を創るパワー＝環境を変える力

普通の遊びの環境に見られるような、遊具や玩具が固定されていたり、その使用目的が決まっていたり、実物のイミテーションが置いてあるような場合と違って、ガラクタと遊ぶことは「子どもたちに権限を与える」ことを意味します。ガラクタ広場で遊ぶイスラエルの子どもたちは、たとえ二歳でも、イースタンミシガン大学の心理学教授バレリー・ポラコフが言うように「歴史を創るパワー」、つまり環境を変える力を持っているのです。

イスラエルの子どもたちは、決まった環境の中では遊ばず、環境を大々的に変えようとするのです。ドラム缶や車の古タイヤ、ベニア板を掻き集めて、家や城や乗り物などを作ります。コーヒーテーブルの上に載っている四輪駆動の車はベビーカーのシートから作られ、そのヘッドライトは大きなブリキ缶から生まれ、実際にハンドルもついています。その車は後にバラバラにされ、手術台や発射台になります。「作っては状況に応じて変える」ことは、子どもたちに対して最大の権限を与えることを意味します。こうした環境の中で、子どもたちは創造力豊かな起業家となるチャンスを獲得することができるのです。

遊びを通してリスクを学ぶ

子どもたちの能力を信じてその自立心を促すのは、大変難しくかつ重要な課題であることは、三人の息子をもつ母親として断言できます。しかし、イスラエルで子育てをするにはその課題は避けて通れませんし、またそれほど困難なことではありません。

イスラエルを知らない人が、保育園や幼稚園のガラクタ広場を見るとびっくりします。古びたトラクターに土管やレンガなどが置かれた広場はきわめて危険に見えるでしょう。でも、子どもたちは椅子によじ登ったり、重い木造物を動かしたり、錆びた鍋釜類で遊んだりしてリスクというものを体験し、リスクを見極めるチャンスを与えられるのです。ガラクタ広場で自由に振る舞える幸運に恵まれた子どもたちにとって、こうしたリスクを管理することは、それだけで一つの経験なのです。確かに、遊んでいる最中にケガをする子どももいますが、ケガは人生に付き物です。人生にはいろいろなリスクが付きまとっているのですから。

大人たちはリスクマネジメントのテクニックやスキルを培ってきたので、ケガやリスクに対処できます。子どもたちは訓練を通じてリスクに対処することを学び、注意深くなり、危険すぎることと可能なこととの境界を知るようになります。安全についての判断を子どもたち自身に委ねることは、私たち大人が彼らを信頼していることを示すことであり、ひいては子どもたちが自らを信頼することにもなるのです。これこそ、子どもたちへの大変力強いメッセージでしょう。

そうは言っても、イスラエルのガラクタ広場は無法地帯ではありません。基本的なルールがあり、それを守りさえすれば子どもたちは自由に遊べます。ルールはさまざまな状況に適用できる一般的なものです。たとえば、自分が組み立てたものの安全性を常にチェックすること、車輪が動いていたら必ず止めること、ロープは腰回りにだけ付けること、物は人がいない空き地に投げることなどです。これらの安全ルールは、子どもの自発的な行動を矯正するというより補完するものなのです。

協調性と問題解決能力

ドアの廃材など重いものを持ってあちこち動き回ることは、就学前の幼児や園児にとってまったく一苦労です。それには、子どもたちが協力して共通のゴールに向かい、一体となって取り組むことが求められます。マルカ・ハースは、四人の小さな女の子が一緒になって古いドアを運んでいた光景を今でも覚えています。それぞれの女の子がドアの重さを体に感じ、このドアは協力して運ぶしかないとすぐさま気づいたのです。

幼年期にキブツのガラクタ広場で遊んだアーティストのアムノン・ジルバーは、あるインタビューの中で、一人の子どもが他の子どもたちの協力を求めて、つまり一個のまとまった集団として共に行動しなければ達成できないような場合に限って、この種の協力が得られると指摘しています。ジルバーは当時のことを次のように述懐しています。「このようなグループとしての課題は複雑です。成功すればグループとしてこの上もない満足感を覚えます。……実際、物事をやり遂げるために自分に権限を与えられた経験を、私は今でも忘れられません」(＊3)。

このようなとてつもなく壮大なプロジェクトに取り組むにあたって、子どもたちには紛争の解決を学習する必要もでてきます。子どもたちはガラクタ広場で、他者の欲求や要求、限界を知って調整することを覚えるようになるのです。時には自分の願望が仲間の願望と衝突したりしますが、そのような厄介な混乱状態が学びの機会となります。ガラクタ広場では、子どもたちは全員が受け入れられるような創造的な解決策を見つけることが求められているのです。

なぜ起業家はガラクタ遊びをすべきなのか？

ガラクタ遊びは知識を教えて導くようなものではありません。それは子どもの力を試し、他者と協力することを学び、創造力を発揮し、大人となってからも実践できるような、子どもの教育に対する哲学的アプローチなのです。イスラエルの子どもたちは教育されて起業家となるわけではありません。そうではなくて、成功した起業家の間に共通して見られるスキルを育くむように、イスラエルの子どもたちは奨励されているのです。

第2章

「バラガン」を歓迎する

私が四歳の時、家族は三年間海外に移住しました。暮らしたジュネーブで、私はある保育園に入園。入園一日目のことを今でも鮮明に覚えています。親切な先生が私の手をとって、他の園児たちに私を紹介してくれました。私は現地の言葉をまったく話せませんでしたが、みんなの笑顔が私を歓迎してくれていることは十分に伝わってきました。先生は私にバッグやお弁当の置き場所を教えてくれ、それから私を遊び場に連れていって、ブランコや回転木馬や滑り台などの見慣れた遊具を指差しました。

滑り台に近づくと、先生は園児の一人を呼んで、どうやって滑るのかを実演して見せてくれました。その女の子が滑り台の階段を登り、てっぺんまで行くと、先生は今度は私に登るように合図したのです。私がてっぺんに着くと、すでに女の子は滑り台の下まで滑り降りていました。先生のメッセージは明快でした。つまり、滑り台を使う時は、私も女の子と同じ行動をとるように指示したのです。この使い方には危険なところはなく、きちんとしていて、楽しいものでした。けれども、それはイスラエルにいたときに知っていたやり方とはまったく異なるものでした。

イスラエルの遊び場で半時間ほど子どもたちを観察してみれば、そのカオス状態に驚くでしょう。大半の遊び場で見られるように、子どもたちは滑り台の階段を登り、滑り降りますが、イスラエルの子どもたちは滑り台を歩いて上がったりします。ジャングルジムの梯子を使わずに周辺からよじ登ったり、ブランコの上で立ち上がったり、周囲を注意せず駆け回ったり、大声で叫んだりし、列になって待つことなどしません。

際立っているのは、イスラエルでは大人が子どもの遊びにほとんど干渉しないことです。ジュネーブでの私の先生とは違って、イスラエルの大人たちは滑り台など遊具の使い方について子どもたちに何も教えません。型破りと思えるやり方で遊具を使っていても、正そうとはしません。このように子どもたちのやり方に干渉しないことは、イスラエル文化の二つの顕著な特徴を示しています。「型破り」と、ヘブライ語でいう「バラガン」balagan（混沌状態）を容認する姿勢です。

ロシア語から借用したこのバラガンという言葉は、イスラエルでは、物事があらかじめ定められた秩序など持たない混沌状態にあることを意味しています。イスラエル人およびイスラエルの全システムでさえ、それぞれが自発的に動いています。イスラエルでは至るところに「混沌状態」がみられ、驚くなかれ、それは良いことだと考えられているのです。

バラガンは、子どもたちだけではなく、イスラエル人にとっての生き方なのです。イスラエルにおけるバラガンは、無秩序イコール破壊力いった一般的な理解とは違って、きわめて柔軟かつ適応力に富んだ社会システムとして定着しているのです。バラガンは社会的な行動や遊びについて厳格なルールを設けず、曖昧さを受け入れ、人生の不確実性に対処する上で欠かせぬスキルの発達を促すものなのです。これは常識に反することのように思えるかもしれませんが、バラガンがないとしたら、私たちはいったいどうして意見の対立や相違に対処する術を身につけることができるでしょうか?

常に別のやり方がある

イスラエルの子どもたちは早い時期から、家族関係、社会とのつながり、遊びなど人生のあらゆる面に定着、浸透している社会慣習を教え込まれます。個々の玩具にはそれぞれ持ち主がいること、友達と遊ぶ場合などの正しいやり方を教えられます。遊び場では他人を押したり、列に割り込んだり、大声を出したりしてはいけないといったことです。また、物は決められた方法で扱うこと、たとえば滑り台は滑るために、階段は登るために使うことなどです。このようなやり方にメリットがないわけではありません。礼儀正しく、きちんとしていて、思慮深い人間を育てるのに役立つでしょう。

しかし別のアプローチもあります。バラガンを通じて子どもたちは、あらかじめ決められた秩序など存在しないことを学ぶのです。滑り台を歩いて上がってはいけないと誰が決めたのでしょう？　人と付き合うときはいつも礼儀正しくなくてはいけないと誰が決めたのでしょう？イスラエルでは従順といった社会的・個人的行動を規制するシステムがないために、表現の自由が許され、曖昧さを受容するようになるのです。表現の自由は、子どもたちが自らの感情や欲望を表現することに一線を設けて抑え込んだりしないときに育まれます。状況は常に予測不可能で、曖昧さは避けて通ることはできないので、子どもたちはサプライズに対処せざるをえなくなります。

子どもは、無秩序とともに生きることから多くのことを学びます。私は、バラガンは子どもと大人の創造力、問題解決力、自立心といった起業家にきわめて必要とされる資質を強化・促進するものだと思っています。私は自分のチームや同僚、わが子に対して、従来のやり方に揺さぶりをかけ、少々「カオスのスパイス」を振りかけることがよくあります。

バラガンの機能

イスラエルでも、バラガンがただちに「表現の自由」と「創造性」に結びつくものではないことは承知しています。しかし、ガラクタ遊びの場合と同じように、バラガンにも両者との結びつきを支持する科学的学説があります。無秩序な環境が行動に及ぼす影響を調査した最近の実験によれば、秩序ある環境が型にはまった行動を促すのに対して、混乱状態は新たな洞察を生み出す刺激を与えるというものです。子どもの創造性についてのシャーリー・ベレッタとゲイル・プリベットの研究によれば、型にはまった遊びに比べて、柔軟な遊びは創造的な思考を促進するとのことです。

型にはまらない遊び――列に並ぶ場合であれ、玩具を扱う場合であれ――は、次に何が起こるか予想できないという曖昧さを生み出します。これは社会的かつ知的なチャレンジを意味するだけでなく、遊びの環境にサプライズの要素を持ち込みます。型にはまったシステムでは、新参者の子どもはおのずと列に並ぶことになります。こうした状況ではルールが適切な行動を指示するので、子どもたちの間での意思疎通は必ずしも必要ではありません。しかし、新たな子どもが列に割り込んでくるような型にはまらない遊びの場合、その他の子どもたちはとっさに調整を図り、折り合いをつけなければなりません。新参者の要求や力量を考慮しなければならないのです。このような状況では頼るべきルールがないため、子どもたちはこの混乱状態を自分たちで解決するほかありません。つまり、曖昧さに満ちた状況は、子どもたちの自信や忍耐力はもちろん、問題解決スキルを発達させるのです。

私たちが住んでいるテルアビブは地中海の沿岸に位置しています。よく家族で浜辺に行くのですが、子どもたちは砂遊びが好きで、お城を作ったり、海水を通すトンネルを作ったりします。最近、私は面白いことに気がつきました。テルアビブの海岸を訪れる観光客は、カラフルなプラスチック製の玩具を子どもに持たせているのです。それは城の塔やピラミッドやヒトデの形をしていて、子どもたちはこれらの既成の玩具を使って作品を作り上げます。でも、イスラエルの子どもたちはたいていバケツとシャベルを持っていき、それだけで間に合わせます。既成の玩具などないので、普通のものとは違ったより自由な作品を作り上げます。別に驚くべきことではないでしょうが、子どもは既成の道具を与えられると当然それを使うでしょう。しかし、基本的な道具だけを与えて、自分の望むものを作る自由を与えてやれば、子どもたちは驚くほどすばらしい作品を作ることでしょう。

混沌は新しいファッションである

バラガンという言葉はイスラエルの生活では普通に使われており、スーパーマーケットで列になって待つ場合や、バスの乗り降り、役所訪問、デモへの参加など、ほとんどあらゆる場面で見られます。社会慣習や整然とした社会行動が希薄だと、バラガンは対立や不満を招きますが、個々の状況に応じた臨機応変の解決策を必要とします。

アインシュタインの有名な言葉に、「机の上が散らかっているのは思考が整理されていない証拠というなら、机の上に何もないのは何の証拠？」（＊1）というのがあります。ニューヨーク・タイムズ紙の特集記事のライターであるペネロペ・グリーンらの調査では、このアインシュタインの言葉を支持し、「机の上が雑然としているのは、創造的でしなやかな頭脳の持ち主である生々しい証拠であり、オフィスが整然としているような人よりもお金を稼いでいるのは偶然とは言えない」（＊2）と言っています。そのグリーンが引用している神経心理学者のジェロルド・ポラックは「物事を完璧に組織化しようとするのは、人生の予測不能性を否定したりコントロールしようとする無益な試みである」と論じています。

グリーンもポラックも核心をついています。起業家としての私自身が、起業過程のそれぞれの段階で無秩序のもつ多くのメリットを体験してきました。初期段階の起業家グループと一緒に仕事をしていたとき、私は常に彼らに対して毎日必ず違った座席に着くように求めました。気心の知れた同僚と肩を並べていつもの決まった席に着くことで自分たちだけの小環境を作るのではなく、座席を変えるように言ったのです。すると彼らは突然、これまでとは違った角度からお互いを観察することになり、オフィスの光景は新鮮に映り、部屋の音も場所によって少々違って聞こえるようになったのです。そして、さまざまな仲間たちと接近、接触することによって、新しい関係やこれまでとは異なる印象を形成する機会を得たのです。こんな単純な方法によってさえ、不確実性に対処する訓練ができ、グループミーティングの経験がより充実するのです。

人生に混乱が付き物であるとすれば、予測不能なものに対処するのに不可欠なスキルを身につけることは、秩序を作ることよりもはるかに有用なことだとは思いませんか？　そう考えれば、一定の枠から外れると壊れてしまう脆い秩序とは違って、無秩序な状態はきわめて柔軟で適応力に富んでいます。混沌状態を意味するバラガンは、予測不能な新たな要素を受け入れて適応することを促進するものなのです。また、バラガンは子どもや大人に対して、「物事の組織化」についての根強い偏見や先入観を絶えず見直すことを迫り、別の選択肢を考える機会を与えてくれるのです。

『だらしない人ほどうまくいく』（文藝春秋刊、*A Perfect Mess*）の著者エリック・エイブラハムソンとデイヴィッド・H・フリードマンは、こう論じています。「ほどほどに乱れた人や制度やシステムのほうが、高度に整然としたものよりも効率的で、弾力的で、創造力に富み、概してより有用かつ効果的である」（＊3）。さまざまな環境がもたらす影響について調べた先駆的な研究でも、混乱状態が効率的な意思決定能力と密接に関連していることを示しています。

また、消費者行動やマーケティングの研究家であるジャニス・デネグリノットとエリザベス・パーソンズによれば、混乱状態は「心の混乱」を示すものではなく、実際には「より良い」考えを生み出すとのことです。バラガンとは、「物事のしかるべき組織化についての根深い偏見や先入観に対して絶えず再考を促し、他の可能性を考えさせるもの」であり、それは子どもであろうと家庭や職場であろうと、あらゆる場面に当てはまるものだというのです（＊4）。

これこそ、起業家精神が意味するところのものではないでしょうか？

第3章

火遊びで学ぶ

どこの国でも子どもたちは焚火が大好きです。子どもによる火の扱いについては慎重な姿勢を取る文化圏もありますが、イスラエルの親たちはすべての責任を子どもたちに任せます。

ユダヤ教のラグバオメル（過越しの祭りの第二日から三三日目にあたる日の祭り）の数週間前、イスラエルの子どもたちは祭りの準備に取りかかります。彼らは年長者に指図されることなく、自ら率先して材木を集め、キャンプ場を探し、食料を買い込んだりして行事の準備をします。数週間前から準備を始めないと、焚火に必要な薪《たきぎ》は残っていませんし、いい場所はすべて他のグループによって取られてしまっているでしょう。ラグバオメル祭の当日、子どもたちはキャンプ場を掃除し、焚火をし、祭りを夜通し続けるために必要な一切のことを行います。親たちはといえば、裏方としてどこかにいるか、ベッドで熟睡しています。

子どもたちだけで焚火を楽しむ

私の子どもたちはラグバオメル祭の休日が大好きです。これは、子どもたちとその友達にとって三〜四週間にわたるプロジェクトなのです。この複雑かつ面倒なプロジェクトをやり遂げるには、体力と知恵、忍耐力と協力関係が欠かせません。彼らは焚火というこのプロジェクトの最終成果を自慢したりはしますが、それまでの準備プロセスなどには大騒ぎしません。実際、両親や他の大人たちから準備の成果を褒められても、彼らは肩をすくめて「カタン アライ」katan alay（ヘブライ語で「なんてことはない」の意）とお世辞など無視します。この言葉は、称賛に値することを簡単な仕事のように思わせるときに使われる表現です。文字通りの意味は「自分にとっては小さなこと」ということですが、より一般的な意味をもった言葉、たとえば「バクタナ」baktana（「ちっぽけな」の意）に言い替えられたりします。年齢の割に大仕事を成し遂げたことに対して「小さな」という言葉を当てる動機はわかりません。それはおそらく、複雑かつ困難で骨の折れる仕事に対する自信をつける上での子どもなりの洗練されたやり方なのでしょう。一般に想像されるような叱咤激励とはちょっと違います。

この休日プロジェクトの第一の目標は、薪をたくさん集めることです。でも、われわれが住んでいるテルアビブには森などありません。親が焚火用の材料を買うこともしません。では、子どもたちは必要な材料をどこで調達するのでしょうか？　近くの雑木林に出かけたり、ごみ収集所で古いテーブルや椅子などの廃材を探すのです。あるいは、店や学校の裏をのぞいたり、廃材のありそうな他のありとあらゆる場所に足を運びます。彼らにとって答えは簡単で、大量の廃材をタダでもらえる場所、つまり建設現場に行くのです。

クレージーに思えるでしょうが、ラグバオメル祭までの数週間、子どもたちの一団は建設現場に侵入します。彼らは木枠や壊れた木箱、梁など、利用できるものはなんでも集めます。しかし、彼らにはもう一つ問題があります。集めたものをどうやって焚火の場所まで運ぶかです。自転車では小さいし、手押し車や一輪車などはありません。親たちはガラクタの類を車に乗せるつもりはありません。子どもたちにとってベストな方法は……そう、スーパーマーケットのショッピングカートを使うことなのです。

子どもたちの一団がニューヨークやボストンの街路で、建設現場から失敬した廃材を山のように積んだスーパーマーケットのカートを押している――そんな光景が、五月のイスラエルでは普通に見られるのです。彼らを邪魔したり非難したりする者は誰一人としていません。このプロジェクトのクライマックスである焚火の夜が終われば、子どもたちはカートをスーパーマーケットに返却します。

薪集めの次にしなければならないことは、焚火の場所の確保です。私たちの近所で唯一の空地は、ガソリンスタンドの裏にある砂地です。そこは、過去一〇年以上にわたって近所の子どもたちの焚火場所でした。

ラグバオメル祭の夜の光景は実にすばらしいものです。日没寸前になると、その空き地は焚火で溢れ、その周りで子どもたちがひしめき合っています。なかにはマシュマロを焼けるくらいの小さな焚火があったり、大人の身長ほどの高さまで材木をテント状に積み上げた大きな焚火もいくつかあります。その後方では大人たちが腰を下ろして歓談したり、スイカやトウモロコシを食べたりしています。これは私たちの近所ではごく普通の光景で、イスラエル中でラグバオメル祭をお祝いするやり方なのです。

焚火は人々を引き寄せ、暗夜を光で満たし暖めてくれるものですが、文化圏が違えば違った受け止め方をされます。たとえば米国では、キャンプファイアーは娯楽と安全性とのバランスを考慮して、明確かつ厳格なルールに従って行われます。アメリカの一般の子どもたちは、火に近づく前に、一定の基本ルールを暗誦するよう求められます。ミシガン州南東部で二〇年以上にわたりガールスカウトのリーダーやキャンプのボランティアをしていたクリス・ゲイはこう言っています。「キャンプファイアーの周りではふざけてはいけない。走ってはいけない。モノを回し合ったりしてはいけない。衣服は体にぴったり合ったものでなければならず、引火しやすいたるんだ紐がついたフードやナイロン性のものはいけない。居場所についての注意も大事です。キャンプ場の焚火地点から三〜四フィート内の葉や小枝は、火の粉が点火しないように掃除すること」

ゲイの説明によれば、焚火の火の最も安全で安定した形状はアルファベットのAであり、火をこの形にするのは監督者である大人たちの仕事だそうです。子どもたちは常に、火から三〜四フィート離れていなければならず、そこには椅子やベンチが置かれます。重要なことは、

「子どもたちが火に近づくことができるのは料理をするときだけ」（＊1）ということをはっきりさせおくことだということです。

もし、ゲイがラグバオメル祭のキャンプファイアーを見たら、おそらくびっくりして心臓発作を起こしてしまうことでしょう。

責任を伴った自由、自由に伴う責任

ラグバオメル祭の当日、子どもたちの一団は日没前に集合し、集めた薪や廃材を積み始めます。小学生であれば、最初の数時間ほどは大人がそばに付き添っています。日が落ちて夕闇が訪れると、子どもたちは火をつけ始め、親たちは傍観し、あとは子どもたちの思い通りにやらせます。草木を集めたり、マッチに火をつけたり、火がつくまでそっと息を吹きかけたり、すべては彼らの仕事であり、何もしない子は一人もいません。焚火が夜明けまでもつように、くべる薪の量を調節するなど、彼らの作業は夜通し続きます。アルミホイルで包んだポテトをいつ火に入れるかを決めたり、夜明けに火を消すタイミングにも用心しなければなりません。

このような苦労をして子どもたちが得るものは、焚火を囲んでおしゃべりやゲームをしたり、歌を歌ったりといった、限りない自由と楽しみなのです。安全に気を配ったり、数時間に及ぶ活動の段取りについて考えたり、野外で一睡もせずに夜を明かしたり、親がいないところで友達と過ごしたりする責任を負った子どもたちがどんな気持ちを持つようになるか、想像してみてください。この毎年の行事は私の子ども時代のすばらしい思い出の一つであり、私の三人の子どもたちも大好きなのです。

おそらく多くの人は、イスラエルのこのような習慣に批判的でしょう。火は危険なものであり、子どもたちの身の安全を彼らに委ねるべきではないと言うでしょう。指導方針や最良の慣行といったものはそれなりの理由があって発展し、形成されるものです。しかしイスラエル人は、決まりきった教訓よりも自分自身の体験を通じて学ぶことを好みます。焚火など世の中の危険なものに対処する正しい方法を子どもたち自身が身につけることによって、より貴重な教訓を学ぶのだとイスラエル人は考えているのです。まず第一に、火は多くのものと同じように危険なものではあるが、正しく扱えばそうではないということを子どもたちは学びます。第二に、世界は子どもたち自身が自ら探求すべきものであって、親は子どもたちの歩む道のあらゆる段階で一緒にいるわけではないということを学ぶのです。

ラグバオメル祭に対するイスラエル人の姿勢は、才能、自立心、自由、実験する勇気を促進するものです。おそらく米国のキャンプファイアーでは、大人は子どもたちにダンボール箱を火に投げ込まないように教え、そんなことをすればひどい煙が立つと戒めることでしょう。しかしイスラエルでは、大人の監視下にない子どもたちはためらわずにダンボール箱を火に投げ入れ、ことの次第を見届けようとするでしょう。ダンボール箱を火に投げ込んだ煙を自ら体験すれば、二度とそんなことをしなくなるでしょう。

「ガラクタ遊び」の場合と同じように、焚火でも子どもたちは実験の自由を与えられ、世の中の仕組みというものを直接に体験します。この種の責任を伴った自由は、親から子どもに与えられた贈り物ではありますが、自由に伴う責任について貴重な教訓を子どもたちに教えるものでもあります。子どもたちに降りかかる予測不能な事態に対処したり、コミュニティの重要な伝統行事に貢献したり、共通の目標に向かって仲間たちと協力することなどを学ぶのです。ラグバオメル祭は、子どもたちがグループとしての一体感を保ちながら、それぞれの才能と自由とを強化するまたとない機会なのです。

荒野へ

幼児を含めイスラエルの子どもたちが野外で奔放な時間を過ごすのは、ラグバオメル祭のような祭日に限ったことではありません。年間を通じて子どもたちは、自分一人かグループで、親の目を逃れて野外で遊びます。私の子どもたちは五歳の頃から近所をぶらついていました。夕食の時間ともなれば、今では一七歳になる長男に頼んで、近所にいる弟たちを連れ戻してくるように言ったものです。長男には弟たちの居場所がわかっているのです。一日中子どもたちの遊び場として開放されている校庭や公園などの遊び場、あるいは商業施設などです。長男は最初から弟たちの居場所をはっきりと知っているわけではないのですが、最後には弟たちを探しだす自信があるのです。

子どもの居場所を確かめなかったり知らなかったりするのは、親として無責任と思われるかもしれませんが、イスラエルでは親に監視されずに子どもたちが野外で遊ぶのはごく普通のことです。それに、遊びだけが子どもたちが野外でする唯一の活動ではありません。たとえば、私の九歳の息子は学校から帰ると犬を散歩に連れ出す役目を負い、年上の兄たちは朝と夜にそれぞれ犬を散歩させることになっていました。

野外で遊ぶことが奨励される理由は、身体的にも精神的にも鍛えられるからです。スカンジナビア諸国では野外活動が教育システムに組み込まれており、三～六歳までの未就学児は「森林幼稚園」に入園できます。森林幼稚園はもっぱら野外で、当然、日が照り、雨や雪も降ります。デンマークでは、幼稚園全体の一〇％は完全に野外の幼稚園です。

他の西洋諸国の幼稚園と比較して、北欧諸国のこのモデルは画期的なものです。テキサス州のジャーナリスト、ケタラ・ウェルズの調査によれば、「米国の子どもたちの一日あたりの戸外活動時間は七分間に過ぎず、米国学区の最高四〇％までが子どもたちの休憩時間を削るか廃止しており、氷点下になると子どもたちを外に出さないようにしている学校が多い」（＊2）とのことです。

フィンランドや他の北欧諸国の森林幼稚園ではそうではありません。氷点下でも子どもたちは木登りをしたり、小枝をとがらせてナイフを作ったり、雪化粧した林の中を走り回ったりとさまざまな野外活動をしています。この野外幼稚園は、規模はきわめて小さいのですが、イスラエルでも見られるようになりました。イスラエル最初の野外幼稚園はネゲブ砂漠にある町、ミツペ・ラモンにできました。そこでは、五歳と六歳の子どもたちが火の起こし方やピタパンの作り方などを学びます。ほとんどの幼稚園とは違って、この幼稚園の子どもたちは自立心を身につけることを求められます。つまり、自分の体の健康に気をつけ、気候の変化に慣れ、高度な身体活動を維持し、想像力を動員して木々の間にすばらしい不思議な世界を作りだすように奨励されるのです。

この種の経験は、学校の放課後にはもっと普通に行われています。イスラエルでは夏は暖かく乾燥していて四〜一〇月まで続き、冬はあまり寒くないので、子どもたちは大半の自由時間を野外で過ごします。ガラクタや焚火で遊ぶのと同じように、子どもたちは安全についての一般的な注意を与えられますが、あとは自由に動き回ります。太陽が照りつけ、空気が乾燥していれば、適切な予防策を講ずるように教えられますが、子どもたちの行動と想像力を制限するものはありません。

イスラエルの温暖な気候が「温もりのある文化」を生むのに一役買っていると指摘する声があります。マーケティングと心理学の教授、ローレンス・E・ウイリアムズとジョン・A・バージが米国で行った研究によれば、「温暖な気候は……温かい人間関係を促進する」（＊3）ようです。確かに、イスラエルはきわめて身体を重んじる文化です。コミュニケーションの際も身振り手振りや身体接触が多く、それは相互理解や相互の意思を表す上で重要です。本書の後の章でも触れますが、イスラエルの親密な人間関係はスタートアップ・エコシステムの中核をなすものであり、イスラエルが「スタートアップ国家」として成功している理由の一つです。

創造的精神とか組織化されたカオス、実験精神について思いをめぐらすとき、私が思い浮かべるのはミカ・カウフマンのことです。カウフマンは、イスラエル発のフリーランス・オンライン・ソーシャル・サービス企業であるファイバー社（Fiverr）の共同創業者兼最高経営責任者です。同社は世界最大のフリーランス・マーケット・プラットフォームを通じて、起業家やスタートアップ企業、既存企業の活動を支援する事業を行っています。

ミカの物語は、一九六七年、アルゼンチンからイスラエルに向かう船上で始まります。愛国心に燃えた若いカップルは船を降り、当時の重大な地域戦争（第三次中東戦争）に加わるためにイスラエル軍に入隊することを決心します。もちろん、彼らはその戦争がわずか六日で終結するなど知る由もありませんでした。そこで彼らは、船が埠頭につくと軍に入隊するのではなくキブツに入植することにしました。その時、手にしていたのはギター二本だけでしたが、それもイスラエルへ向かう途中で盗まれてしまいました。

ミカと弟はキブツで生まれました。ミカは、父親がトラクターを運転して畑を耕していたのを覚えています。運転中の父親の傍らに座ったり、父親がキブツの作業場で何時間も機械類の修理作業をしていたことも記憶しています。当時五歳のミカは父親のそばに座って、溶接や切断の仕方を覚えたり、ときには父親の作業を手伝ったりしていました。

また、一九八〇年代まではキブツでよく見られた子どもたちの共同睡眠エリアのことや、わんぱくな子どもたちの騒々しいカオス環境のこともミカは覚えています。親元を離れて過ごしたこうした夕方や夜の出来事を、彼が有意義な経験として忘れずにいるのにはびっくりさせられます。空気が新鮮で、空間が広々としている海の近くで過ごしたことも、ミカの子ども時代に大きな影響を及ぼしました。彼がキブツで過ごした子ども時代のよき思い出を彩っているのは、精神の自由、陽光降り注ぐ野外を何時間もぶらついたこと、作業場で機械を修理したり新しい道具や機械を作ったりしたこと、そして強い社会的帰属意識と子どもたちの間にあった集団的一体感でした。

しかし、ミカの両親はキブツでの徹底した共同生活に幻滅を覚え、ついにそこを離れる決心をしました。それはミカにとってきわめて残念なことでした。再びギター二本程度しか持ち合わせのない無一文同然の状態になった若いカップルは、街で新しい生活を始めました。ミカの父親は、最初はエンジニアの職を得るのに苦労しましたが、やがて半導体企業の製図工になりました。若いカップルは家庭を築いて生計を立てるのに必死で、質素な生活を送っていました。ミカは父親と自分が週末によく修理をしていた最初のファミリーカーであるシムカの中古車のことを思い出すと、そのたびにキブツの作業場で過ごした少年時代がよみがえってくるようです。ミカの父親はその献身的な努力と才能が認められて、入社後わずか数年でCEOに出世し、イスラエルの半導体産業で最も著名な経営者の一人になりました。

ミカにとって、小学生時代の朝は楽しいものではありませんでした。彼は退屈で時間を持て余し、先生からは「問題児」のレッテルを貼られ、「自分の可能性を十分に発揮していない」（＊4）生徒でした。四年生（一〇歳）の頃には学校をさぼりはじめ、友達とバスケットボールをしたり、ハイファ地区の空地をぶらついたりしていました。彼は修理や組み立てや物作りといった手仕事が好きでした。面白半分に、友達と手製の爆竹を作ったりもしました。親が所持していた軍用弾丸から火薬を失敬し、マッチから硫黄を取り出し、古くて未使用の部品を集めて新しいものを創り出していました。「僕はそれを、実験によるテクノロジー教育と呼ぶんだ」と、彼は私に言います。彼は怖いもの知らずでした。それどころか、当時、彼は何もかもが許されていて、やりたいことは何でも成し遂げられるし、自分には能力があると思っていたそうです。父親譲りの熱烈なリスク・テイカーとして育った彼が、次々と事業を立ち上げる「シリアルアントレプレナー」となっているのはなんら不思議ではありません。

ミカはやがてハイファ大学に入り、法律を学び、知的所有権を専攻しました。しかし、やり手の彼は机に向かっているのが苦手で、まもなく心機一転して出直す決心をしました。

二〇〇三年、ミカはそれまで面識のなかったロシア出身のある研究員とパートナーを組んで、キーネシス社（Keynesis）を設立しました。同社は銀行や航空機業界向けにセキュリティ・ソフトウエアを提供する企業で、創業当初から成功を収めました。何よりも同社は、いかにもカウフマン一家にふさわしく、新たにスタートして自作の物語を作るんだという欲求から生まれたものでした。しかし、ミカの起業家としての最初の成功は短命でした。数年後、彼は視力回復に関するパテント開発の新規企業インビシア社（Invisia）を設立、二〇〇五年には今日のアウトブレイン社（Outbrain）やタブーラ社（Taboola）の技術をまねたスポットバック・ドットコム社（Spotback.com）を立ち上げました。しかし、経験も資金も豊富な競合他社と対抗した結果、スポットバック社は壊滅的な打撃を受けました。いくつもの起業を試みて失敗し、何もかもがうまくいくわけではないことを悟ったミカは、大ヒットの筋書きについて腰を据えて考えることにしました。

そして二〇〇七年、ミカは同じ志をもつ専門家やテクノロジー系インフルエンサーがソフトウエアやインターネットの将来についてブレーンストーミングをするスペースを提供するアクセラレート・シンクタンク社（Accelerate think tank）を設立、二〇〇九年にはシャイ・ウイニンガーとの電話を通じて、フリーランス・サービスのオンライン・マーケットプレースというアイデアを誕生させたのです。

ミカは見ず知らずのシャイからの飛び込みの電話を今でも覚えています。「聞いてくれよ。いいアイデアがあるんだ」とシャイは切り出しました。普通はお互いに相手の言うことを聞いて、数分間話をし、事を進めるというのが筋です。しかし、ミカはこの時の電話に何か違うものを感じました。翌朝になっても、彼はシャイのアイデアが頭から離れませんでした。シャイも同じでした。彼らはこのアイデアに、他にはないメリットを感じていたのです。

ミカはきちんとしたビジネスモデルを思いつくまで数日間欲しいとシャイに回答しました。ミカは、とてつもない可能性を秘め、無数の人々にポジティブなインパクトを与えるかもしれないアイデアに自分の時間とリソースを注ぎ込むことについて、確信を得たかったのです。そして数日間、そのアイデアとコンセプトを検討した結果、考えれば考えるほど、これは大きなビジネスに発展し、巨大市場としての価値を生み出すとはっきり意識するに至ったのです。

こうしてミカとシャイはファイバー社を設立、今では同社はフリーランス・サービスのリーディングカンパニーになりました。ファイバー社は旧来のオフラインのフリーランス・サービスに革命をもたらしました。インターネット上にフリーランス・サービスのプラットフォームを設定して、誰でもボタン一つでサービスを受けられるようにしたのです。このファイバー社の「製品としてのサービス」「サービスの製品化」のコンセプトは、これまでのビジネスのやり方を変え、サービス提供者と消費者の役割を変えるものでした。

ファイバー社の成功は、単純にして強力なアイデアによるものです。ヘブライ語で言うと「コンビーナ」combina、つまり結合です。デジタル空間と実際のサービス提供者を結びつけることによって、ファイバー社は解決困難な問題、また解決に膨大なコストがかかっていた問題を解決しているのです。

ヘブライ語のcombinaは、もちろんコンビネーションの語に由来しますが、これは問題に対して公式や官僚的な思考にとらわれない解決策を思いつくことを意味しています。解決の邪魔になるお役所的で複雑なシステムや権威を無視する意味も、この言葉には含まれています。消費者とサービス提供者とを結びつけるファイバー社のやり方は斬新なものであり、これよりも効率的で便利なソリューションを考えつくのは難しいでしょう。

ミカのつい最近までの人生の章――もちろん最終章ではありません――は、幼年期から始まった彼の過去の成功と失敗の上に築かれてきました。ミカは私にこう言いました。「起業家という今の私をつくってくれたのは、両親から激励されたことと、幼年期の私が好奇心をもって探求し、物事を自分の思い通りに実行することに対して両親が支援してくれたことです」

ミカは両親を誇りに思っていることでしょう。

もう一人の有名な人物も、親として子どもに対して同じように接しています。アマゾンの創業者兼CEOで世界の大富豪、紛れもなく桁外れの起業家、ジェフ・ベゾスです。彼は四人の子どもの父親でもあります。彼は「子どもたち四人に四歳の頃からナイフをもって遊ばせ、七歳か八歳から電動工具を使わせていた」（＊5）と証言しています。「どうして？」と尋ねられると、彼はこう答えました。「彼らにリスクをとらせて、自信をもたせれば、ビジネスや日常生活で欠かすことのできない才知を身につけられるからですよ」

STAGE II

ニーズを発見し検証する

VALIDATION

スタートアップ企業であれどんな企業であれ、市場に提供するものを検証することは重要なことです。ニーズを発見し、そのニーズにふさわしい解決策を発見するだけでは、スタートアップ企業の成功の保証としては十分ではありません。成長して市場の信頼を得るにはさらなるステップが必要です。

自らのビジネスモデルの有効性を検証しようとする企業は、製品と市場との適合性の追求、つまり起業家が描いたビジネスプランの理論上の需要を検証することが欠かせません。その製品やサービスの実際の需要を市場で確認する必要があるのです。

自分のビジネス以外からのフィードバックの収集とインプットが欠かせないのは次の場合です。ターゲット市場からの反応を受け入れることが重要である場合、先入観や仮説を再検討することが有益である場合、それに自分が当初設定した条件――ターゲットにする顧客は誰か、最も有効なビジネスモデルは何か、自分の競争優位性はどこにあるのか、前提条件が間違っていたらどうするか――を再評価する必要がある場合などです。

この第2段階で起業家は、次のような新しい筋肉を身につけることに目を向けることになります。批判を受け入れる寛大さ、限界への挑戦、レジリエンス（強靭力、復元力）、実験、そして最も重要な筋肉としての失敗の容認です。

私は幼年時代を振り返ってみて、小さい頃からこれらの筋肉を発達させてきたことに気づきました。その結果、イスラエルの子どもたちは柔軟で敏捷で才知にたけ、協調性があるのです。

第4章

「We」の中に「I」がいる

イスラエルはホロコースト（ユダヤ人大量虐殺）の悲劇から生まれました。一九四八年に建国されたイスラエルは、第二次世界大戦後に誕生した数多くの国の一つです。ホロコーストを生き延びたヨーロッパのユダヤ人はハイファやジャファの町に逃れ、アラブ諸国やイラン、北アフリカの反ユダヤ主義から逃れてきたユダヤ人と合流しました。彼らを待ち受けていたのは、ユダヤ人国家の建設を夢見て世界各地からパレスチナに集まってきた人たちでした。

イスラエル国家の建設は、至難の大事業でした。イスラエルの有名な童謡（ダチア・ベン・ドール作曲「私の土地イスラエル」（＊1））がそのことを如実に物語っています。

私の土地、イスラエルは美しく、花が咲いています
誰がつくって、誰が植えたのかしら？
私たちみんな一緒に！
私はイスラエルの土地に家を建てました

だから私たちには土地があるのです
それで私たちはイスラエルの土地に家を持っているのです

人々は国への自らの貢献を、替え歌で表現します。たとえば、

私は木を植えた〜、私は道をつくった〜、私は橋をつくった

これらの歌詞に合わせて、次のように合唱が応じます。

だから私たちには国がある、
森があり、道がある

「誰がつくって、誰が植えたのかしら?」

「私たちみんな一緒に!」

この歌はイスラエルの子どもたちなら誰でも暗誦しています。イスラエル中の学校で、主として独立記念日に備えて教えられます。私はこの歌を幼稚園の時に習い、私の子どもたちもそうでした。私たちはこの歌を通じて、イスラエルという国は個々人の共同の努力によって、つ

まり個々人がそれぞれの任務を果たしながら共同して国と文化を作り上げ、建設されたのだということを学んだのです。

今でも学校で教えられているこの素朴な童謡は、象徴的で核心を突いています。それはイスラエル社会のユニークな側面、つまり、個人と集団との間にあるポジティブな緊張関係を表現しているのです。これこそ建国以来、変わらぬものです。

イスラエル建国後まもなく、私の母はポーランドから、父は同じ時期にエジプトから移住してきました。彼らはイスラエル南部のベエルシェバにあるベングリオン大学で出会ったのですが、二人にはほとんど共通点がなく、文化や言葉や生い立ちがまるっきり違っていました。でも、彼らは恋に落ちました。そして、個人的な愛を超えた共通の目標を持ったのです。つまり、七〇ヵ国から来た移民と一緒に、新生イスラエルで自分たちの家を建て、家族を持つことを望んだのでした。

すべての移民は、自分たちの将来と運命を切り開く上で必要な共通言語、新しい言葉を覚える必要がありました。ヘブライ語で英語のIにあたる語根はanであり、これはまた英語のweやusの基底語です（英語のIはヘブライ語ではani、weはanuまたはanachnuです）。Iとweとは密接不可分な関係にあるのです。このヘブライ語通りに、私たちはイスラエルで「weの中にIはない」という昔の格言を覆してきたのだと私は好んで思うようにしています。

個と集団とのポジティブな緊張

時に文化は二つのタイプ、すなわち個人主義的なものと集団主義的なものとに分けられ、大抵の文化はそのどちらかに偏っています。個人主義的な文化では、自分やその家族の物質的、精神的な欲求は各個人で解決するものであり、集団主義的な文化では、個人は結束力の強い集団と完全に一体化されています。西欧諸国や米国は概して個人主義的で、個々人の業績や権利がまず重視されます。対照的にグァテマラや中国、日本や韓国ではそれとは逆で、無私の行動や大家族、協調性が重んじられます。

個人主義的であれ集団主義的であれ、いずれの文化も他方の文化の価値観との緊張関係を孕《はら》んでいます。誰もが集団への帰属意識と独自の個の確立という人間的欲求をもっています。その人特有の態度や記憶、行動から成る個人的なアイデンティティと、帰属する集団からつくられる社会的なアイデンティティ——この二つは相関しながら発達しますが、両者のバランスは人によって違います。

クイーンズランド大学の心理学教授マシュー・ホーンジーによれば、個人主義的な社会では「通常、個が集団に優先し、集団の成員であることは個人の表現の自由が許される場合にのみ価値をもつ」（＊2）とのことです。規範に従わなかったり集団の圧力に反抗したりすることは、集団主義的な文化では未熟さの象徴とみなされますが、個人主義的な文化では美徳なのです。

ベニー・レビンというイスラエル人を紹介しましょう。ベニーは個人主義的な、また集団主義的なそれぞれのニーズをバランスさせるのが上手な人です。彼はイスラエル生まれの正真正銘のユダヤ人で、にわかには信じられないのですが彼の両親も祖父母も生粋のユダヤ人で、イスラエルの建国前にイスラエルで生まれました。祖父はイスラエルで最初のワインメーカーでした。イスラエルの名門ワイナリーのカーメル・ワイナリーで働いた後、輸出業者として成功を収めました。ベニーは母親が生まれたのと同じ家で生まれました。この家は、彼の父親が有名なエドモンド・ロスチャイルド男爵から与えられたものでした。ベニーはイスラエルの典型的な家庭に生まれ、イスラエルの典型的な幼年時代を過ごしたのです。

ベニーはイスラエルのツォフィーム・スカウト運動（一二九頁参照）の見習いとなり、その後指導員となり、やがて監督官になりました。高校卒業後、ベニーはイスラエル軍のアツーダという教育訓練コースに進みました。このコースは高校の卒業生に対し、兵役を猶予して大学に通わせ、その後イスラエル軍の専門士官（医療士官や技術士官など）に育て上げるための専門士官養成プログラムです。彼は電子工学を学び、最終的にイスラエル軍参謀本部諜報局の8200部隊に入隊しました。

アツーダの卒業生の多くは軍役につきますが、ベニーは技術士官を一四年間務めた後、8200部隊から七人の友人を集めて別の道に進むことにしました。何をしたいかもわからず、ただ一緒に正しいことをするというイスラエル人の典型的なやり方で、彼らはベンチャービジネスの世界に乗り出したのです。

彼らは持てるスキルを最大限に活用し、一九八六年、後にイスラエルの巨大テクノロジー企業となったソフトウエア会社、ナイス・システムズ社（Nice Systems）を創業しました。ベニーはCEOを一五年間務めた後、同社を離れました。辞めた理由は、仕事に飽きたからではなく、後継者に道を譲る時期だと思ったからです。二〇〇一年、彼は医療機関が医療データを活用できるようにするための会社dbモーション社（dbMotion）を共同創業しました。彼が会長を務めたこの会社は、医療関連データのマネジメント会社として先駆をなすものです。同社は二〇一三年、医療ソフトウエアの大手オールスクリプツ社（Allscripts）により数億ドルで買収されました。

ベニーはこの時、自分が幼少期から兵役に至るまでずっとチームの一員としてやってきたことに気づいたのです。彼は出口戦略ばかりに拘泥《こうでい》するビジネスの世界から足を洗い、社会に貢献するセクターに転向することにしました。それ以来、彼は医療や教育、雇用の分野に関わっています。シュロモ・ドブラットやエリック・ベナムー、イツィック・ダンジガー、ニル・バルカットなどの成功した起業家たちと、二〇〇一年、彼は非営利組織としてイスラエル・ベンチャー・ネットワーク（IVN）を設立しました。このプラットフォームの最初のプロジェクトは、学校の管理者や自治体に実践的なマネジメントツールを提供することでした。これは大変にユニークな試みです。ベニーはテクノロジーとビジネスの世界における経験や知見を第三セクターに持ち込んだのみならず、その幼少期を通じて、また兵役やビジネスで培ってきたあらゆるスキルを最大限に活用したのです。

ＩＶＮは、今では五〇以上の社会的な事業を誇っています。その事業は次のようなものです。リスクに晒された青少年のためのプロジェクト、障害者や経済的に貧しい人たちを対象にしたプロジェクト、ユダヤ教の超正統派セクターにおける雇用促進と貧困撲滅プロジェクト、コミュニティの特殊なニーズに応えるプロジェクトなど――まさにＩＶＮは、鋭敏なビジネス感覚とテクノロジーの知識、そして社会的目標とが融合した模範というべき存在なのです。

ベニーに会いたいのなら、今日にでも彼が主宰している若者村を訪ねるといいでしょう。そこでは恵まれない子どもたちを支援したり、帰属意識を育んだり、将来必要とされるスキルを身につけさせる活動をしています。ベニーのすべてのプロジェクトは、チームという考え、集団への帰属が持つ意義と力という考え方を中心に据えています。ＪＤＯＣＵという彼の最新のプロジェクトは、慈善団体やアマチュア・カメラマンが世界の僻地を訪れて、孤立したユダヤ人のコミュニティを記録するというものです。

これまで指摘したとおり、イスラエル社会は個人主義的な文化と集団主義的な文化とをうまくバランスさせてきたように思います。個人と集団との間に緊張がないと言っているわけではありません。双方の価値が互いを否定することなく共存しているのです。

プロジェクトが実際に軌道に乗るのは、個人の目標と集団の目標とが一致した時です。私の九歳の息子のクラスは終業式当日に、次に入学してくる新入生の始業式の準備をするように言い渡されました。始業式当日、クラスの生徒たちが興奮しながら壇上で歌ったり踊ったり劇を演じたりして新入生を歓迎する様子を思い浮かべてください。

彼らは三年前のこのような光景を、新入生として初めて登校した日の感激を、そしておそらくは恐れさえも、覚えているのです。やがて夏休みになると、あるいは少なくとも夏休みの最終週には、協同して取り組まなければならないプロジェクト、つまり共通目標を持たされます。そこにはサプライズがあります。全員参加のもと、何をどう行うかは自分たちで決めるように先生が生徒に言い渡すのです。誰が何をするかを先生が生徒に伝えるのではなく、生徒から先生に、自分たちが何をしようとしているかを報告するわけです。イベントの司会を希望する生徒がいれば、音響を担当する生徒もおり、あるいはダンスをしたり歌を歌ったり、そのための選曲をしたり、その曲を創作する生徒もいます。彼らは集団として互いに協力し、場合によっては先生の助けを借りてイベントの成功に責任を持つのです。しかし、この種のプロジェクトには、個人主義が発揮され、発達する余地が十分にあるのです。

多様性をもった集団

個と集団とのこのポジティブな緊張がいったいどこから生まれているのか、不思議に思うかもしれません。それは、イスラエルの多様な人口構成から来ていると言えるでしょう。世界で最も異質な国家の一つとして、まずイスラエルは七〇ヵ国以上の国からの移民で構成されており、多様性がこの国の最大の資産の一つとなっています。実際、二〇一四年には、ユダヤ系イスラエル人の二五％は移民であり、三五％は移民の子どもたちで、残りの四〇％は第二世代のイスラエル人です。このように人口構成が文化的に多様であるため、「イスラエル人とは？」という問いに答えるのは大変に難しいのです。ですから、イスラエル人の典型というものはありません。モロッコ人、ロシア人、ポーランド人、エチオピア人、アメリカ人、エジプト人、ウクライナ人、ウズベキスタン人などなどがいて、数え上げれば切りがありません。

集団の多様性が、創造性とイノベーションを育む源泉であることは十分に立証されています。各人が出身国の伝統や知識や特質を新たな国に持ち込んで、その集団を豊かにしているのです。国家レベルで考えるなら、多様性は国の文化や経済にきわめてポジティブな影響を与えます。

移民とその子どもたちが建国したアメリカの多くの成功企業を見れば、このことは明らかです。新米国経済研究基金のレポートによれば、フォーチュン五〇〇社のうち四〇％は第一世代と第二世代が創業した会社です。しかも、それらは小規模な企業ではありません。「アメリカの最大のブランド企業の多くは――アップルやグーグル、AT&T、バドワイザー、コルゲート、イーベイ、ゼネラル・エレクトリック、IBM、マグドナルドなど挙げれば切りがありま

せんが——その源《みなもと》は移民かその子どもによって創業されたものです」（＊3）

アメリカの場合と同様、イスラエルのスタートアップ企業の成功文化は移民社会と密接に関係しています。これには多くの理由があります。まず第一に、移民は本質的にリスク・テイカー、つまりリスクをとる人たちであり、努力家です。彼らは自力で再出発しようとして、故国と住み慣れたコミュニティを離れるという果敢な決断をしているのです。新天地に到着すると彼らは不慣れな環境に晒され、すぐに適応しなければなりません。機敏な対応を求められ、居心地のいい安全地帯の外の多くの課題に立ち向かわざるをえません。イスラエルでは、この種の個人的な野心は、しばしば集団のプロジェクトや目標に注がれます。

七〇年ほど前の私の両親と同じように、イスラエルに移住してきた人たちはたいてい共通したビジョンを持っています。それは、イスラエル国家の建設に積極的に参加すること、イスラエルの土地に住み、そこで形成されるイスラエル文化の一部になるということです。彼らの集団としての一体感は、この共通の目標の上に築かれているのです。

多くの偉大な起業家の例にもれず、キラ・ラディンスキーの旅は外国から始まり、着の身着のままの状態でイスラエルにたどり着きました。一九九〇年のウクライナで、ラディンスキー一家の女性たち——四歳のキラと母親、叔母、それに祖母——は、荷物をまとめてイスラエルに移住することを決めたのです。武装したハンガリーの兵士に荷物同様に飛行機に押し込まれるなどの辛い旅を経て、ラディンスキー一家は所持品もなく、やっとの思いでイスラエルの地を踏みました（＊4）。

彼女たちはちょうど湾岸戦争の時期にイスラエルに着いたのです。所持品も防毒マスクもなく、背後でサイレンの音が聞こえるなか、キラと叔母は海岸に出かけました。そのとき、叔母がキラに尋ねました。「大人になったら何になりたいの？」。キラは砂に足を埋めながら、「もちろん科学者よ」と答えました。叔母は驚きませんでした。キラは、ウクライナの平凡な家庭でありながらその優れた頭脳によって抜きんでたエンジニア一家に育ったからです。

キラは一五歳の時にイスラエル工科大学の学生となり、優秀な成績で卒業しました。一八歳でイスラエル軍参謀本部課報局に入り、彼女とそのチームは、後に二〇〇六年のレバノン戦争で使用されたテクノロジーを開発したことによりイスラエル国防賞を授与されました。軍隊での選抜プロセスなど、軍隊生活は彼女がそれまで経験した環境とはまったく異なるものでした。彼女は初めて、何もわからない課題に直面したのです。彼女は学べるものは何でも早く学んで知識を身につけようと独学しました。クラスの優等生でなかったのは初めてのことでした。このことが彼女を奮い立たせ、やる気にさせました。その結果、彼女は除隊後一年も経たずに修士号を取得し、コンピューター・サイエンスの博士号を目指したのです。これは、優秀な頭脳が称賛されることを教え込まれた移民の子、キラにとってはごく自然なステップでした。

キラは二三歳の時に幼なじみの友達――複雑な数学の問題を解いたことで、八歳の時、彼女に求婚した相手——と結婚し、心の内では探究者になることを渇望《かつぼう》していました。まもなく彼女は尊敬すべき著名な学究の徒として、マイクロソフト調査部の従業員になりました。そこで彼女は、博士号に向けた研究の一部として、アルゴリズムをベースにした予測プログラムを開発したのです。膨大なデータをコンピューターに入力し、タイムラプス・パターンをベースに分析して、予測のパターンを明らかにしたわけです。

それは見事でした。一五〇年間に及ぶニュースや、ソーシャルメディア、検索エンジンの結果、その他の膨大なデータをもとに、キラは、たとえば二〇一三年のガソリン価格高騰後のスーダンの大暴動や、一三〇年前の記録をもとにしたキューバのコレラ大発生などの大事件を予測したのです。

キラの母、叔母、祖母は、キラの科学的な業績を誇らしく思っていました。それゆえ、キラからマイクロソフトを辞めて自分の挑戦の幅を広げていきたいと聞かされた時、彼女たちはびっくりし落胆もしました。この時のキラは、「この成果が他でも通用するか試してみよう」と思っていたのです。リスクをとり、探究し、大きな夢を見るというイスラエル精神に突き動かされて、彼女は快適な安全地帯から抜け出したのです。その結果はと言えば、二〇一二年、ヤロン・ザカイ−オーと共同で経済予測プラットフォーム、セールスプレディクト社（SalesPredict）を設立したのです。この会社は二〇一六年、四〇〇〇万ドルでイーベイに買収されました。

キラが予測分析の分野で果たした貢献は計り知れません。膨大な量のデータ分析能力を持つコンピューターに人間の思考パターンを読み込ませれば、eコマースや医学、政治などあらゆる分野で大変化が起こります。彼女が実行して成功した実験は、人工知能の将来について、つまり入手可能な膨大なデータをどう活用するかという重大な問題を投げかけているのです。

キラもラディンスキー家の他の女性たちと変わらず自力で成功を勝ち取った、娘と幼い息子を持つワーキング・マザーです。彼女は娘の将来の成功を渇望しています。しかし彼女の母親や叔母、祖母にとって、一〇〇%予測できるものなどありません。とはいえ、これだけは確かです。キラは二歳の娘に、どんな夢であってもいいから大きな夢をもつように、と励ましています。そして、こう語っています。「私は娘に何をどうすべきかについては一切口出ししません。娘に自立心を持ってもらいたいのです」

子どもギャングのメリット

子どもの頃、毛布をかぶって懐中電灯を照らしながら、美少女探偵ナンシー・ドリューや少年探偵ハーディー・ボーイズのミステリーを読んで夜更かしした人もいるでしょう。イスラエルの子どもたちにとって、就寝時間を過ぎても読み耽ってしまうのはハサンバ作品シリーズです。ドリューやボーイズの作品と同じく、ハサンバ作品の主人公は、ミステリーと犯罪事件を解決する子どもたちです。ハサンバは「絶対秘密のギャング」という意味のヘブライ語表現の頭文字をとったものです。ハサンバのアドベンチャー作品は一九四九年に初めて出版され、まもなく最も人気の高い児童書の一つとなり、一〇〇万部以上売れました。しかし、アメリカの子ども向け探偵シリーズ作品とは違って、ハサンバ作品の主人公は一人や二人の子どもではありません。一緒になって犯罪に立ち向かう子どもグループなのです。このちょっとした違いは大きな文化的相違を反映しています。

イスラエルの幼年時代には、グループへの協力、コミュニティの形成、社会的ネットワークの維持拡大が重視されます。そのため、「ギャング」（集団）はきわめて重要になります。英語の「ギャング」という言葉は、普通はネガティブな意味合いを持っていますが、ヘブライ語に訳されると「ハブラ」chavura（複数形はchavurot）となり、この上なくポジティブなものを意味します。chavura は自由時間のほとんどを一緒に過ごす若者や子どもたちの集団を指します。学校仲間、課外活動仲間、近所仲間といった具合です。イスラエルではこのような集団が子どもの、ときには大人の社会的ネットワークを形成しています。

前に触れた保育園や幼稚園のガラクタ広場や、ラグバオメル祭の焚火の話を思い出してください。これらはイスラエルの大半の子どもが経験する集団体験についてのちょっとした具体例なのです。私の一四歳の息子のダニエルには、幼稚園の時からずっと一緒の仲間たちがいます。小学校一年生の時からほとんど毎日のように、午後に集まって校庭でサッカーをしていました。

これは、インストラクターがつく放課後の活動とは違って、子ども独自の活動です。仲間の一人が責任をもってサッカーボールを持参することになっているのですが、彼がボールを忘れた場合に備えて、念のために他の仲間が持ってくることもあります。こうして集団はともかくうまく保たれていたのです。

小学校三年生か四年生になると、時には仲間集団は他の男女の子どもたちを受け入れるようになります。これら「よそ者」は出たり入ったりしますが、仲間の中核メンバーは変わらずに、互いの結束を強くしていきます。五年生や六年生になると、仲間集団の枠を越えて、友情関係の輪を拡大するようになります。そして、彼らは中高校生になっても、それぞれ通う学校が違っても、互いに会って関係を続けるように努めるのです。今日に至るまで、ギャングは息子ダニエルの人生で重要な役割を果たしています。彼は私にこう言いました。「ママ、仲間は僕にとっては兄弟みたいなものだよ。必要なときにはいつでも助けてくれる。彼らと一緒にいるだけでとても心地いいんだ」

スタートアップ企業の教祖的存在でYコンビネーター社（Y Combinator）の創業者ポール・グラハムは、「友情」は自分がスタートアップ企業の創業者たちに求める最も重要な五つの要素の一つだとして、こう言っています。「経験上、たった一人で起業することは難しい。大成功した起業の大半には、創業者が二〜三人いる。創業者同士の結束は強固でなければならない。互いに心が通じ合って、一緒にうまくやっていけなければならない」（＊5）

実際、起業しようとする個人の九五％は大々的に他者を巻き込んでいるか、近い将来巻き込むつもりでいます。ベンチャー企業のおよそ五〇％はチームとして、創業段階の間、それぞれが自らの人脈やネットワークを動員することのできる起業家たちと組んでスタートします。

ダニエルのギャングではありませんが、誰でも真に信頼できる長期的なパートナーを共同創業者にしたいと思うでしょう。わが社シンセシス（Synthesis）における私と私の共同創業者兼共同ＣＥＯの場合がそうでした。私たちは二〇年以上前に大学で出会いました。二人は大半はそれぞれ別の国で暮らしていたのですが、強い友情で結ばれていました。私たちはそれぞれの強み、弱みの違いをパートナーシップに持ち込みました。しかし共通の目標とビジョンの実現を目指して協調し、協働する方法を身につけました。コラボレーションを最大限に活用するバランスを見出したのです。そして時々は、コラボレーションを見直すことをしているのです。

第5章

自由を求めて

月曜日午後一時半、私はオフィスでチームミーティングをしていました。携帯電話が鳴り、見ると九歳の息子ヤーデンからでした。私は同僚に息子から電話なのと告げ、ミーティングを中座して電話に出ました。「ママ、ロニを家に連れていってもいい?」

授業が終わると、ヤーデンはたいていの彼の友達と同じように、およそ三キロほど離れた自宅まで一人で歩いて帰ります。彼は家の鍵を持っていて、家に着いてまずやることは愛犬のムーンを散歩に連れ出すことです。犬の散歩を終えて家に戻る頃には、兄のダニエルが中学校から帰ってきています。彼らは私が用意しておいたランチを温め、宿題をしたり、テレビを見たり、友達と遊ぶために外出したりします。

私は「ヤーデン、もちろんいいわよ。でも、ムーンの散歩のこと忘れないでね。ランチにはチキンライスを用意してあるから、サラダは自分で作ってね。ロニと一緒なのは大歓迎よ」と答えると、ミーティングの席に戻りました。

このような話はイスラエルのたいていの家庭でよく耳にするものです。普通、両親は共働きで、帰宅は夕方六時か七時頃になります。だから、子どもたちは午後いっぱい親のいない状態で過ごさなければなりません。やむをえず子どもたちは自らの責任において過ごさざるをえなくなり、それが達成感とプライドを育んでゆくのです。

一九八六年、子どもの権利について研究しているロジャー・ハートは、米国ニューイングランドの田舎でとある実験を行いました。地元の小学生八六人の動きを追跡して、「子ども地理学」と呼ぶものを作成したのです。そこには、子どもは自宅からどこへ、どの程度の距離までぶらつくのかを示した地図などが掲載されています。この実験で彼が明らかにしたのは次のことでした。「子どもにとっては、自由行動のちょっとした範囲の拡大――舗装道路を渡ったり、町の中心部に足を延ばすなど――が成長の証なのです。子どもたちは、普通大人が利用しないような道順を知ったり近道を見つけたりすると誇りを感じるのです」(＊1)

いつもの環境から抜け出して、誰からも監視されずに、そして最も重要なこととして行く先の計画を立てずに自由に歩き回れる者は、イスラエル人からポジティブな特性の持ち主と見なされます。このような特性はヘブライ語で「リズロム」leezrom(「流れに従う」の意)と呼ばれています。このleezrom精神は自然に身につくもののように思われますが、それが幼児期から一貫して育まれる文化現象ともなれば、より深い意味を帯びるようになります。イスラエル人にとって、それは人生観なのです。leezrom精神の持ち主は、予期せぬことを覚悟して、それを喜んで受け入れることが必要です。これは単に自発的であること以上の意味をもった、人生や予想外の出来事に対する強力かつ楽観的な見方・考え方なのです。

このような幼児の自立性を重んじる育児法は多くの西欧諸国では消滅していますが、イスラエルでは依然として守られています。しかし、イスラエル文化の他の多くの側面と同様、子どもに自由を与えてleezrom精神を奨励することは、深く考え抜かれた哲学などではないということは留意しておいたほうがいいでしょう。実際は逆で、それはイスラエルの生活上の必要性から生まれてきたものであり、イスラエル独特のものではまったくないのです。

独力で生きる子どもたち

世界中のさまざまな文化圏では、生活上の必要からにせよ、規範や原理原則からにせよ、子どもたちに責任感を持たせることが奨励されています。たとえばオランダでは、子どもたちに一軒一軒家を回らせて、掃除をする代わりに一ユーロもらうようにさせています。他の国でも、子どもたちが一人で学校から帰宅したり、近所の友達と自由気ままに付き合ったりするのは、とくに村や郊外に住んでいるならなおさら普通のことです。

しかし米国や中国、フランスなどの国では、子どもにこれほどの自由を与えることは、たとえそれぞれ理由があるにせよ、子育ての方法としてはあまり一般的ではありません。世の中が危険にあふれ、メディアでも悲劇的な事件が過度に報道される昨今の状況では、親が子どもたちの安全を心配するのは無理もありません。

その懸念や心配は確かに理解できるのですが、よくよく注意しないと、こうした子育ての結果、世の中のリスクや可能性に対処できない大人になってしまうかもしれません。カリフォルニア大学サンディエゴ校の客員教授で「サイコロジー・トゥデイ」誌の編集者ロバート・エプスタインはこう述べています。「親の最も重要な仕事は、若者を独立心と自主性を持った人間に育てることです。若者を幼児扱いすることは、彼らの成長を妨げてしまいます」（＊2）

危惧すべき点は、自由とリスクを帯びた可能性とを制限された子どもは、成人後に自立して行動する自信が持てなくなることにとどまりません。もっと深刻な問題は、そのような子どもはリスクをとって可能性に賭けるようなことをしない大人になってしまうのです。

もし、子どもたちが学校での活動や遊びや社会的行動について常に他者から指図・指示されるのであれば、彼らの成功を動機付けるのは彼らのものではありません。社会生活を成り立たせ発展させる動機となるものは、子どもではなく親から生じたものということになります。パーデュー大学教育学部の臨床教育心理学助教授のジョン・マーク・フロイランドはこう述べています。「親から生じた動機であれば、それは子どもではなく親の考えや願望と結びついています。当然のことながら、後年、子どもは自分で考えたり、自分で目標を設定したりしなくなります。もし動機が子ども自身から出た固有のものであれば、間違いなく外部から与えられ強制された動機よりもはるかに強力なものです」（＊3）

親は学校で優秀な成績を収めることの重要性をよく理解しているので、それを目指す行動をとるよう過度に子どもたちに発破をかける傾向があります。しかしそのために、親が期待したのとは逆の結果になることがよくあります。たとえば、小児心理学者のリチャード・フェイブズと同僚たちによる一九八九年の調査の結果、「病気の子どもたちのために書類整理を手伝った子どもに褒美を与えるのは、その後の援助行動の妨げになる」とのことです。このことは、ある時点での行動に対して報奨を与えるのは、その行動を長期にわたって奨励する戦略としてはよくないことを示しています。

また、それより上の年の子どもを対象に行われた一九八三年の同様な調査では、「金銭的報酬を与えることは、視覚障害者を支援しようとする下級生の道徳的義務感を妨げ、この種の障害者に対する援助行動を躊躇させる」（＊4）ことがわかったのです。実際のところ、子どもにせよ大人にせよ、命じられたことと反対の行動を選択できることは、決断に際しての最強の決定要素の一つなのです。

校長先生をファーストネームで呼ぶ

私の九歳の息子ヤーデンは、午後一時半に下校する際、学校の大廊下を通って一人で家に向かいます。その時、たまたま校長先生が校長室から出てくるのを見かけると、ヤーデンは校長先生に手を振って、「さよなら、ヤエル」と言います。それは、率直で形式ばらない下校時の挨拶です。ヤエル校長はヤーデンに微笑んで、「さよなら、ヤーデン。午後を楽しんでね」と応じます。校長先生は全生徒の名前を覚えています。しかも子どもたちは、校長のみならずすべての先生たちをもファーストネームで呼ぶのです。

形式ばらないことは後に論じる点で重要だと私は思っているのですが、そのことを別にすれば、イスラエルの教室で生徒が普通に経験していることは、その他の国で見られることとそう変わりません。生徒たちは後日の試験で吐き出す知識を詰め込むように期待されています。つまり、すでに誰かが解決済みの問題に対して答えることを求められているわけです。

世界的なスケールでみると、イスラエルは若者の学業成績では遅れをとっています。PISA（国際学力評価プログラム）によれば、イスラエルは数学と理科では下位四〇％の位置です。ちなみに、二〇一五年に行われたPISAテストに参加した七二ヵ国の中で、イスラエルは四〇位。ペルーやインドネシア、カタール、コロンビアよりは上位であるものの、常に中国、シンガポール、日本、韓国、スイスやオーストリアの後塵を拝しています。

しかし、世界経済フォーラムによると、イスラエルは人口比でみれば世界で最もスタートアップ企業の集積度が高く、イノベーションの分野では第三位です。数学や理科の学校教育で遅れをとっているイスラエルが、数学や理科、財務やビジネスの広範な知識を必要とするテクノロジー分野の起業で大成功を収めているのは、いったいどうしてなのでしょうか？

この問いに対する答えは、アカデミックな環境の中で優れた成績をあげるために必要なことと、起業家やイノベーターとして成功するために求められるものとは異なるものだという点にあります。次のことに留意しておいたほうがいいでしょう。産業界を襲っている変化はきわめて激しく急速なため、業界観測筋の多くはそれを「第四次産業革命」と呼んでいます。世界経済フォーラムによれば、「現在のテクノロジーの趨勢は、多くのアカデミックな分野の中核的なカリキュラム内容に対して、前例のない速度の変化をもたらしています。四年制の技術系学位の一年目に修得した学科知識のおよそ五〇％は、卒業時点では時代遅れになっているのです」（＊5）

だから、若者たちに提供される学校教育はほとんど役に立たないのです。いずれにしても、学校での優秀な成績が科学的なイノベーションやビジネス上の能力や武勇につながるという前提は必ずしも正しいとは言えないのです。それを裏付ける事例はイスラエルにはたくさんあります。イスラエルの自動車サイバーセキュリティ分野で成功した起業家ガイ・ルビオは、授業をよくさぼったことを思い出して、こう語っています。

当時は何か面白いことはないかとヘブライ大学の周りをよくぶらぶらしていたよ。ある時、ある学部のボードに書かれた「ネットワークの最適化」という未解決の問題に目が留まったんだ。この問題を解くまでは学校に戻らないと自らに言い聞かせた。しばらくして、だいたいの方向性が見えてきて、これは面白そうだと思ったんだ。その頃はスタートアップという言葉も知らなかったけど、コンピューター教師のところに押しかけて行って、自分は授業に出ていないけど、アイデアがあるので一緒にやりましょうと提案したんだ。すると教師は賛成してくれて、ネットワークの設定に取りかかり始めた。結局、このプロジェクトは成功しなかったけど、僕にとっては最も意味のあるプロジェクトの一つだったと今でも思ってるよ。（＊6）

ガイは、教師というのは近づきやすくて親しみの持てる存在だと前々から思っていました。事実、彼は子どもの頃から先生をファーストネームで呼んでいたのです。だから、他の人なら躊躇してしまう教師への提案などをガイはやってのけたのでしょう。その教師は、ガイからプロジェクトへの協力を求められたとき、その前にまず授業に出なさいと当然言えたでしょうが、そうはしませんでした。彼は公的な教育システムの規範に反発を覚える若者に寛大で、ガイにチャンスを与えたのです。ガイの数学とネットワークに対する情熱は止まるところを知らず、サイバースペースを探求してそのエキスパートになりました。そして結局、彼が起業したタワーセック・オートモーティブ・サイバーセキュリティ社（TowerSec Automotive Cybersecurity）を、自動車関連業界の世界的な大手企業であるハーマン社（Harman）との合併に持ち込んだのです。

袋小路に入ることの重要性

「自衛の場合は、常に相手の機先を制すべし」という意味のヘブライ語の古いことわざがありますが、この原則をアディ・シャラバニは終生守ってきました。

アディはアプリケーション・セキュリティ分野における業界のリーダー、そしてセキュリティ先制保護システムの専門家への道を着実に歩んできました。彼はイスラエル国防軍で、長年にわたりセキュリティ関係のコンサルタントおよび教育アドバイザーを務めていました。テルアビブ大学で数学と物理の学士号を取得し、そこで研究を重ねた後、ビジネスの世界に飛び込んだのです。イスラエルのテクノロジーをベースにしたカナダのスタートアップ企業ウオッチファイア社（Watchfire）がＩＢＭによって買収されたことで、アディはＩＢＭに入社することになりました。入社後数年して、彼は同社のソフトウエア製品のセキュリティ担当責任者となりました。

二〇一二年、アディは携帯電話のセキュリティ保護業界の見直しを迫るスタートアップ企業スカイキュア社（Skycure）の共同創業者兼ＣＥＯに就任。この会社はその後、セキュリティ業界の世界的リーダーであるシマンテック社（Symantec）に買収され、現在アディは同社の副社長となっています。長年にわたり彼は自らの方法の完璧性を追求し、セキュリティ分野で二五以上の特許を保有・蓄積したのです。

計画精神をもつアディは教育面でも重要人物です。彼は毎年四万人以上の来場者が集まる世界最大のITセキュリティ会議、RSAカンファレンスの常連メンバーであるだけにとどまりません。高校教師であり、教育アドバイザーでもあります。さらに、サイバーセキュリティ教育をイスラエル国家の使命として定着させるべく支援しています。つまり、イスラエルのサイバーセキュリティ専攻の高校生のために、サイバー防衛カリキュラムのビジョンを作り実行する上での要《かなめ》の存在なのです。彼はこう語っています。「早く始めるに越したことはない」（＊7）

イスラエルでは他の多くの国と同様、アディのような人々の支援を得て、数多くの非公式な教育機関やプログラムが発達しています。それらに共通する教育への新たなアプローチは、実際的な知識の習得そのものよりも学習過程を重視するというものです。アディはこう述べています。「こうしたプログラムで私たちが行っているのは、子どもの能力を引き出し、その能力を発揮してもらうことです。その目的は〝ハウツー〟的なスキルを子どもたちに教えることではありません。最終目標などとは正反対の、方向性、活動、進歩そのものが目的なのです」

アディによれば、このようなプログラムが普及し成功する秘訣は、実際に子どもたちを袋小路に追い詰めることだとして、次のように指摘しています。

子どもたちが習得したスキルを他分野で応用するために教えることには、私たちは関心がありません。そうではなくて、今日の私たちが未知の分野で新たなスキルを創造する能力を高めることが目的なのです。これは大変に難しい課題です。私たちの実践経験から明らかになったことは、この課題に取り組む方法は、子どもたちを実際に袋小路に追い込むこと、つまり自分では答えがわからず、また誰も答えを与えてくれないような状況に追い込むことなのです。……それゆえ、真の成長、真の教育とは、答えを知らず、答えが見つかるかどうかに関係なく、答えを見つけ出そうと試みるところから生まれてくるのです。

イスラエル南部地区のアシュドット出身で一七歳のギラドは、このような発展学習プログラムを履修したときの体験をこう語っています。

「コーディングの基本的なスキルを教えられると、次には難しい課題が与えられました。何の指示もなく、チェスのゲームをつくるような複雑な課題に独学で挑戦するよう求められたのです。今年、僕のグループは、一定の計算にしたがって駆動し、行きたい場所をスキャンして位置を探索する方法を自動認識したりするカーロボットに取り組んでいるんです」

こうしたプログラムでは、イスラエルの学校の場合と同様、教師が最高権威者であるというイメージは否定されています。教師は、不可欠な専門家にして汲めども尽きぬ知識の源泉とは見なされません。アディはこう回想しています。

最初にサイバー・プログラムをスタートさせたとき、生徒に自ら考える思考プロセスを始めさせるいい引き金になるだろうと思ったんです。なぜなら、袋小路に陥る前に必要とされる知識の量はそんなには多くはないからです。私たちは、学校教師に教え始めたとき、彼らにはサイバー分野での十分な知識も経験もないという単純な理由から、私たちのプログラムは完全に失敗するものと思っていたんです。でも、実際の結果はすばらしかった。教師たちが子どもの顔をじっと見て、「わからない」と正直に言うような状況が生まれたんです。これによって突然、教える側と教えられる側との間で会話が成り立つベースができたのです。先生と生徒は自由に意見を出し合い、袋小路に陥るプロセスを打開できたんです。単に一方が他方にデータを伝えるのではなく、両者は共に成長し、これまで考えられなかったような地点に到達できたのです。このアプローチでは、教師は単に事実を流す漏斗《ろうと》ではなく、方法論の伝達者なのです。

教育の目的が知識の伝達であるとするなら、生徒に知識を与えないというこのプログラムは画期的で、明らかに効果的です。

これらのプログラムにおける評価方法も過激です。教える側は生徒の成功を測定するのではなく、その失敗を生徒の学びのよりよい指標として測定するのです。「生徒が二〇の問題を解いたとしたら、教える側は生徒の時間を無駄にしただけだと考えるわけです。問題の解き方をすでに知っているのだから、生徒は何ら進歩せず、何も学んでいないのです」

学ぶことに対して学際的アプローチを奨励しているイスラエルの教育機関として、「若者の創造性と卓越性を振興するための研究所」、通称エリカ・ランドー研究所があります。才能ある子どもたちを対象とした従来のものとは異なる教育機関であり、その目的は若者の創造性、社会的スキル、自立的思考を育成することにあります。

創設者であるエリカ・ランドーは、さまざまな分野で実践的な体験を通じて学ぶことを重視するユニークな教育アプローチを開発したのです。ランドーは「教育の目的は知ることではなく、体験することである」（＊8）と考えているのです。彼女によれば、最も記憶に残るのは直接体験したことだというのです。同研究所の卒業生ラン・バリサーは、このアプローチの論拠をこう説明しています。

もはやエキスパートであるだけでは十分ではありません。一つのことにどれほど熟達したとしても、十分とは言えないのです。……世の中に対して真に深い変化を引き起こす才能のある人たちは、専門に秀でた人ではなく、さまざまな分野における経験を結びつけることができる人です。このことがこの教育機関のエッセンスなのです。それは、次のような考え方をもつ子どもや若者を育成することにあります。すなわち、並外れた結合をつくりだし、通念を疑ってこれに大胆に挑戦し、深く掘り下げて調査し、袋小路を「ノー」とか「できない」などと受け止めず、新しい道の始まり、新たな挑戦とみなして、「さて、イエスにするにはどうすればいいか」と考える人たちです。（＊9）

バリサーは今でも「ノー」は受け入れません。彼は現在、公衆衛生医師であり研究者であり、クラリット研究所というデータ活用医療改革センターの創設理事です。また、イスラエル最大の健康管理機関として受賞の栄誉にも輝いた同研究所の医療政策プランニング局の局長も務めています。これらの役職を通じて、彼は医療の質の向上を図り、格差をなくし、新たなデータと人工知能――医療効果を高めるために医療業務に活用されるツール――を導入するために、組織全体にわたる革新を実行する戦略的プランニングとその展開について責任を負っているのです。

イスラエルの子どもたちの標準学力テストの成績は、あまりよくありません。しかし、けっして遅れをとっているわけではありません。大事なのは学習のプロセスであり、テストの結果ではないのです。子どもたちの知識量ではなく、どのように知識を獲得するかが重要なのです。ビジネスの世界では結果が大事です。しかし必ずそうとは限りません。プロセス、能力、機会、トライする自信、袋小路、その打開――これらは長期にわたってビジネスが成功するための重要な要素です。だから、同僚たちに対しては、自らの目標を明確にさせ、大きな課題に取り組ませ、袋小路に陥らせ、すべてを知っている必要はないのだとわかってもらいましょう。

第6章

失敗は選択肢の一つ

一九六五年、イスラエルの町、ラマトガンにある某家族の居間に三世代が集まっている。速記官務めの年長者アブラハムは自作の工芸品に身を乗り出し、彼の息子の機械工バルヒは道具箱の中をかき回している。その後継《あとつぎ》で一〇歳のドブ・モランは、「マッドマガジン」誌の最終ページに掲載されていた会社にメールオーダーして手に入れたデジタル・ウオッチの部品に釘付けになっている。正常に動いているいくつかの腕時計を調整したり、別の時計を組み立てたりしている。

USBメモリスティックの発明者であり、イスラエルの最も著名な産業界のリーダーとなったドブの最初の旅は、過去と未来とが同居するこの小さな居間から始まったのです。

幼年時代には既成の教育制度にまったく馴染めなかったにもかかわらず（幼稚園の先生が、ドブが小学校に入学するのは無理だと母親に言ったのは有名な話です）、ドブはまもなく傑出した学力を見せつけました。一六歳の時にテルアビブ大学でコンピューターのプログラミング・コースを履修し、クラスの首席となったのです（でも、あの成績は首席としてふさわしくなかったと今でも彼は言っています)。したがって、ドブがプログラミングの道を歩むのはごく自然のことでした。しかし、彼の家族がよく口にしていたイディッシュ語の格言の通り、「人が計画すれば、神は笑う」、つまり、計画は予定どおりに行くとはかぎりません。彼は電気工学の学位を取得してイスラエル工科大学を卒業し、その後イスラエル海軍の先端マイクロプロセッシング部門の指揮官を務めたのです。

ドブがこのような高学歴を獲得することは容易ではありませんでした。実際、不安とリスクの脅威がドブの子ども時代にはつきまとっていました。戦争で引き裂かれたヨーロッパの恐怖から逃れてイスラエルにやってきて、新たな人生を踏み出した家族のメンバーは、彼の父親と祖父だけでした。彼の母親ビナは、ポーランドのブヴォニエからイスラエルに逃れてきました。ホロコーストの生存者の子どもであることは、常に不安状態の中で成長することを意味しています。自分の子どもが近くの図書館に行くこと、そんな些細なことでさえも、彼の両親にとってはレジリエンス(回復力)が試される機会なのです。両親としてはどうしても道の反対側から密かに子どもを見守ってしまうのです。

ドブの子ども時代を考えれば、彼がイスラエルのリスク・テイカーのトップの一人になったのは皮肉なことかもしれません。しかし、彼の父親は九〇歳で他界するその日まで働き続けた正直者でした。祖父はドブの子ども時代のほとんどをドブと一緒の部屋で過ごし、ドブの教育を自らの最後の、そしておそらく最も成功した生涯のプロジェクトと思っていたことでしょう

(祖父は、ドブが海軍の制服を着るまで若い時からずっと彼に付き添っていたとのことです)。この点を考えると、ドブの成功は皮肉でもなんでもないと納得するでしょう。彼は、痛ましいほどにリスクを意識しながらも、果敢によりよい未来を追求する家庭で育ったのです。

一九八九年、ドブはフラッシュデータ・ストレージ市場の世界的大手企業Mシステムズ社(M-Systems)を創業しました。彼はチームを組んでUSBフラッシュドライブを発明し、収益一〇億ドルの会社に成長させたのです。二〇〇六年、この会社はサンディスク社(SanDisk)により一五億五千万ドルで買収されました。これはイスラエル史上最大の買収案件でした。二〇〇七年には携帯端末メーカーのモドゥ社(Modu)を創業し、二〇一一年までに同社の知的所有権をグーグルに売却しました。ドブの業績リストはさらに続きます。子ども向けのアプリをプロモーションするキッドオズ社(Kidoz)、デジタルヘルス企業のグルコミー社(GlucoMe)、世界中のソフトウエア開発者に利用されているソフトウエア企業ラピッドAPI社(RapidAPI)の創業、それにアーリーステージのベンチャー企業を投資対象とするベンチャーキャピタル・ファンドであるグローブ・ベンチャーズ(Grove Ventures)の組成に至るまで、買収された技術以外に彼の名を冠した特許の数は四〇を超えています。またドブは、イスラエル北部に拠点を構える半導体デバイス製造メーカー、タワー・セミコンダクター社(Tower Semiconductor)の会長でもあります。

そのすばらしい成功物語について聞かれると、ドブはタワー社を倒産の縁から救出して、ナスダック株式市場で時価総額数十億ドルにまで回復させた再生案件で指揮をとった経験を挙げます。彼は同社のCEO、創業者、取締役、投資家、すばらしい指南役、リーダーとして、イスラエルのテクノロジー産業界全体に大きな足跡を残しているのです。

ドブの成功物語がユニークなのは、その物語が彼一人だけで構成されているのではないことです。その一部は彼の両親の物語であり、祖父の、家族の、そしてその先祖の物語でもあり、それは困難に立ち向かって国家を築いた人々と幾多の世代の物語でもあるのです。

私はドブとは二〇〇六年後半、ちょうど私がモドゥ社の創業チームに加わったときに出会いました。当時、同社はイスラエルで大々的に宣伝され、大変に有望な企業でした。ごく短期間で同社は一億二千万ドルを超える資金調達に成功し、二〇〇人を超える従業員を雇用し、世界中に子会社を設立し、同社のブランドを冠した二種類の消費者向け製品を製造したのです。そこには成功のすべての要素がありました。しかし、創業からわずか三年で、同社は幕を閉じてしまったのです。

当時は、私や同僚にとってきわめて困難な時期でした。私たちは会社と製品を信じていましたが、それが間違っていたことが証明されたのです。ただ、ここに興味深い事実があります。モドゥ社の倒産後に、私も含めて同社の従業員二〇〇人の多くが自分の会社を起業したのです。大失敗の灰の中から、約一〇社ほどの新しいベンチャー企業が芽を出したのです。多くの時間とエネルギーとリソースをモドゥ社の事業で浪費してしまった彼らが落胆しなかったのはどうしてでしょう?　それどころか、彼らはこれまで以上にエネルギーを注ぎ込み、これまで以上にリスクをとって、自らのベンチャーをスタートさせたのです。これは非常に大胆な行動と言えます。というのも、それらスタートアップ企業の九〇%は失敗し、成功した一〇%も途中で崩壊に近い状態に追い込まれたからです。

倒産したモドゥ社にいた私や同僚のように、失敗を体験した人々が再挑戦するのはどのような動機からでしょうか?　私の場合は、モドゥ社の失敗を職業上の成長の機会として捉えました。つまり、同社の倒産を落胆要因ではなく発奮要因とみなしたのです。今や私は、モドゥ社の失敗から何をしてはいけないのかを学んだのです。つまり、私はこれまで以上に成功のチャンスをつかむことができるだろうというわけです。

失敗の効用

失敗は学びの機会を提供してくれるという考えは、起業家の心構えとして重要です。しかし、多くの文化圏では、失敗はなんとしても避けるべきものと考えられています。前章で見てきたように、親のほとんどは、いかなる失敗からも子どもを守ろうとします。

ところが、今日の心理学者の多くは、子ども時代に失敗の経験をしなかった人は、大人になってその代償を支払うことになると警告しています。失敗を経験しないと、失敗に対処するのに必要な心理的かつ実践的なスキルを獲得することができないからです。失敗というものを、間違いを反省し、次に向けての改善を学習する機会と捉えずに、失敗を自分の生得的な一部とみなし、そのためにきわめて克服困難なものと考えてしまうのです。イスラエルでは、失敗は人生において避けて通ることができないものであり、乗り越えられるもの、乗り越えなければならないものと考えられています。

今日では考えられないことでしょうが、一九九三年までイスラエルにはテレビのチャンネルは一つしかありませんでした。それは「イスラエル・テレビジョン」と呼ばれ、テレビを持っていた全家庭が観ていました。一九七八年にZehu《ぜウ》 Ze《ぜ》!（That's It!　はい、それまで！）というショー番組がシリーズで放送され、瞬く間に大人気を博しました。この番組で最も有名となった登場人物の一人がヤゼク。バケットハットをかぶり、イスラエル国旗とアコーディオンを持ち、ガンマン風の口髭をつけたヤゼクがイスラエル中を旅する娯楽番組です。紹介されるエピソードの最後には、毎回必ず彼が落下する場面があります。木の上から川に落ちたり、馬の背から落ちたり、時には牛糞の中に投げ込まれたりといった具合です。でも、彼はすぐに立ち上がってこう言います。「気にすることなんかないよ、ちびっ子。ヤゼクは落っこちても、いつも立ち上がるんだ」。イスラエルの子どもたちは、「気にするな。落ちたら、いつでも立ち上がればいいんだ」という強烈なメッセージを胸に刻んで成長しているのです。

失敗したのはプロジェクトであって私ではない

誤解しないで欲しいのですが、イスラエルの文化は失敗を奨励しているわけではありません。そうではなく、失敗に対してとかく寛大で、失敗から立ち直り、挑戦し、前向きに進んでゆくようにして失敗を受け入れるのです。

心理学者のスティーブン・バーグラスは、失敗は違った角度から見ることで克服できるという考え方を奨励しています。彼はこう述べています。「失敗に対処する上で大事なことは、失敗の要因を全人格的なものとして考えないことです。もし、失敗の要因を全人格的なものとして考えてしまうと——私がヘマをしたから事業は失敗した——失敗は絶望的なものになります。しかし、失敗の要因を全人格的なものとしてではなく、限定的なものとして考えれば——日本が安売りしているから、私は大事な時期に情報システムの要職を失った——それほど絶望的にならずにすむでしょう。ストーリーの作り方次第なのです。つまり、自分と状況とを区別して考えることです」（＊1）

またバーグラスは、宗教や地域社会への奉仕活動やスカイダイビングなど、ビジネスとは関係ないことに興味を持っている人たちは、失敗を限定的なものとして気楽にとらえ、失敗を一笑に付す傾向があると付言しています。その理由は、彼らには自尊心の源泉が複数あるからだというのです。

バーグラスの説明からは、次の二つのヒントが得られます。一つは、失敗にどう対処するかはあなたの考え方次第、自らが語るストーリー次第だということです。つまり、なぜプロジェクトがうまくいかなかったかを理解し、プロジェクトを失敗に至らしめた具体的な出来事を特定するわけです。失敗はあなたに起こったものではあるが、あなたは失敗そのものではない、というわけです。もう一つは、強い支えとなる地域社会活動や失敗したプロジェクト以外の関心事があると、失敗を建設的な体験として捉えやすいということです。

「アトランティック」誌の編集者ジェリー・ユジームはこう書いています。「失敗について知るべき三つのことがある。その一つは、それは起こるものであるということ。二つ目は、それは思いも寄らなかったほど破壊的なものでありうること。三つ目は、信じようと信じまいと、それに対処する正しい方法があるということだ」(＊2)。失敗に対する「正しい」心構えは、経験から学ぶことだと彼は言います。第一のステップは、失敗を自己の人格から切り離して考えることです。失敗は自分がやった、あるいは自分の身に起こった何らかの事象であり、自分の人格や属性に帰するものではないということです。第二のステップは、失敗をポジティブなもの、学習の機会として捉えることです。

私個人としては、何事においても学習経験と捉える実践的なアプローチをお勧めします。学ぶ上でのベストな方法は、個人的な体験を通してだと思っているからです。この考え方は、とくに失敗について当てはまります。学ぶために、成長するために、失敗しなければならないのです。倒産したモドゥ社の従業員は、犯した過ちを振り返ることができたのです。同社の倒産後、彼らは起業家としての努力を重ねるなかで、何をすべきで何をすべきでないかについて、より理解を深めることができたのです。彼らは学んだのです。起業家自身とビジネス自体とはそれぞれ異なる存在であるがゆえに、起業家は失敗しても次々にビジネスを起業することができるのです。

失敗するのに早すぎることはない

私は、バスケットボール人生で九〇〇〇回以上のシュートを失敗した。三〇〇試合ほど負けた。勝利を決めるここ一番のシュートを二六回ミスした。私の人生は失敗の連続だった。だから、私は成功したんだ。(＊3)

――マイケル・ジョーダン

最近の現象として、何でもかんでも――うまくいっていようといまいと――子どもを褒めることが流行っています。参加するだけで誰でも勝者と見なす若者の運動チームの間で、この傾向は顕著です。しかし、このような考えを認めない者もいます。「サイコロジー・トゥデイ」誌のライターであるローラ・ミエリーはこう述べています。「多くの人が考えるのとは逆に、私の娘が属しているソフトボールチームの『全員が勝者』という考え方には賛成しかねます。全員を平等に扱おうとして、三振やタッチアウトなどのルールが変更されてしまうのです」（＊4）

競争というものが次第に不評を買いつつあるようです。しかし、失敗の可能性を排除してしまったら、いったいどういうことが起きるでしょうか？　子どもたちから大事な学びの経験を奪ってしまうことになるのです。

失敗は心情的には辛いことです。それゆえ、失敗を経験し、それを乗り越えた人たちのモチベーションは、そうでない人たちと比べると桁違《けたちが》いです。失敗は多くの場合、有意義な成功を収めるうえで重要なものなのです。

幼児期に子どもを失敗から守ろうとする親は、子どもが成人期に達してもそうする傾向が見られます。前章で紹介したロバート・エプスタインはこう回想しています。「子どもの成績が悪いと言って、学校に抗議にくる親がいました。試験でカンニングをした生徒を捕まえたら、その母親が私に電話をしてきて、その子どもに試験のやり直しをさせろと要求してきました」。職業紹介サイトのカレッジリクルーター・ドットコム（CollegeRecruiter.com）の創業者であるスティーブ・ロスバーグ社長は、「親が子どもの履歴書を書き、求職活動をし、面接にさえ付いて来るんですよ」（＊5）と語っている。

私たちは、子どもたちを失敗から守ろうとするあまり、人生で最も価値のある教訓や学びの機会を彼らから奪っていないかを自問すべきなのです。親として、自分の子どもが失敗するのを見るのは辛いことです。でも、子どもたちは常に学んでいます。すべての経験は子どもの記憶に刻み込まれ、将来の行動と世の中を理解する上での手本となるのです。ゲームやスポーツ、その他何であれ、私たちのソフトスキルを訓練し、強化するための学びの機会と考えるべきでしょう。

失敗対処スキルについて言えば、失敗の心情的な側面への対処がおそらく最も難しいでしょう。しかし、本書で検証してきた他のスキルと同様、失敗対処スキルは獲得可能であり、訓練して得ることができます。「ニューヨーク・タイムズ」紙のエッセー、「失敗することは、あなたにとって良いこと」の筆者アシュレー・メリーマンは、結果よりも努力したことを褒められた子どもは、生来の資質よりもスキルを向上させることができると見なす傾向が強いとのスタンフォード大学の心理学研究に言及しています。このことは、もちろん起業家にも大いに当てはまります。結局、起業家の成功は、才能とか運の問題ではなく、試行錯誤して、失敗し、改善し、適応し、ついには成功する、というものなのです。

社会心理学者のハイジ・グラント・ハルボルソンは、失敗を排除してしまうと、私たちの創造的能力の多くをも排除することになってしまうと警告しています。失敗しないと、新たな困難な状況に対処できない不利を招くのです。彼女はこう述べています。

「私たちが失敗を恐れはじめるのは、失敗が自分の能力不足を意味していると考えるからであり、このことが多くの不安とフラストレーションを生み出すことになるのです。不安とフラストレーションは、作業記憶を減退させたり、創造的思考や分析的思考の本《もと》である多くの認知プロセスを混乱させたりしてパフォーマンスを妨げてしまいます」（＊6）

なすことすべてにおいて完璧を求めることは、新たな知識を獲得したり、新たなスキルを習得したりすることを不可能にしてしまいます。また、イノベーションしようとする行動も封じてしまいます。この点はきわめて重要です。失敗することを常に恐れているなら、あえて挑戦する気にはならないでしょう。このような姿勢や考え方は、起業家精神を完全に破滅させてしまいます。スタートアップ企業の九〇％が失敗している現状を考えるなら、リスクをとることそれ自体が、起業家精神そのものなのです。

子どもも大人も失敗から学ぶ実践的な教訓、失敗を通じて達成される精神的成長、失敗し再挑戦した後に得る健全な精神状態などを考え合わせると、失敗は起業家にとって最も価値ある体験と言えるでしょう。失敗は人生の重要かつポジティブな要素とも言うべきものであり、けっして乗り越えられないものではないのです。

私個人のことを言えば、三人の息子の母親としてであれ、ビジネスウーマンとしてであれ、一日に少なくとも一度は失敗しています。成功か失敗かに関係なく、とにかく物事を真正面から見据え、議論し、学ぶ能力を文化として所有しているイスラエルという国で、私の子どもたちが成長していることに幸せを感じるのです。アメリカンフットボールのグリーン・ベイ・パッカーズのヘッドコーチ、ビンス・ロンバルディがいみじくも言っています。

「打ちのめされるかどうかではなく、立ち上がれるかどうかが問題なんだ」（＊7）

STAGE III

起業家精神と打たれ強さ

EFFICIENCY

発見はいつもワクワクするものです。あらゆる選択肢が開かれていて、何らの限界も制約もないように感じます。少なくとも理論上は自らのアイデアのすばらしさに惚れ込むものです。自分の提案した解決策はうまくいき、際立った成果を上げるものと自信満々になるでしょう。

しかし、プロセスが進むにつれて現実にぶち当たります。言ってみれば、市場の受け止め方や反応によって、私たちが設定した前提が必ずしも正しかったとは言えないことがわかってきます。私たちの計画が現実的なものではなかったわけです。このことは失敗を意味するのでしょうか？　あるいは、これは私たちの提案を改善するための学習経験として不可欠な要素なのでしょうか？　私たちは明らかに、自分たちの価値提案を調整し、修正・改良することを迫られるのです。

しかし、私たちは何もかもを知っているわけではありません。将来を予測することもできません。私たちにできることは、個人の、そしてビジネス上の強みと弱みを、自らの経営資源をより賢明に査定評価して、実行スキルと完遂スキルに熟達することなのです。

私たちは、すべてにおいてより効率的になる必要があります。

限られた経営資源の中では、賢明な選択をしなければなりません。つまり、少ない資源で多くの成果を上げるために、創造力という筋肉を活用するのです。そして、必要性および絶えざるビジネス環境の変化という観点から、これまで想像してきた以上の成果を上げるために、自らの限界を検証すればいいのです。

第7章

不確実性について

「ママ、今日学校に行かなきゃいけない？　僕、心配なんだ。テロリストが学校に来たらどうなるんだろう？」。息子ヤーデンが六歳の時、私に訊ねました。

「心配しないでいいわよ。学校は安全よ」

馬鹿げた対応と思えるかもしれませんが、学校にいれば子どもは安全だと私は信じていました。当時、武装したテロリストが四八時間ほど前の一月元旦にテルアビブの中心街で民間人を襲って殺害した後、市内のどこかに潜んでいました。さらに困ったことに、テロリストの携帯電話がわが家からわずか五〇メートルのところで発見されたのです。それは、テロリストが計画を実行する前に置いていったものでした。みなさんは私を無責任だと思うかもしれませんが、ヤーデンへの私の返事は少なくともイスラエル人の間ではごく普通のものでした。

不確実性に対処することを学び、環境の変化に適応するスキルを発達させることは、イスラエル社会のＤＮＡに植え付けられていると私は確信するようになりました。これはイスラエルの子どもたちが幼い頃から学んでいるものです。二〇一四年の夏、私の息子たちはそれぞれ五歳、九歳、一二歳でした。多くの共働きの親と同じく、私も息子たちの二ヵ月にわたる長くて暑い夏休みには、いつも大変苦労します。例年のごとくその夏も、子どもたちの楽しみとして夏の活動プログラムへの参加を申し込んでいました。

しかし、夏休みに入って一週間後の二〇一四年七月七日、イスラエルとガザ地区との間で戦争が勃発したのです。八月末までに、パレスチナの過激派は四八四四発のロケット弾と一七三四発の迫撃砲をイスラエル住民が多く住む地区に発射したのです。私たちが住んでいたテルアビブでは、警報のロケットサイレンが鳴ったら一分半でシェルター（避難所）に逃げ込むことになっていました。それでも、子どもたちの夏休みの活動プログラムと両親の仕事は、いつも通りで変わりありませんでした。私も含め親たちは、会社への出勤途中、子どもたちをキャンプ場に送り届けたのです。時と場合によっては、子どもたちは工芸の作業やゲームを中断してシェルターに逃げ込まなければならなくなることを、私たちは承知していました。

同じ年の夏のある日、一二歳の息子ヨナタンが、友人を家に呼んでもよいかと私に聞いてきました。私は躊躇せずに同意しました。わが家には、イスラエルの一般家庭と同様、セキュリティルームがあるので、もし警報のサイレンが鳴れば子どもたちはそこに避難すればよいことになっています。そして、まさにそのことが起こったのです。一〇人ほどの子どもたち、大人二人と犬一匹が、わが家のセキュリティルームに集まり、警報のサイレンが鳴っている間、冗談を言い合ったり、歌を歌ったり、雑談したりしていました。サイレンが鳴り止んで三分後には、子どもたちは元の活動に戻ることができました。ロケット攻撃を受けても、子どもたちにとってはいつもと変わらぬ夏だったのです。

未知なるものと生きる

イスラエルの地政学的状況からすると、住むには大変な国だと言わざるをえません。予測不能な状況を受け入れることが強く求められるのです。イスラエルの多くの子どもたちにとっては、シェルターに駆け込むのは、ストレスを感じようと不便であろうと日常茶飯事のことです。これは、ガザ地区と国境を接している南西部の町スデロットに住む人たちにとって、特に当てはまります。一〇年以上にわたって、スデロットとその近郊の入植地はガザ地区からのロケット砲撃に苦しんできました。でも、イスラエル人たちの頭上を漂う現実の恐怖は、けっして今に始まったことではありません。

イスラエルの最初の戦争――一九四八年の独立戦争――では、イスラエルは小国ながら近隣のアラブ連合諸国（エジプト、イラク、シリア、レバノン、ヨルダン、サウジアラビア、イエメン）とアラブ解放軍に立ち向かったのです。七〇年前のイスラエル建国以来、五回の戦争、二回の消耗戦、数知れないほどの国境地域での紛争、北部へのミサイル攻撃、二回のパレスチナ暴動を経験しています。

もちろん、イスラエルは戦争の脅威と恐怖に常に悩まされている唯一の国というわけではありません。しかしながら、イスラエルがユニークな点は、国民がこのような状況に対処する仕方と国民の打たれ強さにあります。

打たれ強さとは?

テルアビブへの正月攻撃の一ヵ月前、パリの人々は一連の恐ろしいテロ攻撃で不意を突かれました。彼らは家に留まるように言われ、この光の都は人通りが絶えて闇と化しました。ベルギーの首都で欧州議会のお膝元であるブリュッセルでは、五日間にわたって学校や公共交通機関、娯楽施設などが閉鎖されました。テロリストの居場所、テロの計画、次の攻撃目標などについての不確実性に直面して、ベルギー当局は五日間にわたって町を封鎖するのは国民の安全を守る上で必要なコストであると結論づけました。

一方、イスラエルの人々は、不確実性はいつものこととして生活し、暮らしています。いつでも何らかのことが起こるのだということを頭の片隅に置いて、人々は毎朝目覚め、日々の仕事を続けているのです。

二〇一五年一二月中旬、爆弾テロにより米ロサンゼルスの学区が閉鎖され、六五万人の子どもたちが家庭待機となりました。NBCニュースは、全米で二つの大きな学校が同じような脅迫メールを受け取ったが、その対応は対照的だったと伝えています。ニューヨークはこの脅迫を無視し、ロサンゼルスは学校を閉鎖したのです。この二つの異なった対応は、ストレスと脅迫に対する姿勢の違いを如実に反映しています。

イスラエルへのミサイル攻撃がピークに達していた時でさえ、イスラエルの子どもたちは毎日通学していました。元旦の攻撃の夜には、イスラエルのソーシャルメディアは次のような投稿であふれていました。「オーザン・バーでの今夜のパーティーはいつもの通り、夜一一時から開始します。状況が状況ですので、入場料は二〇シェケル。お待ちしています！　テロが勝利することはありません！」

金曜日の午後から四八時間の間、武装したテロリストは発見されませんでした。しかし、警察、テルアビブ市長、イスラエルの首相はテルアビブの市民に対して、警戒を呼びかけました。とはいえ、外出など生活はいつも通りでした。これが、レジリエンス、打たれ強さなのです。子どもたちは、このメッセージ——どれほど状況が悪くても、いつもの通り行動しなければならない——を理解しています。不確実性は、対処する上で快適な状況ではありませんが、これが常態であれば違ったものになります。不確実性に対処することは、イスラエルで育ち成長する上では必須の能力なのです。

イスラエルを取り巻くあらゆるストレス、脅威、不確実性を考えたとき、イスラエルが二〇一八年度のインターネーションズ・ファミリー・ライフ・インデックスの「養育ベスト・プレイス・ワールドワイド」で五〇ヵ国中第三位にランクされていることに驚くことでしょう。ちなみに、この調査でフランスは二一位、米国は四〇位、最下位はブラジルでした（＊1）。

逆境を糧にして

イスラエル人は、不安定な現実を受け入れることを学び、適応力と忍耐力を重んじる文化を創りあげました。より安全な地域に逃げ込むのではなく、軍事と民間の両面で、安全確保のためのインフラを整えたのです。軍事力の増強と効率性の向上を図り、その一方で、民間では経済面を強化して、世界市場と国内市場に絶えず寄与するテクノロジー産業を育成してきたのです。

イスラエルは、戦争によって経済発展が減速することはありませんでした。二〇〇〇年以降六年にわたり、イスラエルは世界的なハイテクバブルの崩壊に見舞われたばかりか、史上稀に見る激しいテロ攻撃と第二次レバノン戦争に晒されました。しかし、世界のベンチャーキャピタル市場でのイスラエルのシェアは落ちませんでした。むしろ、一五％から三一％へと倍増したのです。実際、二〇〇九年のガザ地区への三週間にわたる軍事行動後に見られたように、テルアビブ株式市場はレバノン戦争開始日よりも最終日のほうが株価が上昇したのです。さらに、テロ攻撃や戦争など大変に過酷な時期にもかかわらず、イスラエルへの移民は止まりませんでした。逆に、戦時であってもイスラエルは世界中からユダヤ人、起業家、ビジネスマンを引き寄せ続けているのです。日常的にテロ攻撃を受け、テロの脅威に晒される国でありながら、産業は発展し、移民は流入し、人々はいつも通りの生活を送っている。これはすごいことです。

脅威をチャレンジとみなす

イスラエルの国防上の安全確保という難題は、革新的で効率的なテクノロジーとソリューションを生み出す強力な原動力になっています。技術の発展は、イスラエル人の身の安全に対する絶えざる新たな脅威に対処する上で役立っているのです。たとえば、過去に有効であった防衛手段は、サイバー攻撃に対してはもはや十分ではありません。不幸なことかもしれませんが、イスラエル経済を推進している原動力は、はっきり言ってこうした脅威なのです。

他の状況に適用可能な独創的なアイデアというものが、わが身を守る必要性から生まれることがよくあります。たとえば、ある技術が軍事上の安全性への脅威を阻止するのであれば、それは民間人の安全性に対するニーズに適用できるかもしれません。このことが、イスラエルでは軍事産業と民間の産業が密接に結びついて、絶えず相互交流を図っている理由の一つです。

サイバーセキュリティはおそらくその最たる例でしょう。国防という差し迫った必要性から、サイバー攻撃のいかなる脅威をも克服しうるテクノロジーが誕生しました。こうした軍事上のテクノロジーがその後、ペイパルや銀行、その他のオンラインビジネス会社などの民間部門で利用されています。

このような次第で、サイバーセキュリティの世界的大手企業であるチェックポイント社(Check Point)が誕生したのです。この会社はギル・シュエド、マリウス・ナフト、シュロモ・クラマーの三人によって中央イスラエルで創業されました。別に意外なことではありませんが、シュエドはイスラエル軍参謀本部諜報局(米国の国家安全保障局に相当)の8200部隊に所属していたときに、世界最初のVPN(バーチャルな民間ネットワーク)のアイデアを思いついたのです。今日、チェックポイント社のソフトウエアは、顧客としてフォーチュン一〇〇社や各国政府機関など、世界中で使われています。同社は米国のナスダック市場に上場し、現在の時価総額は一八〇億ドルとなっています。

イスラエルが置かれている安全保障上の厳しい状況が、技術上、経済上の発展を促す肥沃な土壌であるという考えは、通常の視点とは異なるものでしょう。脅威をチャレンジと考えることで、脅威を恐れるに足らぬ対処可能なものと見なすわけです。無力感に打ちのめされるのではなく、自分自身で事を運び、わが身を守り、国の経済的発展に貢献するために積極的に関わるのがイスラエル人なのです。それと同じく重要なのは、イスラエル人は戦争とテロの脅威の中で生きるという困難な体験を、私たちの生活の他の側面の強化に転換してきたということです。

ストレスの活用

健康心理学者のケリー・マクゴニガルは、ストレスに対して面白い考え方をしています。彼女はこう尋ねています。「ストレスについての私たちの考え方を変えれば、より健康的になれるだろうか?」(＊2)。私たちはたいていストレスを避けようとします。どの程度のストレスになるかで、しばしば自分の就職先を選んでいます。学校での成績やニュースで報じられた事件で子どもがストレスを感じないように、親は気を配っています。ストレスから逃れるために、ヨガや瞑想などの活動に精を出している人もいるでしょう。

しかし、マクゴニガルはストレスに対して別の考え方を提唱しています。彼女は、ストレスをポジティブなものと考えれば、それを自分に有利に転用できると考えているのです。ストレスは非常時の阻害要因などではなく、過酷な時に私たちを支えてくれる肉体的・精神的メカニズムだと考える必要があるというわけです。マクゴニガルは講演でこう述べています。「今度あなたがストレスを感じたら、今の話を思い出してこう考えるようになるでしょう。『私の身体がこの難題に立ち向かうのを助けてくれているんだわ』。ストレスをそのように考えると、あなたの身体はあなたを信頼し、ストレスに対するあなたの対応はより健康的なものになるでしょう」

マクゴニガルの考え方は、ストレスに対処する最善の方法についての私の考え方と合致しています。失敗から学び、打たれ強くなるように鍛える。つまり、筋肉を発達させるために筋トレをするように、すべての経験を、スキルを発達させるためのチャンスと考えることです。私たちは訓練を通じて、ストレスにどう対処し、ストレス状態を成長と発達にどう活かしていくかを学ぶことができるのです。

人々を団結させるもの

警報のサイレンがいつ鳴るか、自分はその時どこにいるか、誰と一緒にいるかは、予想できませんし、わかりません。しかしサイレンが鳴ったら、これまで何度となくやってきたように、もっとも近くの避難場所に駆け込み、同じ状況に置かれた人たちと出会うのです。突然、見ず知らずの人々と一緒の部屋に押し込められるわけです。することと言えば、時に冗談を言い合ったり、雑談したりして、軍の同じ部隊にいたことがお互いにわかったり……とにかくお互いに顔見知りになるのです。

ガザ地区やレバノンからのロケット砲撃が相次ぐ当時の紛争では、国中のイスラエル人や機関が、ロケットやミサイルの射程内の地域に支援の手を差し伸べました。たとえば、アシド、アシケロン、スデロットの町は絶えず集中砲火を浴び、子どもたちのサマーキャンプは中止されました。彼らの家族の多くは、北部の家族から家に泊まるよう声をかけてもらいました。その北部の家族の中には、二〇〇六年の第二次レバノン戦争の間中、南部の家族によって面倒を見てもらった家族もありました。この種の申し合わせはよくあることですが、通常は、単純に他人を助けたいという人々のソーシャルメディアを通じて自然発生的に行われています。

危機の時には人々は結束し、お互いに助け合うようになるとよく言われます。マクゴニガルはこの種の連帯感を、幸せホルモンと呼ばれるオキシトシンのような神経ホルモンによるものとしています。彼女はこう述べています。オキシトシンは「脳のもつ社会的本能を調整するホルモンです。それは親密な人間関係を強化し、促進します。オキシトシンは友人や家族との身体的接触を求め、共感と感情移入を増進、強化し、自分が大切に思う人を喜んで助け、支えるように駆り立てるものなのです」

しかし、マクゴニガルはこう付言しています——多くの人が見過ごしやすい点は、オキシトシンは実際には脳下垂体がストレスに反応して分泌するストレス・ホルモンであり、アドレナリンと同じようにストレス対処メカニズムにとって不可欠なものであるということです。オキシトシンは困った時やストレスを感じた時に、他に助けを求める気にさせます。ストレスを感じると、生物学的反応として私たちは他者と感情を共有しようという気持ちに駆り立てられます。ストレスを自分で処理したり抑圧するのではなく、他者の支援を仰ぐわけです。オキシトシンとは、私たちの人生の中で誰かが苦しんでいる時に、その相手を助けることを心がける反応なのです。マクゴニガルは続けてこう言っています。「あなたが困った時のストレス反応は、あなたを気にかけてくれる人たちにあなたが囲まれることを望んでいるのです」

イスラエルという文脈からストレスの社会的側面に注目すると、すでに複雑な社会的ネットワークを持つイスラエルをさらにいっそう強化することに、ストレスがどれほど役立っているかということです。レバノン戦争中の北部の人たちであれ、絶え間ないミサイル攻撃に晒されている南部の人たちであれ、目下災難に見舞われている人たちに国民は支援の手を差し伸べてきていますが、このような出来事は国家全体の体験でもあるのです。イスラエルにとってストレスは文化の一部であり、国民が共有する歴史の一部でもあり、私たちを結束させるものなのです。

常に不確実性に晒されているイスラエルで育ち、不確実な状況に対処するガイダンスやツールを与えられた子どもたちは、当然のことながら、生活のあらゆる面で不確実性に対処する上での重要なスキルを発達させています。そして当然のことながら、多くのイスラエル人はあらゆる難題と不確実性を抱えた起業家の世界に引き込まれています。彼らにとって、不確実性はわが家のようなものなのです。

第8章

リスクに満ちたマネジメント

一五歳の頃のことを思い出して、まず心に浮かぶことは何でしょうか？　あるいは、もしあなたに私と同じ一五歳の息子がいたとしたら、彼のことをどう形容するでしょうか？　私が使う形容詞の幅は、「クレージー」とか「活発な」、「滑稽な」とか「思慮深い」、「無責任な」とか「ハマっている」といった程度です。これらの表現はそれぞれ矛盾しているでしょうか？　同じ一五歳の若者にこれらすべての形容詞を当てはめることなどできるでしょうか？

世界中の若者と同じように、イスラエルの若者も、自立心の高揚感や社会的規範と両親の干渉からの解放欲求などの実存的な問題と格闘しています。しかし、両親の保護と管理下にあるこの段階で、彼らが自ら実験し、リスクをとり、間違いを犯すことを楽しめる期間は、わずか五、六年に過ぎません。

軍への入隊により、多くの若者にとって突然に終わりを告げるこの期間は、イスラエルでは貴重で大事なものとみられています。この期間、イスラエル社会は若者に馬鹿げた行動をする機会を与えているのです。つまり、一六歳や一七歳の若者の無責任な行動は人生を変えるほど重大な結果をもたらすとは考えられていないのです。イスラエルの若者は、入隊中、あるいは除隊後には経験できないような人生の側面を追求するよう奨励され、期待されてもいるのです。

実際、ヘブライ語には、一〇代の若者を表現するのにきわめて適切な言葉があります。公式には、「若者」とか「ティーンエイジャー」とは言わずに、進行中というプロセスを暗示する「成長する世代」と呼ばれているのです。しかし、もっと頻繁に、また何気なく耳にするのは「愚かな世代」で、これは荒れ狂う一〇代を表す言葉です。

ティーンエイジャーを「愚かな」と呼ぶイスラエルの習慣は、侮辱的に思えるかもしれません。でも、この言葉の意味合いはネガティブなものではありません。「愚かな世代」のイスラエルの若者は、米国で言われている「ティーンエイジャー」とはまったく違います。確かに、一二歳から一八歳の世界中の若者は愚かなことをする傾向があります。しかし、愚かな行動をするというこの種の実験は、イスラエル社会では大目にみられ、歓迎さえされているのです。

その理由は、一部には、若者の人生にとってこの時期は限られているからです。イスラエル人は一八歳になるとたいてい、学業を続ける若者を称して「拡張青年期」と呼ぶ他の国々とは違って、軍隊に召集されるのです。

一八歳で軍隊に召集されるイスラエルの若者は、イデオロギー上、政治上の差し迫った問題に関与せざるをえなくなります。彼らはまさに近い将来、国家の存亡をかけた事象に積極的に関わることを余儀なくされるがゆえに、国家的な諸問題に直面しなければならないのです。これはイスラエルの歴史を通じて事実その通りであり、しばしば若者は国家レベルで驚くほど勇敢かつ重要な役割を果たしてきたのです。

最前線の若者

一九三六年、イギリス委任統治領パレスチナでアラブ人の反乱が勃発します。市民の暴動として始まった事態が、英国人とユダヤ人を狙ったゲリラ集団による激しいレジスタンス運動に発展したのです。高まる反ユダヤ主義に直面してヨーロッパから逃れてきた大量のユダヤ人入植者に対して、アラブ人が反発、抗議したわけです。

このアラブ人の脅威に対するユダヤ人の安全確保の対抗策が、「塔と防御柵建設運動」でした。一九三六年から三九年の間に、ユダヤ人入植者は塔や防御柵を文字通り一夜で築いて新たな入植地を作ったのです。こうして、イスラエル全土に五七の入植地ができました。この中には、すでに第1章で紹介したマルカ・ハースがガラクタ広場を作ったキブツ・スデ・エリヤフもあります。

この秘密裏に行われた建設作戦の参加者の多くは、ユダヤ青年運動の一〇代の人たちでした。塔のアイデアは、キャンプ場にいたスカウトたちが作った構築物からヒントを得たものです。組み立てやすく頑丈な塔と防御柵を建てるための資材は、あらかじめ用意されていました。

物事を効率的かつ早急に仕上げるイスラエル人のやり方など、この運動には注目するに値する点がいくつかあります。しかし、イスラエル史上最も特筆すべき点はおそらく、将来の国家建設にあたって若者が大きく関与したということなのです。

活発な青年運動

若者がイスラエルの国家建設に積極的に参加したのは、塔と防御柵建設作戦が最初ではなく、また最後でもありませんでした。青年運動は一九四八年のイスラエル国家建設以前から国中で活発で、貧しい入植者のコミュニティを支援する上で重要な役割を果たしていました。イスラエル国家の成立前後の数年間、シオニストの若者たちは新たな入植地の周囲に壁を建設し、交代で物見櫓《やぐら》から見張りをし、野営病院でボランティア活動を行い、畑や農園で働いたり、親が働いている間は子どもの面倒を見たり、国家成立以前に各地にできていた自警団的組織に入り、兵役に備えて身体的、精神的な訓練をしていたのです。

それから七〇年後、イスラエルの若者の大多数が青年運動に参加しています。イスラエルには五五を超える青年運動があり、そのメンバー数は二四万六五〇〇人、指導員は二万六八〇〇人にのぼります。これらの数は毎年増え続けています。彼らの活動は時を経るにつれて進化していますが、その精神は変わっていません。イスラエルを建設し守ること、イスラエルの価値と安全、市民の幸福を守ることなのです。

イスラエル最大の青年運動は、二五〇部隊、会員八万五〇〇〇人を擁するツォフィーム・スカウト運動です。この運動はイスラエルの多くの青年運動の一つですが、規模が大きく有名で、また熱心に活動していることから、他の多くの青年運動の精神的模範と受け止められています。会員が集まるのは部隊のある実際の場所であり、会員数は一〇〇人から、大きなものでは一〇〇〇人を超えます。各部隊は、それぞれ独自の名称、色、歌、伝統を持っています。私たちの近所にあるアビブ族のシベット・アビブ部隊は最も有力な部隊です。

ツォフィーム・スカウト運動が目指すもの

ツォフィームという言葉は、ヘブライ語で「スカウト」(斥候)を意味します。スカウト運動は一九〇七年、英国でロバート・ベーデン・パウエルによって構想され、野外活動を通じて青年男女のスキルと徳性の発達を求める幅広い運動の一環をなすものでした。

今日でも、スカウト運動はキャンプや木工工作、ハイキング、バックパック旅行、スポーツなど野外活動を重視しています。自発的に行動すること、実践を通じて学ぶこと、責任感を涵養すること、そして自立心や協調性やリーダーシップのスキルの向上を奨励しています。このスカウト運動は世界的な広がりを見せ、今では一六四ヵ国以上に組織があり、三八〇〇万人を超えるメンバーと指導員がいます。表面上は、イスラエルのツォフィーム運動は世界の他のスカウト運動と同じように見えますが、よく見ると驚くほど重要な違いがあります。

ここで英国と米国のスカウト運動について簡単に見ておきましょう。全米ボーイスカウト連盟のウェブサイトでは、メンバーになることで得られる成果が次のように説明されています。「スカウト活動は君たちにすばらしい野外活動体験を約束します。キャンプの仕方や、足跡を残さずにハイキングする技術、土地を保護する方法などを学べます。野生生物を近くで観察し、身の回りの自然について知ることができます。習得可能な多くのスキルが用意されています。そして、学んだことを他人に教えることもできます」（＊1）

英国スカウト連盟のウェブサイトの紹介欄も、米国のものと似ています。「スカウト活動は、カヤック乗り、懸垂下降、登山、海外遠征、写真撮影などに参加します。サバイバルスキル、救急処置、コンピューター・プログラミング、さらには飛行機の操縦技術さえも学ぶことができます。すべての青少年のためのプログラムが揃っています。楽しんだり、友達をつくったり、野外活動をしたり、自分の創造力を発揮したり、広い世界を体験したりするのはすばらしいことです」（＊2）

このような多様で身体的なチャレンジを要する活動に参加することは、青少年にとっては自立心を養ういい体験になります。イスラエルのツォフィーム・スカウト運動もこのような活動に取り組んでいますが、その理由もここにあります。しかし、ツォフィーム運動のウェブサイトの紹介欄には、英国や米国のスカウト運動とは異なるメッセージが掲載されています。

ツォフィーム運動は、シオニストの国家的青年運動です。その使命は、イスラエル全土の子どもたちや若者にレクリエーションと娯楽を提供し、彼らの人格形成を促進するための種々の社会活動を体験させることを通じて、シオニストとしての教育と価値観を浸透させ、発展させることにあります。ツォフィーム運動では、メンバーにユダヤ人の価値観とツォフィーム精神を教えます。その目的は、倫理的で活動的なシオニストによって、すべての市民が恵まれ、満足するようなイスラエル社会を建設することにあります。入植者たちを社会に溶け込ませて住民のそれぞれ独自のセクターの統合を図るにせよ、あるいはディアスポラを含めユダヤ人およびイスラエル人としてのアイデンティティの強化を図るにせよ、ツォフィーム運動の主たる目標は、より良き今日および明日を築くためにできるだけ多くの若者に訴えかけることにあるのです。（＊3）

スカウト運動をめぐる各国の表現の違いは、それぞれに説得力があり魅力的です。ツォフィーム運動は他のスカウト運動と同様に野外活動に力を入れており、このことは紹介欄で何度となく言及されています。しかし、私たちが注目するのはツォフィーム運動の背後にある信条です。つまり、それはより大きな社会的、教育的なスケールをもった運動の一環だということなのです。

ツォフィーム運動は緊急の必要性から生まれたものです。この運動が創設された一九一八年、パレスチナのユダヤ人社会は国家建設のために若者を必要としました。建設（たとえば新たな入植地の建設）や安全確保、農業などの現実的な分野では、青年運動は大変に効率的であることがわかりました。同じく重要なこととして、緊急の社会的ニーズを満たすために国民的な組織が求められました。そのニーズとは、パレスチナに住むためにやってくる離散ユダヤ人を現地のユダヤ人社会にどう溶け込ませるかということであり、教育施設もまだなかった頃に彼らの子どもたちをどう教育するかでした。つまり、青年運動の目的は、十数ヵ国からイスラエルに移住してきた若者をまとめ、結束力のある国民にすることでした。シオニズムとユダヤ教、労働と社会的責任という価値観を育てるための手段だったのです。

イスラエル国家が建設される前は強固な官僚システムがなかったために、新たな入植者は見知らぬ未開の土地で、何事も自分なりのやり方を工夫しなければなりませんでした。当時の青年運動は、ユダヤ人国家の建設という共通のゴールを訴えることで、これらの弱者である入植者を団結させ、強くしたのです。今日のツォフィーム運動にもそれと同じ価値観が息づいています。

イスラエル以外のスカウト運動は社会活動に関与していないとか、社会活動がゴールに含まれていないなどと言うつもりはありません。しかし、ツォフィーム運動と世界の他のスカウト運動について、それぞれのゴールおよび活動を比較したとき、ツォフィーム運動ははるかに社会的志向が強い運動だということがわかります。ツォフィーム運動の起源は英国のスカウト運動にあり、そのアイデアはドイツの自由ドイツ青年団からきていますが、イスラエルという文脈の中でイスラエル独特のものになったと言えるのです。

子ども中心、大人はどこに？

Madrich（マドリフ）：ガイド（案内人）、指導員、インストラクターの意味で、普通、学校を除いた教育的な組織で使われる言葉。「道」という意味のderechに由来し、madrichは道の案内者という意味。

Chanich（ハニーフ）：initiation（伝授）を意味するchanichaに由来する。chanichは見習い、徒弟、実習生という意味。

すべての実習生には指導員がついて、相互依存の関係にあります。これらの言葉を、つまりmadrichを「先生」、chanichを「生徒」と直訳してしまうと、本来の意味が失われてしまいます。本来の意味では、あらゆる学習活動に含まれている教育と指導のプロセスを暗示しているのです。

学年末の三週間前の六月第一週に、息子のヤーデンは学校から次のようなメッセージのプリントを持ち帰ってきました。

六月五日の火曜日、来年に備えて第三学年の生徒を対象に第一回ツォフィーム集会を開催します。みなさまの子女が参加をご希望でしたら、当日の午後四時に校門に集合してください。集会の行われるビルまで一緒に連れて行きます。午後四時半に現地集合でも結構です。集会が終わりましたら、午後六時半に校門まで連れて帰ります。われわれは来年を心待ちにしています。それでは、火曜日に生徒たちと会えるのを楽しみにしています。

よろしくお願いします。

新任指導員

それだけでした。新任指導員の名前も電話番号も記載されてはいません。何もないのです。あなたなら、見ず知らずの指導員と一緒に自分の子どもを青年運動の集会に行かせるでしょうか？　私は息子のヤーデンを行かせました。

ヤーデンのクラスの生徒二五人が、その日の午後四時に校門で待っていました。みんなは一緒に集会場まで歩いて行き、集会が終わった二時間後に校門へ戻ってきました。彼らはツォフィーム運動に参加するという人生の新たな一章に乗り出すことに興奮していました。生徒たちを連れて行ってくれた指導員の名前を私はいまだに知りませんが、まだ高校を卒業していないことはわかりました。しかし、ヤーデンの兄の一三歳のダニエルから、私宛にメールが入ったのです。集会場でヤーデンと会ったというものでした。

「ママ、ヤーデンは同じ年頃のグループと一緒にいたよ。すごいよ！」

このメッセージこそ、私が必要としていたものでした。翌年、ダニエルは一〇代の子どもたちを対象とした指導員として訓練を受けることになっていたのです。

ツォフィーム運動の指導原則の一つは、できるだけ大人の干渉を排除することです。歴史的に言えば、この原則は必要性から生まれたものです。最初から、この運動の使命と活動はそれぞれ独立に構想され、組織され、実行されてきました。当時、若いメンバーは行動にあたって大人を必要としませんでしたし、今でもそうです。ツォフィーム運動は、若者による、若者のための組織なのです。自らゴールを設定し、自ら活動計画を策定する自足的なものです。そのため、この運動は何百人もの個人的な物語で構成されています。その一つがツァヒ・ベン・ヨセフの物語です。

幼少期の頃から、ベンはいつもコミュニティに囲まれていました。幼い頃に彼はツォフィーム運動に参加し、そこで長年にわたりいろいろな役割を担い、みんなからあたたかく受け入れられてきました。彼は見習いから始まって指導員になり、やがて旅団長となり、最後は隊長になりました。彼はヨーロッパへ使節として出かけ、イスラエル中央地区の都市、ヤブネに最初のスカウト部隊を創設し、保護者のガイダンスグループをつくりました。これらすべてのプロジェクトは組織から全面的な支援を受けており、現在でも一八歳以下の若者たちによって運営されています。

ベンは六年間、イスラエル軍参謀本部諜報局に所属していました。この任務を終えると、首相官邸でプロジェクト・マネジャーを務め、その後、アルゴセック社（AlgoSec）のプロダクト・マネジャーとなりました。軍事上必要とされたものと、その後の職業で必要とされたものとを処理し、マネジメントする能力を彼は十分に身につけていたのです。結局のところ、彼は一八歳の頃からあらゆるプロジェクトをマネジメントするように訓練されていたということです。

ベンが自らスタートアップ企業を立ち上げるのは時間の問題でした。二〇一二年、彼は子ども向けの教育ロジックゲームのユニークなプラットフォームであるロトカード社（LotoCards）を起業し、二〇一三年には子ども向けのリアルタイムの双方向携帯マップ・プラットフォーム、ロードストーリー社（RoadStory）を共同創業しました。また二〇一五年には二人の軍隊仲間と一緒にデジタル測定ソリューション会社のクロッセンス社（Crossense）を起業し、そのCEOとなりました。同社は二〇一六年にデジタルコンシューマー・ソリューション会社のトルーナ社（Toluna）によって買収され、現在、彼は同社のデジタルプロダクト担当の副社長を務めています。

ツォフィーム運動がこの上もなく有益な影響を与えてくれたと信じているベンは、こう説明しています。「ツォフィーム運動では、最年少の見習いから最年長の指導員まで、ほとんどすべてのポジションは子どもたちによって占められます。隊長のポジションは、たいていは親がボランティアとしてついて、セーフティネット（安全網）となって子どもたちに安心感を与えています。でも、それ以外はすべて子どもたちの手に委ねられているんです」（＊4）

指導員は一〇学年から一二学年までの一〇代の若者であり、毎週の活動や奉仕作業、集団討論やサマーキャンプなど、部隊の中での教育活動やレクリエーション活動の任務を負っています。見習いは通常、四学年以上の若者たちです。この階層構造はイスラエル独特のものであり、他のスカウト運動ではガイドや相談員の年齢は一八歳以上です。

この階層構造は、若者に対して自分とあまり歳が違わない子どもたちを教育する責任を負わせるものであり、若者がイスラエルでどう見られ、扱われているかを如実に示しています。あまり強調するつもりはないのですが、青年期にたとえ「愚か」であったとしても、イスラエルの若者は自分たちの将来を築いたり、実践的スキルや社会的スキルを発達させたりする上で積極的な役割を果たすよう期待されているのです。若者の責任と自立性の問題については後の章で触れることにして、ここでは、この階層構造が思想と表現の自由をどれほど奨励しているかという点を見ておきましょう。

従来のクラスとは違って、ツォフィーム運動での学習活動にはディスカッション、ブレーンストーミング、野外活動、ボランティア活動などがあります。このようなスキルに基づく活動を通じて、見習いと指導員は一緒になって知識を築き上げる学習共同体を形成しているのです。

指導員たちはいずれの段階でも、あらかじめ用意されたカリキュラムに従うわけではありません。彼らは全員が同じようにトレーニングされることもなく、教材や細かい指示も与えられません。むしろ、指導員は見習いと一緒にいる状況を最大限に利用して、指導員として数年間で学んだことを即興で披露し活用することを期待されているのです。

このような状況に即応した自発的な教育法は非常に効果的だと、創造性についての一流の科学専門家であるキース・ソイヤーは指摘しています。ツォフィーム運動はイスラエルの若者に、ソイヤーが推奨する学習環境を提供しているわけです。それは「自由で、前もって組み立てられたものではなく、仲間同士の交流があり、どの参加者も交流の流れに平等に参加できるような」学習環境です（＊5）。

イスラエル最大の銀行であるハポアリム銀行の元会長で、現在モルガン・スタンレー・イスラエル投資銀行のトップを務めるイスラエル屈指の一流の事業経営者、ヤイル・セロッシが次のように語っているのもうなずけます。「銀行の会長として、私はこう言ったものです――すべての管理職はスカウトのリーダー（ツォフィーム運動の隊長）のような心構えを持つべきです。責任をとる者は、チームを率いながら、説明責任を果たし、意思決定することを恐れないことです」（＊6）

ヤイルのこのような考え方のベースには、若い頃にテルアビブのツォフィーム運動のメンバーであったという個人的な体験と、彼の二人の姉がツォフィーム運動に大変積極的で、彼の模範になっていたという経験があります。彼は、一七歳のスカウト・マネジャーに当てはまることは、イスラエルの大銀行のマネジャーにも当てはまると思ったのです。彼は私にこう言いました。「高校についての思い出はあまり多くはありません。若い頃の思い出はすべてツォフィームのものです」。当然のことながら、彼は自分の二人の娘にもツォフィーム運動に参加することを強く薦め、彼女たちが自主性を重視する環境の中で成長していく姿を見守ったのです。

ツォフィーム運動の核心――創造性、自発性、そして即興力

一日を想い案ずる者は種を蒔き、一年を想い案ずる者は木を植え、世代を想い案ずる者は教育する（＊7）。

――ヤヌシュ・コルチャック（ポーランドの教育者）

ツォフィーム運動におけるすべての活動は、創造的思考、自発性、即興力を手本として組み立てられています。ツァヒ・ベン・ヨセフは、この姿勢が日々の活動の中でどう適用されているかについて、次のように説明しています。

既成概念にとらわれずに考えることが、三日から五日のサマーキャンプのような年次プロジェクトの場合と同様、日々の活動でも奨励されています。たとえば、年間を通じて指

導員が隔週ごとにグループと一緒に取り組む活動があります。議論するテーマとその意義は、部隊の年長者によって決められます。しかし、「正義とは何か?」といった非常に一般的なテーマを設定する以外、年長者はほとんど口出ししません。あとはすべて一六～一七歳の指導員に任せられています。

細かく決められた学習計画などを設けずに、指導員は特定のテーマを担当の子どもたちにどのように伝えるかを決めるわけです。子どもたちの能力と嗜好、彼らの心地いい「コンフォート・ゾーン」(安全圏)などを考慮して、指導員は彼らの気持ちに沿って当該のテーマなどを脚色しなければなりません。と同時に、彼らにとって心地よくないこと、たとえば興味の湧かない活動テーマとか、空腹や疲労、退屈とか非協力的な態度といったことを、彼らが克服するための方策についても考えなければならないのです。

このようなことに、指導員はもっぱら自分自身で取り組まなければなりません。毎回のセッションが子どもたちにとって目新しく、興味をそそるものであるようにと願いながら……それに加えて毎年、年長の指導員(目下一八歳で、入隊を準備中)は卒業して、指導とイノベーションと成功を夢見ることに熱心な一七歳の指導員と交代することになっています。こうした新指導員層は、これまで実行されなかったことをしようと思って、サマーキャンプなどで信じられないほど創造的で精緻な構造物を思いついたりするのです。特定の仕組みや活動が押し付けられるのではなく、若者は自らを表現し、証明するための舞台、プラットフォームを与えられるのです。彼らは何を表現し、何を証明しようとしてもいいのです。

ツォフィーム運動における創造力の爆発を見れば、これは単に若者にプラットフォームを提供する以上のことを意味しています。運動の構造そのものが、メンバーにイノベーションを促す原動力、推進力となっているのです。まさに年長の指導員が変わり続けるがゆえに、新たに指導員となった者は、成功して名を上げようという大望を抱き、がんばるのです。ツォフィーム運動の構造と中核にイノベーションが組み込まれているというわけです。換言すれば、創造性こそがツォフィーム運動の核心なのです。

理想的な起業環境

起業家精神には、創造性以上のものが必要です。現在テルアビブ在住のシリアルアントレプレナーであるナーキス・アロンに訊ねれば、最も記憶に残る子ども時代の思い出は家族とコミュニティで暮らしていた時という答えが返ってくるでしょう。

ナーキスの父親のノガ・アロンは著名なイスラエルの数学者兼コンピューター・サイエンティスト、母親は雇用問題専門の弁護士で、両親は娘ナーキスの最初の支援者でした。幼少期および十代の頃、彼女は自主性を重視する教育プログラムに参加し、まさに幼少期から自己実現の道を歩んできました。

家庭と学校の外では、ナーキスは熱心なツォフィーム運動のメンバーでした。ツォフィーム運動を通じて、組織マネジメントと創造性、そしてなんといってもコミュニティについて学んだのです。一八歳の時、イスラエル軍参謀本部諜報局８２００部隊に入り、そこで起業家精神をさらにいっそう育んでいきました。

８２００部隊を除隊すると、ナーキスは動揺しました。それまで家族と教育支援のネットワークの中で生きてきた彼女は、非共同体的な世界に放り出されて神経がいら立ち、慌てました。そこで、ほとんどの除隊兵と同じように、海外旅行に出かけることにしたのです。旅から戻った時、彼女は自分のすべきことがわかりました。

今のナーキスは、人々が個人として、職業人として成長するのを支援するコミュニティと、それをサポートするシステムを築くことに人生をささげています。彼女は二〇一一年、恵まれないコミュニティ向けに就労機会を創出することを目的として、資金的に持続可能な社会的事業体を運営し育成するための組織、ゼゼ（ZeZe）を共同で創業しました。二〇一三年には、障害者や超正統派ユダヤ人などの社会的弱者がスタートアップ企業に参入するのを支援するエレベーション・アカデミー（Elevation Academy）を同じく共同創業しました。二〇一六年には、女性起業家の国際的コミュニティであるダブルユー・ドットライフ（Doubleyou.life）を共同創業し、現在は同社のCEOを務めています。

ツォフィーム運動の持つ共同体的性格は、ナーキスにとって理想的な起業環境でした。彼女はこう言っています。「私が起業家精神に目覚めた原点は、実際のところツォフィーム運動なのです」（＊8）

すでに述べたように、ツォフィーム運動におけるすべての活動はメンバー自身によって行われます。つまり、アイデアの誕生から最後の実行段階に至るまで、プロジェクト全体が子どもたち、若者たちの手に委ねられているのです。プロジェクトが成功するか否かは、彼らのスキルと失敗から学ぶスキルとにかかっています。たとえば、サマーキャンプでは、見習いたちはビジョンと実行との関係について学びます。彼らはキャンプ全体を組織して、ユニークな木材工作物を作る課題やプロジェクトを与えられたりするのです。

ナーキスはこう述べています。「プロジェクトがうまくいくためには、起業の世界で経験するのとほとんど変わらないいくつかの段階を踏まなければなりません。プレゼンテーションをうまくやらなければならず、感情面、資金面、実務面でサポートしてくれる人材を雇わなければなりません。結局はあなた自身が、自分のビジョンを他人に信じてもらい、彼らからの協力を得られるような人間にならなければならないのです。これは実に強烈な体験です」

指導員も見習いも、時が経つにつれてより重い責任を負うことになり、彼らが直面する課題も大きくなります。これによって、ツォフィーム運動のメンバーはそれぞれ自分の得意分野と未熟な分野、取り組まなければならない分野を教えられ、認識するようになるのです。ナーキスはこう回想しています。

一一学年では、これまでにやったことがないようなことをする新規性が重視されます。私は構造物を作るヘッドに指名され、私たちは連鎖反応マシンに取り組みました。私の属する部隊でこのようなことをしたのは初めてでした。私たちの連鎖反応マシンは部隊全体にとって中心的な構造物として選ばれ、すべての部隊が集まった競技大会では準優勝でした。このプロジェクトから、私は多くのことを学びました。私は人を集めるのが得意なこと、プロジェクト全体を通じてモチベーションを上げるために他人にビジョンを浸透させるのが得意なことがわかりました。自分には組織をまとめる優れたスキルがあることもわかりました。でも同時に、自分はオーガナイザーの立場にいるのが好きではないこともわかりました。

ナーキスはツォフィーム運動で学んだ教訓を、その後の実り豊かな起業活動に応用したのです。彼女は続けてこう言っています。「子どもたちがツォフィーム運動で遭遇する課題は、タイム・マネジメント（時間管理）はもとより、それ以上のもので、他者への対応の仕方や他人をどうマネジメントするかといった問題です。これらはいろいろな方法で身につけることがで

きます。でも、ツォフィーム運動のユニークな点は、自分自身を知る機会を与えてくれること
なのです」

第9章

若者たちに任せる

地域社会と国民共同体の一員になることは、イスラエルのあらゆる青年活動が共有する価値観です。それぞれの青年運動のメンバーは長年にわたって、既存のプログラムでボランティア活動をしたり、新しいプログラムを作ったりして、さまざまなコミュニティベースのプロジェクトに参加しています。それぞれの年齢グループは能力に応じて貢献します。老人や、特にホロコーストで生き残った人たちを訪問し支援したり、食物を収集して配ったり、若い難民にヘブライ語を教えたりするわけです。

私の息子が参加した最も有力なプロジェクトの一つは、アフリカ難民の子どもたちの誕生日を祝う活動でした。ほぼ毎週のように、イスラエル生まれの少数の子どもたちが、この誕生日会を準備します。ケーキとロウソクをそろえ、遊びやゲーム、贈り物や歌などを用意して、その週に生まれた難民の子どもたちの誕生日を祝うわけです。ほとんどの難民の子どもたちにとっては初めてと言っていい経験でしょう。

青年運動のメンバーが幅広いコミュニティ活動に参加することは、最も重要で、自らの人生を変えるかもしれない体験なのです。仲間たちと共に地域社会に貢献し、それについて学ぶという体験によって、若者は個人として、あるいはグループとして、予想しえなかった道を歩むことがよくあるのです。

「クレンボ・ウイングズ」の物語

クレンボ（Krembo）とは、マシュマロクリームの塊にチョコレートをコーティングしたクッキーのこと。イスラエルの冬の定番スイーツで、一〇月から翌年の二月にかけて売られている。

クレンボ・ウイングズの物語は、一六歳のアディ・アルトシュラーから始まります。わずか一二歳の時に、彼女は身体障害者の子どもたちを支援する団体ＩＬＡＮでボランティア活動を始めました。そこで、彼女は脳性麻痺を患っている三歳のコビ・クフィルと仲良くなりました。アディはまもなくコビの家族の一員のような気持ちになり、この幼児と言語コミュニケーションを超えたユニークな関係を発展させていきました。

数年間にわたって育んだ二人の友情を通じて、アディはコビが必要としているのは友達と過ごす時間であることに気がつきました。彼女はあるインタビューでこう語っています。「コビ

が人との交流をどれほど求めているかわかりました。でも、学校以外で彼が交流できるのは、家族と私だけだったんです」（＊1）

二〇〇二年、アディは一六歳という成熟した年齢で非営利の若者指導団体であるＬＥＡＤに参加しました。これはイスラエルの一〇代の若者に、地域社会のプロジェクトについて、その計画から実行・運営までを体験させるための組織です。その取り組みの中で、アディは自分が悩んでいる問題を選んで、その解決策を工夫するように言われたのです。その年の末までに、アディはクレンボ・ウイングズ（Krembo Wings）を立ち上げました。最初はコビと彼のクラスメイトの活動をまとめるといった小規模なことからスタートしました。親との連絡や乗り物の手配など、何から何まで彼女が仕切りました。彼女はこう語っています。「すぐに他の親や友人、先生たちが、私がしていることを聞きつけて、もっと広めようと言ってくれました。プロジェクトがテイクオフ、離陸した瞬間です」

アディはクレンボ・ウイングズの仕組みをイスラエルの青年運動と同じようなものにしています。つまり、若者たちが一致協力して、運動障害や認知障害や知覚障害をもつ子どもたちが他人と交流して楽しみ、イスラエルの共同体生活の一員になるようにするのです。これらの若者たちは、協力者、ガイド、インストラクター、マネジャー、プランナーなどからなり、活動をリードし、計画し、すべてのボランティアを組織化して、イベントを取り仕切り、何事も順調に進むように取り計らっているのです。この組織の使命が、ボランティアである相談員のリーダーシップ・スキルの育成にあることも驚くにはあたりません。

数年後、広範にわたる著名な青年運動として発展したこの組織の会長となったアディは、クレンボ・ウイングズを立ち上げるに至った動機についてこう回想しています。「コビや彼のように障害を抱えた子どもたちがみんなと交流して一人ぼっちにならず、みんなと同じようなチャンスを持てるようにしたかったんです。実際、これは障害者のためだけのものではなく、健常者である私のため、みんなのためのものなんです。私たちは孤独にならずにすむんですから」

今日、クレンボ・ウイングズ運動は七歳から二一歳までの若者四〇〇〇人以上を擁し、文化的、宗教的、社会経済的にそれぞれ異なる広範なバックグラウンドを持つ四七の支部が全土にあります。障害者の子どもを社会的孤立から救済するというアディの努力は報われたのです。

アディは数年前、こう語っています。「当初は、私たちは単なる一六歳の若者の集まりに過ぎませんでした。ビジョンも戦略も事業計画もありませんでした」

二〇〇九年、アディとクレンボ・ウイングズは、イスラエルで最も栄誉ある賞の一つ「ボランティア活動首相賞」を受賞しました。二〇一四年には、彼女は「タイム」誌から将来の世界のリーダー六人のうちの一人に選ばれ、同じ年に発展途上国の成長の手段としての社会的起業について国連で演説しました。クレンボ・ウイングズは、若者は能力を持っており、自分たちが住む社会を改善する任務を引き受けるべきだとの考えに基づいて発足しました。「愚かな世代」と形容される一〇代の少年少女に、七〇人以上のボランティアと多数の障害児たちの面倒を見る責任を委ねるなど、信じられないでしょう。しかし、イスラエルの親と組織はそうしているのです。

クレンボ・ウイングズのモディィン支部の支部長であるシールはこう述べています。「自分が重要な事業の責任者であるという自覚が、自己の成長を促してくれるんです。困難な状況にどう対応すればいいのかが学べますし。大人は、多くの人間をマネジメントするポジションに就くには三〇歳以上でなければダメだと言うんですけどね」

さらに信じられない点は、若者自らが責任を引き受けることです。アディはこのプロジェクトを誰からも頼まれたわけではありません。彼女はゼロから立ち上げたのです。今日、彼女は尊敬される社会起業家ですが、幸運にも、このような人は彼女だけではないのです。

先頭に立つ若者

シャリン・フィッシャーが一六歳の高校生の頃、イスラエル軍参謀本部諜報局の8200部隊は、テクノロジーとビジネスにおける唯一のトレーニング・クラブとして名声を博していました。8200部隊を経験した者は、そのクラブの終身会員になれるのです。

ラッキーなことに、彼女は入隊のための適格審査を受けるのに必要なあらゆる要件と資質を備えていました。必要な科目や課外活動を選択し、アラビヤ語とコンピューター・サイエンスを学んで、家族と学校から全面的なサポートを受けていたのです。

二〇一三年、彼女は自らのベンチャーを立ち上げる準備をしていました。サイバーおよびコンピューターのスペシャリストの将来世代を育てるには早い年齢から始めるのが鍵《キー》であることを知って、彼女は軍役中に享受していた貴重な支援システムを再現しようとしていたのです。

そこで、テキサス大学とヘルツリーヤ学術センターで外交、戦略、国際関係の学士号を取得した後、彼女はテックリフト（Techlift）の起業に向けて動きだしました。それは、８２００部隊の同窓会を代表して運営する、イスラエル最初のテクノロジーに関する青年運動でした。このプログラムは七学年から一二学年までの一〇代を対象とし、優秀な若者を鼓舞して、将来のハイテク・イノベーターや起業家にとって必要なスキルと資質を身につけさせるものでした。

多くのイスラエルのイノベーションと同じように、テックリフトは必要性から生まれました。彼女はこう述べています。「私にとって、それは八年間を過ごした８２００部隊で始まったのです。……その部隊が対応しなければならない課題は、しばしば生死に関わるものです。これらの課題を解決するには、既存の枠にとらわれずに考えなければなりません」（＊２）

８２００部隊のような軍隊での指導法は、予測不可能で、一見して解決不可能な問題をどう解決するかに焦点を当てています。新しい問題に古い解決法を適用しても意味がありません。だから、８２００部隊では、兵士に創造力を働かせて考えるように訓練しているのです。

上官が人的資源の不足という深刻な問題を抱えて彼女のところにやってきたとき、彼女はまったく新しい解決策を案出しなければならないことを理解しました。彼女はこう語っています。「問題は、科学とテクノロジーの分野で優れた六〇〇〇人の高校生のうち、部隊の試験を受けるのは一〇%以下で、最終的に合格するのはわずか二〇〇人に過ぎないということでした。サイバーセキュリティの高まる脅威に対応するためには、部隊は少なくとも毎年一〇〇〇人を採用する必要があったのです。大幅な人材不足です」。つまり、国の安全性が脅かされるというわけです。

この問題の解決にあたって、彼女は原因の源を突き止めようとしました。「結局、軍隊は国の教育システムが生み出すものを受け入れているだけなのだと私は思いました。したがって、問題の根は、国の教育システムにあったのです。わずか数十年前に生まれたサイバーセキュリティという分野の教師を急に養成することなど、どうして教育省に期待できるでしょうか？」。彼女は正しかったのです。学校が採用している教授法は、この種の二一世紀の課題解決にはまったく不向きでした。彼女はこう説いています。「私たちは子どもたちに対し、まだ存在しない問題に対処することを教える必要があります。若者は学習法を学ぶ必要があり、既存のパターンや応用にとらわれずに創造的に考える方法を学ぶ必要があるのです。これこそが、自分の未来を積極的に創り上げていくことのできる独学的な人間となる唯一の道なのです」

彼女は8200部隊を離れたとき、積極的に変化を起こそうと決意しました。「私はハッカソン（ソフトウエア開発者たちが集まって短期集中的に開発作業をするイベント）に審査員として招待されました。その際、テクノロジーに熱心な多くの子どもたちが、その熱意を追求する手段をもっていないことを知りました。著名なサイバー教育プログラムなどは、イスラエルの多くの子どもたちには手が届かないのです。イスラエルはスタートアップ大国と言われてはいますが、ハイテク企業やスタートアップ企業で働くイスラエル人の比率はそれほど高くはありません。このことが、先進諸国中で最大の社会経済上の格差を生み出しているのです。超正統派ユダヤ人や新たな移民やアラブ人など人口の多い集団は、ハイテク企業やスタートアップ企業の世界にほとんど関わってはいません」

こうした問題を認識して、彼女はテックリフトを創業したのです。これは子どもたちのバックグラウンドや学年、過去の成績などに関係なく、テクノロジーに興味のある子どもたちにテクノロジーを教えるための若者運動です。彼女はこう述べています。「私たちは、水質汚染のような生存に関わる課題を取り上げて、水を濾過し、汚染の原因を突き止めるロボットを共同で開発しています。また、面白い取り組みとして、リアルかつバーチャルな脱出部屋を建てています。この種の脱出部屋はこれまでにないものです。たとえば、この仕事にはコンピューターの暗号を解読する仕事も関係しています」

見習いの子どもたちはこの運動の中で成長し、最終的には指導員となることを奨励されています。彼女はさらに続けてこう主張します。「教育省が失敗しても、若者運動は成功するでしょう。私たちは、テクノロジー教育の変革をリードする質の高い人材の強固なインフラ基盤となる数世代にわたるリーダーを養成しているのです」

テックリフトの組織と信条は、彼女が一〇歳の頃からメンバーであったツォフィーム運動の組織と理念に基づいています。子どもたちは、後に実生活で役立つスキルを獲得する能力を育むわけです。彼女はこう言っています。「私が興味あるのは、弱者に手を差し伸べ、彼らが社会で活動する一員となり、実際に何らかのものを築くことによって変化を起こす人間となれるように支援することです。この考えが、青年運動、とりわけツォフィーム運動の本質なのです」

MDA——イスラエル版赤十字社と若者の活躍

二〇一八年一月一二日。中部イスラエルのモディイン市のある救急車チームにとって、それは感動的な一日でした。数時間のうちに二人の妊婦を最も近くの病院に運んだのです。これだけの話なら、特に珍しい救急車ストーリーとして心打たれることもないでしょう。でも、この搬送を手伝ったのがシェイクド・ロン・タルというわずか一五歳のボランティアだったと聞いたらどうでしょう?

シェイクドは、診療補助者の資格を持つ運転手と、二人の若いボランティアと一緒に勤務に就いていました。最初の赤ちゃんは、三七歳の妊婦を病院に運んでいる途中の朝七時頃に生まれました。出産の興奮が冷めやらぬ中、午前一〇時頃に再び呼び出しを受けて、もう一人の妊婦を病院に運びました。今度も、途中で女の子の赤ちゃんが生まれたのです。感動したシェイクドは当時をこう振り返っています。「すごく興奮したよ。当番の時、二人の妊婦の搬送を手伝ったチームの一員だったことを誇りに思って、幸せだったよ。母親もその家族も幸せになってほしい。こんな日がもっともっとあるといいね」（＊3）。彼がわずか一五歳であることを忘れないでください。

彼はイスラエルの赤十字社、マーゲン・ダビド公社（ＭＤＡ）でボランティア活動をしています。世界中の赤十字社と同様、ＭＤＡは看護師を訓練したり、献血クリニックの手伝いをしたり、障害者や困窮者、高齢者らを支援したり、海上や町中や路上で救急車を手配して救急措置を行ったりしています。この公社には、他とは大きく違う点が一つあります。ＭＤＡの一万七〇〇〇人にのぼるボランティアのうち、一万一〇〇〇人が一五歳から一八歳の若者なのです。この数字は決してタイプミスではありません。イスラエル赤十字社のボランティアの六〇％以上が、いわゆる「愚かな世代」と形容される若者なのです。

一九三〇年の設立以来、イスラエルの若者はＭＤＡの作戦活動に参加しています。一九四八年の独立戦争では青年旅団として活躍し、七〇年代の幾多の戦争と流血の惨事の際は死傷者の避難活動をしたり、九〇年代の空前のテロ攻撃ではいち早く召集に応じました。ＭＤＡの奉仕活動を必要とする何十万のイスラエル人は、これら若いエンジェルたちの仕事ぶりを毎年目の当たりにしているのです。

他国の赤十字社にも若者のボランティアはいます。しかし、他の国々とは違って、MDAの若者は高度な心肺機能蘇生法（CPR）を実行したり、交通事故や労働災害の負傷者を救出したり、危篤状態の重症者の面倒を見たりします。MDAのボランティアの若者は、概して年間一五〇万時間以上もその活動に費やしています。高度な訓練の一環として、彼らは大量死傷者事故への対応について学び、夏のコース（夏休み期間中）に参加する資格を与えられて、指導員として訓練されるのです。最終的には、彼らはボランティア訓練の監督や交替勤務の調整といった責任を負うようになるのです。

最近、イスラエルの救急車業務に若者を過度に関与させることについて、疑問が浮上しています。彼らに対応能力があるのか、若者をそのような社会的重大任務に就かせていいのかというわけです。賛否をめぐる議論はともかく、イスラエルの若者が、心情的にも実際的にも、イスラエル社会のすべての医療事象に深く関わっていることは事実です。他に対応できる大人がいないため、当番制でボランティアとしてできる範囲の支援を行い、熱心に学習し、社会の役に立とうとしているのです。

イスラエル社会も子どもたち自身も、イスラエルの若者は有能で社会に貢献する一員であると見ています。危なっかしくて「愚かな」行動をとる傾向もありますが、きわめて緊急を要する流動的な事態に対応する能力を持ち、したがって重責を任せられています。若者は、共同体でまだ役割を果たせずに、単に大人になるのを待っている存在ではなく、政治的・社会的な組織であろうと教育的・文化的な組織であろうと、いかなる主要な組織でも活発な活動の担い手なのです。

イスラエルでは、若者は社会の現在の有り様だけではなく、将来の有り様にも責任をとることを期待されています。もちろん、救急車業務は生やさしいものではなく、なかには親から反対されている業務もあるかもしれません。しかし、困っている人に支援の手を差し伸べる若者が国中にいるという事実は、社会の中で若者は単なる子どもではなく、大人と同等の市民であると認められていることを示しているのです。

ＬＥＡＤ——若者のリーダーシップ育成プログラム

二四万六五〇〇名のメンバーを擁し、数にして五五を超える青年運動について、私はすべてを公平に論じることはここではできません。しかし、すべての運動が共有している信条は、若者は社会に貢献する一員であるということです。そのような存在として、彼らは特権と責任をもっているのです。とはいえ、それは押し付けられたものではなく、熱意をもって自ら引き受けたものです。

イスラエルの若者は意欲的に行動します。子ども扱いをされることなく、社会の中で真の変革を生み出す機会を与えられています。大人と同様、成功も失敗もありますが、要は挑戦することが期待されているのです。したがって、若者が責任をとって社会的指導者となることを奨励する組織がイスラエルでよく見られるのはなんら不思議ではありません。その好例がLEADです。

LEADはイスラエルの若者のリーダーシップを育成するための非政治団体です。世界的にみてユニークなプロジェクトと見られているLEADプログラムは、若者に焦点を当てた手法を重視しています。その手法は、社会的リーダーシップ、心理学、教育の各分野の専門家たちの学際的な集団が開発し、実践しているものです。プログラムに参加する資格があるのは一六歳で、プログラムが求めるリーダーシップ能力を持っているとわかれば、バックグラウンドは問題にされません。LEAD「アンバサダー」となるための二年間のトレーニング・プログラムでは、社会的課題を解決するための独自のプロジェクトの構想作りから、プランニング、実行、マネジメントについて学びます。LEADでは、自然科学や社会科学、ビジネスや政府機関、教育などの分野における一流のプロフェッショナルとのミーティングやトレーニングを奨励しています。これらの専門家たちは、相手がわずか一六歳の若者であっても、将来世代の指導者を育成するために時間を割いているのです。

ここで、前に触れたクレンボ・ウイングズのアディ・アルトシュラーのことを思い出してください。彼女はまさにＬＥＡＤから出発しました。彼女は一六歳で起業家となる機会を与えられたのです。ＬＥＡＤからの励ましとリソース、そして支援を受けて、たった一年で最も有意義な青年運動の一つを、その現場で立ち上げたのです。高校卒業と時を同じくしてＬＥＡＤを卒業すると、彼女は同窓会の一員となり、引き続き組織内で活動するようになりました。実際、ＬＥＡＤの同窓会プログラムは世界で最長のリーダーシップ育成プログラムです。一六歳で選抜された参加者は三五歳までＬＥＡＤの一員でいられます。ＬＥＡＤやそれと同じような組織では、若者が大人になるまで待つことなど考えていません。若者を思考力と能力と行動力を備えた社会の中のパワーとみなして、無視したり退けたりするのではなく、活用しようというのです。

クレンボ・ウイングズにせよ、テックリフトにせよ、ＬＥＡＤやＭＤＡにせよ、これらのプログラムに共通しているのはきわめて実践的なアプローチです。若者がリードして、実際の行動に関わります。アディやシャリンやシェイクドは、単なる夢想家にとどまらず、実践家でもあるのです。ヘブライ語でいう「タフレス」tachles のアプローチです。tachles というヘブライ語は、「ポイントを摑んだという感覚」と同時に「実践性」という二重の意味を持っています。つまり、私たちイスラエル人は、行動しながら常に結果を重視する目的志向なのです。

「マグシミム」と「サイバーガールズ」プログラム

ついに、私たちは青年活動紹介の終着点に到達しました。マグシミム・プログラムとサイバーガールズ・プログラムです。いずれも一二歳から一八歳までの才能ある子どもたちのための課外教育プログラムです。これらのプログラムは、当初はコンピューター・サイエンスのトレーニングとサイバー学習を提供して、イスラエルの若者をイスラエル軍諜報技術部門での軍務に就かせるために設立されたものでした。

しかし、一年後、これらのプログラムはイスラエルの熟練したハイテク人材の教育を部分的に担う存在として見なされるようになりました。九年におよぶ活動の後、二〇一八年時点では一〇〇〇人を超える卒業生を輩出し、その七〇%がイスラエル軍のサイバーおよび技術部門で軍務に就いています。8200部隊のサイバー部門のような周辺エリアからの志願者の比率は、実際の兵士に対し三%から二五%に上昇しています。したがって、マグシミムは社会的ギャップを埋めるためのプラットフォームを提供することによって、長期的な社会的インパクトに加え、安全保障および経済の両面からイスラエルに明らかな変化をもたらしているのです。

イスラエル・サイバー局の人材育成部門の元部門長で、サイバー教育センターの創業者兼CEOであるサギー・バーによれば、そのプログラムは軍のサイバー部門の人材不足を解決するために作られたものであると説明しています。彼はこう回顧しています。「その種の仕事ができる人間が不足していたんです。二〇一〇年のことです。しかしそれ以来、産業界からのニーズも高まっていました。イスラエルはもっぱら人材不足によって遅れをとっていたのです」（＊4）

二〇年以上の間、当時イスラエル軍8200部隊の中佐であったサギーは、軍事情報に関する複合統合技術プロジェクトの責任者を務め、その構想段階からソリューションに至るまでを指揮していました。彼はイスラエル国家の防衛に貢献したとして、栄えあるイスラエル防衛賞を首相と防衛大臣から授与されました。しかし、彼の存在は、優れたエンジニア、マネジャー、マグシミムとサイバーガールズのようなプログラムの創設指揮官にとどまりません。彼はイスラエル国家の安全保障とその社会的課題について深く考えるビジョンの持ち主なのです。二つの野心的なプログラムを通じて、彼は軍事とビジネスの二つの世界を結びつける道を切り開いてきているのです。

マグシミム、そしてその後続のサイバーガールズのプログラムは、イスラエルの子どもたちに対して、軍隊やビジネス、また社会的起業活動で成功するのに必要なスキルを教えることに踏み出しました。参加者は自由にコースを選択することができます。ある特定の軍事部門に入る義務があるわけではなく、また身につけたスキルで将来何かを実行しなければならないわけでもありません。サギーはこう述べています。「私たちは単に、子どもたちの夢が何であれ、それを実現するために必要なツールを与えるだけです。彼らの潜在力を引き出し、後に彼らが適切と思えるようなやり方でその力を生かして何か具体的なものに取り組めるようにしてあげればいいのです。それが成功のチャンスであり鍵であり、私たちはそのような機会をできるだけ早い学年から子どもたちに与えているのです」

さらに彼はこう続けています。

「これらのプログラムと起業との関係は明らかです。それは、最初は誰も望んでいなかったりそのニーズを理解していなかったものを創り出して、次にそのものを意味のある変化を生み出す位置に、つまり社会の不可欠な要素となるような位置に据える能力です。今日では、これらのプログラムはイスラエル文化には欠かすことのできないものとなっています。私にとってはこれこそ起業家精神の真髄なのです。つまり、問題を特定し、解決策を見つけ出し、その解決策を有効かつ社会に不可欠なものにするのです」

サギーはラシ財団において、戦略作戦面のプログラムのマネジメントを担っています。イスラエル軍はこれまで長期にわたり自らの継続的な拡大に向けてロビー活動を展開し、それが大々的に功を奏して、民間企業もこのプログラムの卒業生たちを求めるようになっています。企業はエンジニアリングやサイバー分野における将来の人材育成の重要性について理解しているため、これらのプログラムに寄付をしているのです。

元々は政府支援のプログラムとして出発したマグシミム・プログラムは、今では一種の青年運動となっています。サギーはこう語っています。「これは、それ自体のエコシステム（生態系）を持っています。卒業生と一七歳のメンバーが、一四歳と一五歳のメンバーをトレーニングします。たとえば、彼らはサマーキャンプ運営の実質的な責任を担います。卒業生の会を発足させたのも私たちではなく、彼ら自身のアイデアなのです」

サギーはこのケースを、若者に対するイスラエル人の姿勢や考え方が育てた創造性の一例と見ています。彼はこう指摘しています。「イスラエルのユニークなところは、若者世代の育成に対する姿勢です」。日々の生活で遭遇する難題に取り組んだ彼らの経験、青年運動と軍隊での彼らの体験があればこそ、彼らが二一歳になる頃には「私たちは、信じられないほど活発に動き出すことができる、鍛え抜かれた強力な精鋭集団を持てるようになっている」と言えるのです。

ところで、あなたの将来の計画は何でしょうか？　こう私がサギーに訊ねたところ、彼から次のような返事が返ってきました。「将来必要とされるスキルだと私たちが考えているものを子どもたちに教え込むための優れた枠組みを構築するノウハウと専門知識を、他の諸国にどう伝え、広めていけばいいかを考えているところですよ」

第10章

社会的資源としての若者

兵役義務のない国の教育関係者から、私は時々こんな質問を受けます。「若者と社会とがより強く結びつくようになるにはどうすればいいでしょうか？　若者に責任感と説明責任についてどう教えたらいいでしょう？」。こう訊ねる彼らは、イスラエルがこうした特徴を備えているのは兵役制があるからだと考えているのです。私はこのような考えには賛成しかねます。私は、本当に必要でないのなら、兵役制はないにこしたことはないと思っています。実際、兵役制以外のイスラエルの他のプログラムも、兵役制と等しく重要だと私は思っています。

これまでの章で、私はイスラエルの青年運動と、そこで個人が社会に関わる姿勢について触れてきました。しかし、イスラエルは公共心のある若者に、社会貢献に向けてのさらなる道を提供しているのです。その大半は、代償を伴いながらも若者の間で最も人気の高いプログラムです。つまり、そのほとんどは一年間の犠牲を払って取り組むといったものなのです。しかし、それは人生にとってマイナスなことなのでしょうか？　それとも得るものがあり、報われることなのでしょうか？

若者向け年間奉仕プログラム

イスラエルでは、一〇代の若者が参加できるいろいろな年間プログラムがあります。高校卒業後に社会奉仕活動をしたり、自己充実や自己啓発を企図したプログラムです。これらのプログラムの目的は、参加者に対して社会参加と善良な市民としての行動の意義を植え付ける一方で、イスラエル軍での重大な任務に備えることにあります。そのなかで最も一般的なものが、準備プログラムと年間奉仕プログラムです。

準備プログラムのユニークなところは、非正規の選択科目に力点が置かれていることです。参加者は、哲学、心理学、政治学、文学、歴史など自由に科目を選んで学ぶことができます。年間奉仕プログラムは、周辺地域やその他の恵まれない地域での社会奉仕活動に重点を置いたものです。

これらのプログラムの枠組みは、若者にコミュニティでの生活を実際に体験させ、自立心を身につけさせることによって、子どもと大人、学校と兵役とをつなぐブリッジとしての役割を果たしています。参加者は初めて家族のもとを離れ、自分と同年齢の二〇人の参加者と同居して、身の回りの一切を自分でやることになります。彼らは切り詰めた生活をし、同僚と仲良くし、何よりも自分は社会にどんな貢献をしなければならないのか、自分は何ができるのかについて発見することを学ぶのです。

これらのプログラムの一つを卒業した二人の娘の母親で、私の親友のウエンディは、私がこのプログラムを理解するのを助けてくれました。ウエンディはこう言っています。「娘のノアとタマルが兵役前に準備プログラムを受けたのは無駄だったとは思っていないわ。その逆よ。一八歳の娘は年齢以上の責任を持たされ、一年間にわたって自分たちのコミュニティを作り、運営していたわ。彼女たちが取り組んだプロジェクトはすべて、資源もほとんどないゼロからスタートしたのよ。これは価値観に基づいた教育とリーダーシップを養うトレーニングで、別次元のものね。幼稚園から小学校までの教育制度ではこういうものは得られなかったわよ」

ウエンディとその家族は、タマルのエン・プラット・メチナ・プログラムの卒業式で、若者がその年に実行したボランティア活動や社会変革プロジェクトについての発表を聞きました。タマルの場合は、イスラエル南部の町ベエルシェバで、六歳から一八歳のエチオピアの子どもたち一三〇人のために五日間のキャンプを設営しました。これによって、ハヌカ祭で学校が休みの間、子どもたちの親は仕事に出かけられるわけです。キャンプ場探しから始まって、食べ物、イベント、保険、資金調達（四〇〇〇ドルが必要でした）、それにキャンプの設営を手伝ってくれる同僚たちの宿泊場所の確保など細々《こまごま》としたことまでタマルは取り仕切ったのです。

驚くかもしれませんが、誰一人としてタマルにこのプロジェクトに取り組むように命じた者はいませんでした。彼女は単に「ローシュ ガドール」rosh gadol（自負心）に駆られてやっいるのです。この「自負心」という言葉はべつに、自分は何でも知っていると思っている傲慢さだとか、彼女を非難・侮辱する意味で使っているのではありません。タマルが自惚《うぬぼ》れ屋であることを示唆するものでももちろんありません。そうではなくて、進んで責任をとり、イニシアティブを発揮する人のことを表現するために使っているのです。それは他人にとってのロールモデルなのです。

偉大な起業家はすべて自負心を持っています。つまり、彼らは他人とは異なった未来を、パズルの欠けているピースを描いて、あらゆることに果敢に挑戦してゆくのです。準備プログラムや年間奉仕プログラムのような枠組みが真に奨励するのは、自負心を持った態度なのです。このシステムは若者に行動するための資源とツールを提供するものですが、最後までやり遂げるかどうかは彼ら次第なのです。

ウエンディはこの年、タマルの責任感、説明責任への態度、自立心が開花していった様子を見届けていました。彼女はこう述べています。「タマルがギャップイヤー・プログラムを選択して無駄だったなどとは思わないわ。彼女もそうだと思う。実際、彼女は六ヵ月の追加プログラムをとって、結局兵役が始まる前に一年半もの間コミュニティ奉仕とリーダーシップ・トレーニングに打ち込んだのよ」

ウエンディはさらにこう続けます。

「ロンドンからやってきた友人にこのプログラムを紹介した時、この準備プログラムのすごさをいっそう認識したわ。友人の女性は同じプログラムのモデルをアフリカのジンバブエに持ち帰って、今ではそこの高校の卒業生の成功を支援するためにリーダーシップ・アカデミーをいくつも設立しているのよ」

ギャップイヤーによってボランティア活動をする現象は拡大し、勢いを増しています。二〇一五年にはイスラエルの一八歳の若者の五%が、二年から三年の兵役に就く前に無報酬の市民奉仕活動に一年間従事しています。このことは、若者が二〇代に入るまでは、大学、就職、結婚という「自分本来の生活」を始めることができないことを意味しています。それにもかかわらず、イスラエルの若者たちは毎年、採用人数が制限され、競争も熾烈なこの種のプログラムに志願しています。これらのプログラムに合格してメンバーとなることが、今や非常な名誉であると思われているのです。

SOS子ども村

メガディムは、イスラエルにある二つのSOS子ども村の一つです。SOS子ども村は世界におよそ五〇〇あり、生みの親と一緒に住めない子どもたちの世話をし、彼らの人権を守るために活動する非政府組織です。ジャーナリストのバーバラ・バンバーガーは、この子ども村について「すべての子どもが支援を受けられ、大都市か村の一部で安定した家庭を持てるようにとの哲学に基づいてできた組織です」（＊1）と述べ、さらにこう書いています。

メガディィム子ども村は、イスラエル北部のミグダル・ハエメック近隣にある、必要な施設が完備されたキャンパスです。そこに住んでいる子どもたちは、肉体的精神的虐待や貧困、養育放棄などさまざまな理由で家族から切り離された者たちです。四歳以上の約八〇人の子どもたちは、メガディィム子ども村で八つの「家族」に分けられています。各家族には「母親」、つまり母親役の大人がいて、兄弟姉妹となるさまざまな年齢の子どもたちがいます。

メガディィム子ども村は、この種の他の組織と同様、子どもたちが必要とするすべてを与えられるだけの人材が不足しています。しかし、年間奉仕プログラムのボランティアの助けを得て、メガディィム子ども村は成功しています。村の各家族にはプログラムのボランティアが一人いて、母親を支援したり、ロールモデルとして振る舞ったり、子どもたちの良き相談相手になっています。若いボランティアは、村の遠足や祝い事、プロジェクトなどありとあらゆる活動に関わっていいます。バーバラが言うように、基本的にボランティアがメガディィム子ども村の運営を取り仕切っているのです。村の円滑な運営、事務所での管理業務、課外活動の計画、野菜畑や動物園で子どもたちの面倒を見るなど、ありとあらゆる仕事をしています。こうした彼らの活動は、困難なこととはいえ、大人として成長していく上で大変に意義のあるプロセスです。若者が社会の真のニーズに精通して、集団内での自己の役割を見出してゆくプロセスだからです。

準備プログラムと年間奉仕プログラムには、相談員やソーシャルワーカーなどの大人のネットワークがあり、年間を通じてボランティア集団を適宜支援しています。ですから、若者たちが自ら仕事を引き受けて独自の行動をとっても、必要であれば彼らが一年間生活を共にした大人やその同僚からいつでも支援を取り付けることができるのです。こうしたプラットフォームによって、実験の自由と指揮監督能力の育成とが見事にバランスをとって機能しているのです。

子どもたちが〝人生を先延ばしする〟理由

イザール・シェイはベンチャー・キャピタルのケイナン・パートナーズ・イスラエル（Canan Partners Israel）のジェネラルパートナーです。イスラエルのハイテク業界とポッドキャストで大変名高いスタートアップ・スタジアム（Start-Up Stadium）の創業者であり、小説『*As Beautiful as You*』の著者でもあります。彼は四人の子どもの父親で、そのうち三人は年間奉仕プログラムに参加しています。彼は当時のことをこう回想しています。「長女のシルがボランティア活動をすることに決めたと言って私たちのところにきたんです。それを聞いて、私たちは大喜びしました」（＊2）。シルは今では二六歳ですが、その年に彼女はハデラ市の貧困地区で授業中の自閉症の子どもたちの面倒を見たり、ツォフィーム・スカウト隊の運営を引き受けたりしていました。

シルは「自閉症スペクトラム障害児の面倒を見るのは、共同体で一緒に生活をするようなものだわ」と語っていますが、彼女の共同体は彼女と四人の若者からなり、お互いにこのプログラムに参加するまでは会ったことはありません。彼女は続けてこう言っています。「ある種の官僚主義の失敗ですが、私たちの監督を担当した大人たちからは、ほとんど支援を受けませんでした。でも、不思議なことに、すべてが実にうまくいったのです。共同体のメンバーはそれぞれ自分の役割を理解し、実に仲良くやったのです。私たちは家族同然となりました」

年間奉仕プログラムでの活動を終えてから、彼女はイスラエル軍参謀本部諜報局8200部隊の武官となり、兵役を終わった頃には二〇代半ばになっていました。彼女はこう述べています。「勉強を始めるときも仕事を始めるときも、私は人より年齢が高いのを気にしていました。でも、年齢は決定的な要因ではありませんでした。私は今を精一杯生きたかったのです。年間奉仕プログラムは、まさに千載一遇のチャンスだと思いました」

今日、彼女はテルアビブ大学で作業療法の勉強をしています。空き時間には、恵まれない町の子どもたちに英語を教えたり、老人ホームでボランティア活動をしたりしています。

ボランティア活動は、まったく彼女の意志で決めたものです。自閉症スペクトラム障害児たちと過ごすことにしたのも、彼女のグループの決定です。彼女とこれらプログラムのボランティアたち全員は、おそらく人生で初めて自分自身で決断をしたのでしょう。ここに至るまでは、イスラエルの若者は一二年間、週五日か六日、毎日何時間も、彼らの生活を縛り付けてきた教育制度の一部であり、学校は子どもたちがその子ども時代を通じて知り、生きてきた唯一のシステム、制度だったのです。

ほとんどの西欧諸国では、一八歳を迎えることは、さらに上の教育機関に通うことを意味しています。実際、大学と高校とは似たようなものです。つまるところはいずれも、冒険と過ちを犯す若者の自由を制限して、彼らの関心の方向づけを行い、彼らの行動を評価することを意図した制度なのです。

ここで、年間奉仕プログラム――若者がおよそ一二人のメンバーの中で自立して生活し、彼らが重要と思う社会のセクターの中で個人またはグループとして一年間ボランティア活動をするプログラム――について改めて考えてみましょう。このプログラムの若者たちは、責任ある大人、支えとなる友人、ロールモデルなどの役割を担いながら、親の監視が緩んだなかで、イニシアティブと社会的責任を発揮する機会を与えられるのです。つまり、もし彼らが失敗すれば、それは彼らの失敗であり、もし成功すれば、それは彼らの成功なのです。これは、若者にとっては初めての当事者意識をもった経験なのです。

発達心理学の重鎮ジェフリー・アーネットら専門家は、このような「ギャップイヤー」がない（あるいは軍役のない）国々では、若者は大人社会に溶け込むにあたって後々問題を起こすと指摘しています。その問題とは、疎外感や反抗、あるいは無関心や社会的関与の忌避という形で現れます。学校は若者に職業人になる心構えも社会的役割を担う心構えも教えません。したがって、高校を卒業したときに若者が手にする選択肢は、その後も勉学を続けるか、未熟練労働者として職につくか、あるいはまったく社会に溶け込もうとしないかです。いずれも若者のニーズを満たしてはいません。

学校教育から離れた非公式な枠組みの中でボランティア活動に関わるギャップイヤーは、若者に対し、思春期から成人期への、緩やかではあるが効率的な移行の機会を提供するものです。この期間に、若者たちはいろいろなスキルを身につける必要があるのです。たとえば、組織的能力、社会的イニシアティブ、同僚や後輩や先輩との有意義な関係の育成、チームマネジメント、リーダーシップ、理論的・イデオロギー的問題に対処するための知的能力などです。

若者のボランティア活動は重要で、場合によっては不可欠なものですが、この期間に多くの若者は、社会を一夜にして変えることなど不可能であることを実感します。若者の活動はしばしば報われませんし、彼らが達成した結果はほとんど注目されません。これが厳しい現実です。明確に規定された学校という世界と家族の愛情に包まれた世界からすれば、人のコントロールが及ばない物事があることなど到底受け入れ難いでしょう。失望に向き合うことと絶望を乗り越えることの二つは、若者がボランティア活動で遭遇する最大の難題であり挑戦なのです。

さて、私たちは若者に対し、人生を一年かそこら先延ばしすることを奨励すべきでしょうか？　正しい答えはないでしょう。他方、大学進学や求職を四、五年先延ばしにするのは（兵役義務の年月を考えれば）、有意義であるというのは本当です。一年でさえ所定のコースから外れると長く感じられるものです。それでは、一八歳で大学に入ることは、実際のところ人生を先送りしないと言えるのでしょうか？　社会のことも、自分のことさえ知らない一八歳で職業を学ぶことは、やりがいがあってすばらしい体験、時には耐え難い体験を経た二、三年後に職業を学ぶことよりも、はたして有益なのでしょうか？　これらは、数多くのイスラエルの若者が、ボランティア活動の期間中に答えを見つけてきた問いなのです。

STAGE IV

持続的な成長をめざす

SCALE AND SUSTAINABILITY

イスラエルのティーンエイジャーの時代を効率性追求の段階――つまり、彼らが自分の限界に挑戦し、実験し、リスクをとるのみならず、社会の一員として責任感を身につけ、説明責任を果たすことを自ら心得る段階――とするならば、たいていのイスラエル人が軍に入隊する次の時代は、そのスケールを拡大する段階と見ることができるでしょう。

効率性を達成している企業は、円滑に機能するメカニズムを持っています。しかし、資源の無駄使いがなく、組織全体の各部とその役割が明確に定義され、一体として動いているならば、規模を拡大させる時期だと言えます。

どの企業でも、この段階ではさまざまな要素が統合されて、組織がいっそう強固なものになっています。企業にとって、具体的にどのような人的資本が必要かは明確です。つまり、どんなプロフェッショナルのどのような専門知識が必要で、どんな価値観と企業文化が求められているかなどです。このような基本要素を支える構造が、最高経営幹部、中間管理職、チームリーダー等々といったより公式的なやり方で制度化されます。今やビジネスは規模拡大の用意が整い、マーケットシェアを持続する期待がもてる段階に達したわけです。

公式的には、イスラエルの軍隊は多数の個々人からなる拡大された組織体として機能しています。あなたは、軍隊の組織と企業組織との間には何のつながりもないと思われているかもしれません。軍隊組織について考えた場合、あなたの心に思い浮かぶのは「構造」、つまり階層構造、命令、規律、画一化といったものでしょう。しかし、イスラエルの軍隊はこのようなイメージとは異なっています。むしろ、その逆が真なのです。

軍隊の組織について考えたときにイメージしたもの、映画や歴史書で得た知識は忘れてください。別のタイプの軍隊組織をご紹介しましょう。軍隊の基本的要素とその文化は、規模の拡大を目指すビジネスの将来にとってうってつけのものです。準備はいいですか?

第11章 人的資本について

軍隊組織について考えたときに思い浮かぶ特徴は、繰り返しになりますが、おそらく階層構造と体制、あるいは形式とか命令といったものでしょう。兵士の規格化された装備、明確な指揮命令系統、家族や友人との長期にわたる隔絶、厳格な手順なども挙げられるでしょう。軍隊では枠から外れて独創的に考えることは奨励されていないと一般には見られています。言われたことをする。それ以上でもそれ以下でもないというわけです。

聞けば驚くかもしれませんが、高度な軍事専門組織であるイスラエル国防軍は、あなたが思い描くようなものとは多くの点で異なります。本章および後章で見られるとおり、イスラエル兵の経験は世界の他の国々の徴集兵の経験とはまったく違います。イスラエルの幼稚園や遊び場は物理的には米国のものと似てはいますが、その実体はいくつかの重要な違いがあります。またイスラエルの一〇代の若者の経験は、ヨーロッパやアジアの若者の経験とおおよそ似ていますが、重要な違いがいくつかあります。同じように、イスラエル軍も、ほとんどあらゆる面でイスラエル独特なものなのです。

まずはちょっとした例をご紹介しましょう。イスラエル軍では、いったん訓練が終了すると、ほとんどの兵士は上官をファーストネームで呼びます。戦闘中の重要な決定は普通、小部隊のレベルでなされます。規格化された兵士の装備は日々変わります。司令官は自分より二〇歳以上年上の兵士の責任を負うこともよくあります。また、兵士は二〇日を超えて家を空け、家族や友達と会わずにいることはありません。

ここまで本書をお読みになってきたみなさんなら、これらを聞いても驚かないでしょう。こうした点は、兵役制の前からあったイスラエル人の習慣の自然の流れのように思われるかもしれません。でも、兵役は若者の人生にとって影響力の大きい出来事であり、軍隊経験はこれまで覚悟していなかったようなやり方で若者を形成するのです。

兵役制と選抜

他の国々の一七歳の若者なら大学進学や就職活動で頭がいっぱいだと思いますが、イスラエルの高校三年生のほとんどは、男子ならおよそ三二ヵ月間、女子なら二四ヵ月間の兵役の準備をします。彼らの多くにとって、これはイスラエル軍の精鋭部隊に選抜されることを狙って立ち回ることを意味し、他の人にとっては初めて親元から離れて自立して生活できるチャンスなのです。いずれにせよ、イスラエル社会に貢献する人間になるわけです。

ある意味で、軍務は彼らがそれまでに蓄積してきたすべての経験の集大成となるものです。やがて軍隊に入ることは常にわかっていましたし、そのことがわかったときからその日のためにいろいろと準備をしてきたのです。いよいよ、その日が来たわけです。

公的な情報源によれば、二〇一五年時点でのイスラエル軍の正規兵は一七万六五〇〇人、予備兵は四四万五〇〇〇人です（＊1）。兵士四人から二〇人ごとに下士官が、兵士二〇人から四〇人ごとに小隊長が、兵士四〇人から一〇〇人には中隊長がつきます。これらの人々の選抜プロセスは世界で最も興味を引くものと言えるでしょう。それはきわめて成功を収めている正確かつ効率的なものであることが証明されており、若者が将来のキャリアや人生行路を考える上で重要な役割を果たしているのです。

イスラエル軍はどのようにして、一七歳ほどの若者たちをそれぞれ最適なポジションに付けているのでしょうか？　履歴書などなく、過去の実績やバックグラウンドもわからないなかで、軍は彼らのスキル、成長の可能性、学習能力を評価することによって決めているのです。知識や経験よりもスキルと可能性を重視――これは過去の成績や学歴を重視する多くの企業の審査プロセスとは正反対のものです。ほとんどの民間企業では、過去の功績、実績と経歴が高く評価されます。

この点は、ハイテクやサイバーの分野では、軍隊であろうとなかろうと特に重要なことです。これらの分野はニーズが絶え間なく変化し、したがって非常に予測が難しいのです。今日の軍

郵便はがき

おそれいりますが
切手を
お貼りください。

141-8205

東京都品川区上大崎3-1-1
株式会社CCCメディアハウス
書籍編集部 行

CCCメディアハウス　書籍愛読者会員登録のご案内
＜登録無料＞

本書のご感想も、切手不要の会員サイトから、お寄せ下さい！

ご購読ありがとうございます。よろしければ、小社書籍愛読者会員にご登録ください。メールマガジンをお届けするほか、会員限定プレゼントやイベント企画も予定しております。
会員ご登録と読者アンケートは、右のQRコードから！

**小社サイトにてご感想をお寄せいただいた方の中から、
毎月抽選で2名の方に図書カードをプレゼントいたします。**

■アンケート内容は、今後の刊行計画の資料として
利用させていただきますので、ご協力をお願いいたします。
■住所等の個人情報は、新刊・イベント等のご案内、
または読者調査をお願いする目的に限り利用いたします。

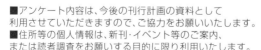

愛読者カード

■本書のタイトル

■本書についてのご意見、ご感想をお聞かせ下さい。

※ このカードに記入されたご意見・ご感想を、新聞・雑誌等の広告や
弊社HP上などで掲載してもよろしいですか。
はい（実名で可・匿名なら可）　・　いいえ

ご住所	□□□-□□□□　☎　—　—		
お名前	フリガナ	年齢	性別
			男・女
ご職業			

事環境では、求人市場の場合と同様、誰でも常に適合力が求められています。何世代にもわたって苦労して獲得したスキルが、一夜にして不要になってしまうこともあるのです。人の採用と配置にあたっては、個々のスキルを誰が持っているかということよりも、これらのスキルをさまざまな場面でどう応用できるかが重視されます。その焦点は全体として、専門知識から敏捷性、柔軟性、学習スピード、変化を受け入れる極度な寛容性へと移ってきているのです。

一七歳のすべての若者が経験すること

イスラエル軍の徴兵選抜プロセスは、正式には一七歳頃から始まります。一〇代の若者に公式の召集通知が送られてきて、軍の施設に出頭するわけです。その「第一段階」では、重点は基本的なことにあります。志願者は全員面接を受け、ヘブライ語の読み書き能力が評価されます。また、最新の学校成績表一覧の提出を求められます。軍は志願者の何らかのテクノロジー上のバックグラウンドと教育について関心があるのです。

その後まもなく、二度目の通知が送られてきます。今度は健康診断が行われ、最終的に当該志願者の「医療既往歴」が確定されます。それから志願者は心理技法を用いた面接を受けることになりますが、面接官はたいてい、志願者よりも一年、最大でも二年年長の女性兵士が務めます。彼女たちは、評価テクニックや心理学、対人関係、精神障害やストレスの認定などの面で四ヵ月の特別訓練を受けています。この面接の主な目的は、志願者の人格特性、つまりモチベーション、ストレス耐性、社会的あるいは反社会的な行動パターン、軍の特殊任務に対する適合性などを把握することにあります。

心理技法を用いた面接についての評価システムは、ノーベル経済学賞受賞者であるダニエル・カーネマンによって開発されたものです。彼は認知行動経済学の父と言われ、二一歳の時、イスラエル軍の戦闘勤務志願者の評価法の開発に従事しました。実際、志願者の医療既往歴と精神分析評価結果を保有している軍には、軍のさまざまなボランティア部隊の志願者を検討する用意が整っているわけです。任務は、航空機乗務、海兵隊任務、精鋭部隊職務などです。適格と認められた志願者には任務文書が送られてきて、より複雑な心理技法を用いた評価、特別健康診断、心理学者および当該部隊のプロフェッショナルとの一連の面接を受けることになります。

医療面、肉体面、知性面での評価にパスした志願者は、米軍の特殊部隊評価選抜（SFAS）に相当するイスラエル軍の「フォーメーション」（部隊）への招待状が届きます。有資格の数百人の志願者は年に二回、軍で最も難関ないくつかの部隊のポジションをめぐって厳しいテストに挑みます。彼らは体力、精神的肉体的忍耐力、チームワークと協調性のスキルをテストされるわけです。彼らに与えられる課題は肉体面および精神面すべてにわたっており、指揮官は、当該の部隊が求める活動で彼らが肉体的、精神的重圧に耐えられるかをモニターします。

「フォーメーション」と心理技法を用いた検査を重視するのは、志願者の過去の知識や教育ではなく、彼らが肉体的精神的に当該の部隊に適合しているかどうかを絶えずテストするためです。ほとんどの部隊が関心を向けているのは、志願者には何ができるのか、つまり彼らはどのような課題ができるのか、できないのか、別のスキルをどれほど迅速に身につけられるのかという点です。科学の広範な知識や専門的スキルを必要とする特別な任務もありますが、ほとんどの精鋭部隊、ほとんどの戦闘部隊、戦闘支援部隊、非戦闘部隊、諜報部隊では、過去の専門資格や学歴を必要としていません。

将校の選抜法

イスラエルの国民皆兵制度、高い離隊率、そして慣例化された適格審査プロセスは、すべての若者がそのバックグラウンドに関係なく最も栄誉ある精鋭部隊に選ばれうるということを意味しています。また、たとえ高校を卒業していなくても、軍隊の最高位に就きうることも意味します（ただし、階級が上がるにしたがって軍からさらなる学校教育を課されるでしょうが）。

このイスラエルのシステムは、個人の過去や実践的知識の欠如を無視して、スキルと才能と可能性のみを求めるものです。しかし、西欧諸国の軍隊ではそうではなく、特に将校となる過程はそうではありません。

英国陸軍では、学校で優秀な成績を収めた者だけが将校となります。したがって、英国のシステムでは、学校の成績が優秀な若者は高校を卒業してすぐに将校となることができます。すなわち、徴集兵を指揮する訓練を受ける前に、何の軍事上のバックグラウンドがなくてもいいのです。将校に選ばれる上でのスキルは、軍事訓練や戦場での功績、同僚との日々の交流やコミュニケーションとは関係がないのです。しかし、イスラエルでは兵士が将校となる訓練を受けるために選ばれるには、これらのスキルはきわめて重要です。

このことは、英国陸軍に入隊する者にとっては、二つの重要なことを意味しています。第一に、若い時に良い教育を受ける機会に恵まれなかった人は将校になれないということです。第二に、軍隊生活に肉体的かつ精神的に精通している徴集兵と、それまでの人生のほとんどを学校で過ごし、その後に実際の戦場経験を持つ兵士を指揮することを期待される将校との間には、明確な違いがあるということです。

米国陸軍もこの点では英国陸軍と似ています。米国陸軍では、士官は大学の学位を手にして入隊します。最初から士官になる道が用意されているのです。准尉は下士官兵たちの中から、その専門知識によって昇進します。同じように、フランス陸軍でも、教育水準が高ければ高いほど、手にするポジションの階級も高くなります。

士官が戦場での経験など実際の軍事経験を持っていることが重要かどうかは、議論のあるところです。しかし事実として、士官に実戦経験がない軍隊と、士官すべてがかつて下士官であったイスラエルの軍隊とでは大きな違いがあります。イスラエル軍では、兵士が良き士官となるのに必要なスキルと可能性を持っていることがわかった場合にのみ、士官トレーニングコースに進み、その後昇進します。したがって実際は、兵士は部隊内からの指令で士官候補として選抜され、彼らを選抜した人物は当該兵士の当初の訓練から現役勤務までを観察してきた士官自身なのです。そして、その選抜のベースとなっているのは、戦場で必要とされる資質と人格特性です。ただ、現役勤務期間が短いことを考えれば、適格審査プロセスは数ヵ月に圧縮する必要があります。非常に短期間でイスラエル軍は士官トレーニングにふさわしい人物を特定し、六ヵ月間のトレーニングコースを受けさせ、その後、残り期間の軍務を司令官として完遂するために出身部隊に戻すのです。

ケーススタディ――イスラエル軍参謀本部諜報局8200部隊

イスラエル軍で最大の部隊の一つは、以前に何度も触れた8200部隊と呼ばれる諜報部隊です。この部隊は米国のNSA（国家安全保障局）のイスラエル版ですが、軍の一部として諜報部隊があるのはイスラエルだけです。その結果として、同部隊の「プロフェッショナル」は若い兵士たちです。多くの他の部隊と同じように、兵の質および任務との適合性は、部隊の使命達成能力に直接に影響を及ぼします。適格審査プロセスが厳しく、志願者のごく一部しか採用されない8200部隊の場合、彼らの「バックグラウンド」が重視されます。

しかし、この「バックグラウンド」と見なされているものは、聞いて驚くかもしれませんが、学業成績のほか、青年運動への参加などティーンエイジャーが関わった社会活動も含まれているのです。また、すばらしい創造的思考力とか並み外れた性格特性などの理由によって校長から推薦を受けた若者にも部隊への門戸が開かれています。さらに、部隊のすべての兵士は一人の候補者を推薦して、適格審査プロセスを受けさせることができます。この場合、その候補者は、規定の応募資格を満たしていなくてもいいのです。8200部隊はイスラエル軍の他の部隊と同様、適任と思われる候補者に広く門戸を開くことを心がけているわけです。最も才能ある一%の若者のうちの、わずか一%しか最終的には適格審査プロセスを通過しません。これは究極の厳選プロセスなのです。

8200部隊の審査プロセスは、絶えず進化しています。審査プロセスは毎年改善され、輪郭がぼやけてきています。たとえば、三〇年前には、諜報任務とテクノロジー任務との間には明確な境界線がありました。時が経つにつれて、この境界線は曖昧になり、それに応じて新たな入隊基準が適用されてきています。8200部隊の任務に就くにはチームワーク、粘り強さ、忍耐力、コンピュータースキル、語学力などさまざまな面での強みが必要です。任務がだんだん複雑かつ込み入ったものとなるにつれ、適格審査プロセスも複雑になります。それゆえに、時が経つにつれて認知能力や対人関係能力、心理学的プロファイルなどのよりいっそう巧緻なテストが考案されてきたわけです。

志願者には認知能力、語学力、プログラミング、数学などのテストが課されますが、過去の知識が評価されるのではなく、テストされるのはこれまでに遭遇したことのない領域の処理能力です。たとえば、テストの中には試験中（最長五時間）に志願者に新しい言語をいくらか教え、彼または彼女がそれにどう対応するかを観察するものがあります。見込みがあると思われた志願者は語学コースに通い、わずか六ヵ月足らずで当該の言語をマスターするのです。

その他のコースの適格審査プロセスとして、最初から実際のスキルを求めないものもあります。むしろ、他人をモチベートする能力や、心の知能指数（ＥＱ）、広い視野、状況把握力などの一連の資質を備えた志願者を選抜しようとします。民間の世界では、企業経営者が優秀なマーケッターやエンジニアである必要はありませんが、専門家をマネジメントするやり方を知っておくことは必要です。それと同じように、軍隊のリーダーは必ずしも有能なサイバー専門家である必要はありませんが、他人を動機づけ、マネジメントし、リードできることが不可欠な能力なのです。

部隊加入のさらなるテストとして、八時間におよぶ認知能力評価があります。これは、志願者のチームでの実務能力、指導力、プレッシャー下での対応力、一貫性を持った正確な自己表現力などを観察する状況審査です。最終段階で追加面接が行われ、士官候補生の最終リストが作成されます。

士官候補生が部隊の訓練コースを受ける頃には、それが諜報部隊であれ、海軍部隊や戦闘部隊であれ、彼らはその部隊の一員と見られます。ほとんどのコースの目的は審査選抜することにはなく、士官候補生が任務を果たすように、その準備を整えることにあります。

理想を言えば、当初の適格審査プロセスで、訓練コースの合格者が正確に予測されていることでしょう。コースが終了する頃には、候補生が適格かどうかは問題になりません。問題になるのは、部隊内のどこが候補生にとって適格かということです。

単にイスラエル軍のためにではなく

私が経営するシンセシス社は、こうしたイスラエル軍の審査選抜手法に触発されて、人材の採用に取り入れています。つまり、限られた個人情報によって、その個人の人格特性やモチベーション、特定の環境への適合性などを評価できるようになっているのです。また、この個人評価システムによって、個々人が機敏に問題解決や目標達成に向けて自己訓練できるように指導しています。

わが社が人材について収集している情報と洞察は、イスラエルの雇用者による人材採用プロセスでも、もちろん考慮、活用されています。

精鋭部隊のことを別にしても、イスラエルの求職者の軍隊経験を見れば、彼がどのような選抜プロセスを経てきたか、どんなスキルと有意義な経験を持っているか、先見の明ある雇用者ならわかります。軍隊経験者は民間におけるさまざまな仕事に活用でき、時には非常に重要なスキルを有していることがわかっています。たとえば、あなたが戦闘部隊に三年いてもプログラミングのスキルを習得することはできないでしょうが、適応力や忍耐力、協調性を身につけて、素早い学習能力の持ち主になっていることでしょう。

新規に人材を採用しようとしている雇用者は、軍隊の選抜プロセス担当士官とよく似たことをやっていると思われます。つまり、求職者の特定の分野における専門的な経験や知識よりも、その人の持っているスキルと能力を見ているのです。

第12章　文化について

私が一七歳半ばの高校生の時、イスラエル軍参謀本部諜報局８２００部隊の審査選抜プロセスの件で呼び出しを受けました。当時は、８２００部隊の名前もその役割も、世間一般にはあまり知られていませんでした。よく知られるようになったのはごく最近のことです。私たちも、それは秘密部隊であり、諜報局の一部であるとしか知らされていませんでした。いくつかの筆記試験を受け、かなり若い感じの女性面接官による面接もありました。その後数ヵ月して、合格通知のメールが送られてきました。私は自分が何に合格したのかさっぱりわかりませんでした。さらに、私が諜報局で意味のある仕事、任務に就こうと思うのなら、徴兵前に三ヵ月のコースを受けるべきだというのです。そのコースは高校卒業後すぐの八月に始まるとのことでした。

私は同意し、一八歳の誕生日の一ヵ月後にコースを受けました。三ヵ月間、およそ軍事基地とは似ても似つかぬ中央イスラエルの田舎の民間施設で過ごしました。そこで制服を着ているのは二〇歳そこそこの指導教官たちだけで、私たちは彼らをファーストネームで呼んでいました。毎日、朝八時から真夜中まで、週五日、それに金曜日は五時間追加で、まったくこれまで知らなかったことを学びました。人数は若い男女を合わせて三〇名ほどでした。

授業は高校の時とはまったく異なるものでした。もちろん正規の授業も数時間あり、専門家が特定のテーマを論じたりしました（私たちが専門家と見なしていた人物は、私たちよりも数歳年上にすぎないことを後で知りました）。しかし、ほとんどの時間はＳＦ（self-work）、つまり自習に費やされたのです。ただ、この「self（自己）」は「独り」を指すのではなく、私たちがいいと思えば三〇人のグループ全体、あるいは少人数のグループでの勉強を指しています。私たちは、その日に「専門家」から出されたテーマについて、何時間にもわたって調査し、学習し、議論するわけです。

私はすぐに、二つの重要な点に気がつきました。第一に、自分では優秀だと思っていても、自分以上に優秀な人が周りにいるということ。このような環境では、私たちはもはや平均より上ということはありません。第二の教訓は、すべての資料を自分だけで処理することは誰にもできないということ。他人に頼らざるを得ないし、また他人を手助けできるということです。それは信じられないくらい強烈な体験でした。私はこの期間を、自分の人生で最も豊かで、最も自分の能力意識に目覚めた経験の一つとして記憶しています。

三ヵ月後、私たち全員がこのコースを卒業し、正式に入隊したのですが、そこで少なくとも三年間兵役に服しました。そして、部隊のさまざまなチームのポストに就く前に、新兵訓練所でさらに三週間の訓練を受けました。こうして、軍服や綿密な予定表、国中の兵士との会合など必要な要素をすべて整えてから、実際の軍事基地に配属されたのです。ただしそれから、イスラエル軍の手順と方式と価値観に従ってさらに訓練を受け、私たちは最終的に8200部隊のチームの任に就きました。

私の軍務上の責任や任務についてはあまり詳しく話せませんが、四年以上の勤務で一日たりとも欠勤したことはありません。わが国の安全は私と私のチームにかかっているのだという思いで毎朝起床しました。おかしなことに、私たち全員がそう感じていたのです。諜報員としての九ヵ月間の任務を終え、私は選ばれて士官訓練プログラムに参加しました。これは、もう一年軍務にかかわることを意味します。士官訓練には、基本および専門のトレーニングを含め六ヵ月かかります。その後、私はチームリーダーと呼ばれている指揮官の地位を得てチームに戻りました。

簡単な計算です。つまり、入隊後一年半で、私はすでに専門のトレーニングコースを修了したのです。きわめて高度なテクノロジー環境下で下級ポジションに就き、士官トレーニングコースに選ばれてこれを修了したわけです。そして、六ヵ月前には下級ポジションであったその同じグループでチームリーダーに昇格したのです。その後の二年間、私はチームリーダーとして、ある地域でイスラエルの諜報活動の最前線にいました。一五人のメンバーからなるわが部隊で任務を終えた者が去ると、私は新しいメンバーを訓練しました。兵役の最後の六ヵ月間、私が諜報局8200部隊士官訓練学校の学部長という稀有なチャンスを得られたことは幸運でした。当時、私はまだ二三歳にもなっていなかったのです。読者のみなさんには信じがたいかもしれませんが、このようなことは、多くのイスラエルの若者にとってはごく普通のことなのです。

イスラエル軍は「人民軍」である

イスラエル軍が世界の他の軍隊と異なる点の一つは、兵士の離隊率が高いことです。各部隊に配属された兵士は、三年ごとに完全に入れ替わります。ただし士官は別で、たいていはさらに続けて一〜二年任務に就きます。

三年か五年で軍全体の人間が入れ替わってしまうというのは、世界中のどの軍隊でも聞いたことがありません。たとえば米陸軍では、入隊すると四年間の現役勤務をして、その後は四年間の予備役（IRR、個人緊急予備役）となるか、あるいは退役するまで軍隊に留まるつもりで職業軍人としての道を歩むかのどちらかです。

離隊率は軍隊の構造に多大な影響を及ぼします。8200部隊では五年ごとに人材の九〇％が入れ替わります。米国のNSA（国家安全保障局）でこのようなことが考えられるでしょうか？　民間の大企業で、従業員の九〇％が五年ごとに入れ替わるなど想像できますか？

軍隊へのその影響は別にして、高い離隊率が意味するのは、イスラエル社会は増加する離隊者を絶えず吸収して、彼らを市民生活に再び溶け込ませる必要があるということです。でも、離隊しても、兵士は軍隊との関係を切ってしまうわけではありません。たいていは、短くて三年、長くて三〇年間も予備役の任が続くのです。したがって、イスラエル軍が「人民軍」と見なされるのも不思議ではありません。しかしもちろん、これもイスラエル軍の特徴を示す氷山の一角に過ぎません。

イスラエル軍は多くの点でイスラエル社会に組み込まれています。軍と民間との関係を強固なものとしているものの一つは、前章でも触れたように、兵士の任地が家族の居住地から車でほぼ六時間以内のところにあることです。そのため、兵士は二〜三週間ごとに家に帰って、家族や友人と数日間を過ごすことができるのです。特に金曜日の午後や日曜日の朝には、バス停やその他の公共の場に兵士がたくさん集まっている光景がよく見られます。

イスラエルの兵士たちが守るのは、文字通り彼ら自身の土地であり、時には自身が実際に育った町なのです。イスラエルは小国なので、ほとんどの市民が丘や谷を探検する機会に恵まれ、これらに精通しています。ですから、実際に土地を守らなければならない状況になると、兵士たちは時として自らの軍務と心情的に強く結びつきます。つまり、戦線と銃後とが近接していることから、イスラエル兵と土地と一般市民との間には感情的な絆が生まれているのです。

しかし、イスラエル軍で兵士、特に戦闘員が体験する最も強烈な体験は、何といっても同僚同士との間にできる強固な人間関係です。過酷な経験を共有することで生まれる社会的絆は、軍隊で名高い仲間意識を醸成するのです。

イスラエル軍では、強固な絆は自然に、また意図的につくられます。自然なケースとしては、兵士たちが狭苦しい兵舎で共同生活を送ったり、極限状況下での任務を求められたりした場合、壊しがたい強力な絆が生まれることが考えられるでしょう。意図的なケースとしては、適格審査プロセスで兄弟愛や互助精神の理想が求められ、仲間意識がイスラエル軍の最も価値ある資産の一つとみなされ、兵役全体を通じて積極的に奨励されることがあります。

適格審査プロセスでは、諜報部隊にせよ非戦闘部隊や精鋭戦闘部隊にせよ、対人関係能力や他者支援能力、優れたチームメンバーとなる能力などを評価するためにさまざまなテストや試練が課されます。これらのスキルがないと、イスラエル軍は機能しないのです。イスラエル軍落下傘旅団内の特殊作戦部隊、ドゥブデバン部隊を対象とした審査プロセスの一例をあげれば、肉体的精神的に過酷な一日を終えると、一七歳の若者グループは仲間の一人を担架に乗せて砂丘の上まで運ぶように命じられます。しかしまた、休みたい者がいればそうしても構わないと告げられます。そのテストはもちろん、彼らが砂丘の上まで運べるかどうかを観察するのではなく、仲間たちが運んでいる間に誰が休んでいるかを見るためにあるのです。休んでいる者は、次のステップに進める可能性はありません。

イスラエル軍では、設立当初から仲間意識の醸成に努めてきました。仲間意識という価値観は、兵士が兵役を通じて身につける、おそらく最も重要な資質なのです。

もちろん、これは士気やモチベーションにとって重要なものです。特に戦闘においては、部隊のメンバー一人ひとりは、戦闘作戦を成功させて生き延びる上で他のメンバーに頼らざるをえません。カナダの軍事研究家で歴史家のアンソニー・ケレットは著書『戦闘モチベーション――戦闘における兵士の行動』（*Combat Motivation: The Behavior of Soldiers in Battle*）の中でこう述べています。「イスラエル人は戦闘を、集団活動、協調、相互支援に基づくきわめて社会的な行為とみなしています」（＊1）

戦闘では、それぞれの兵士は他の兵士を頼り、部隊司令官のプロフェッショナリズムとリーダーシップを信頼します。安全保障と戦略の研究家セルジオ・カチナニがその記事「兵士を動機づける」の中で論じているように、イスラエル軍は中隊長に対して次のような特質を持つべきであると明確に指導しています。それは、ある種の格別な資質と価値観、たとえば対面指導能力、誠実さ、そして「小隊長と兵士との相互信頼を醸成する能力、および武器と戦闘体制への信頼を浸透させる能力」（＊2）です。

イスラエルの戦闘史上で最も顕著な特徴の一つは、イスラエル軍とその敵との非対称性です。この点については、カチナニの説によれば、数では圧倒的に勝る敵をイスラエルが撃退するやり方は、従来型、非従来型の双方において「軍の専門家意識に基づく質的卓越性、卓越した訓練方式、そして高い戦闘士気によるところが大きい」のです。

「人種のるつぼ」政策

イスラエル軍がこれほどまでに仲間意識と士気を重視するようになった根源は、一九五〇年代と六〇年代の実際の政策に基づいています。イスラエル独立の最初の二〇年間、指導者たちは建国まもないイスラエル社会のために、一つの統一されたアイデンティティを創ることを目指し、「人種のるつぼ」政策を推進することにしたのです。この政策によってイスラエルは、文化的背景が極度に異なる国々から来た夥《おびただ》しい数の移民を同化することができると期待したのでした。そうすることでイスラエルは、差異を含みながらも一つの新たなアイデンティティを築こうと思ったわけです。

しかしながら、この人種のるつぼ政策は問題を抱えていました。それは、新参の移民たちが持ち込む多様な文化を意図的に無視し、統一の名の下にそれぞれの持つコミュニティのアイデンティティを否定しかねないからでした。時が経つにつれて、この政策は破棄され、より寛容なアプローチが採られるようになりました。しかし、多くの問題や困難があったにせよ、人種のるつぼ政策は大きな成果をあげました。若き国イスラエルは多くの移民を吸収し、国家建設という絶えざる共通目標のために彼らの能力とモチベーションを活用してきたのです。

もちろんイスラエルの軍隊は、かつても今もきわめつけの人種のるつぼです。軍隊では人種的・文化的に異なる背景を持つすべての兵士は密な兵舎に一緒に入れられ、彼らの文化的・社会的な特色は剝奪され、アイデンティティ形成のための新たな基盤が提供されるのです。

どんな軍隊組織でも、特にイスラエル軍のようなフラットな階層構造を持つ組織では、人種のるつぼは必要不可欠です。兵士たちに対して自分の同僚や指揮官を信頼するように仕向けるには、社会的・人種的・経済的背景の違いによって優越感を抱かせるようにしては絶対にいけません。兵士たちは仲間意識の中で安心するのであり、自分たちの世界は軍務で培った友情と経験とスキルで成り立つものとみなしているからです。

イスラエルの軍隊の仲間意識は、現役兵士の仲間意識を超えて存在しています。兵士たちは街中に物理的に存在するし、彼らは比較的短期間で一般の市民生活に戻り、戻った彼らもたびたび予備役として再び軍務に就いているため、彼らは社会にとって不可欠な存在になっているのです。その点を考えれば、兵士の仲間意識がイスラエル社会のほぼすべてに浸透しているのは想像に難くありません。イスラエル社会は全体として軍隊体験を共有しており、国民的仲間意識はその上に成り立っているのです。

政治学者ロナルド・クレブスは、軍隊の力を借りて社会の一体化を図る試みは歴史を通じてよくみられるとして、こう述べています。「セオドア・ルーズベルト大統領と彼の陣営の進歩党員は、軍隊の一般的なトレーニングによって当時の大量の新参移民を〝アメリカ化〟することを期待していた。同様に、ソビエトの最高指導者であったブレジネフ書記長は、赤軍の軍務を普及させればソビエト人民の結束を作り出せると信じた」（＊3）。ルーズベルトやブレジネフのような偉大な世界的指導者が自国の多民族的な状況に対処するために選んだ道は、軍隊に注目して兵役制を利用し、国民的・国家的一体感を植え付けることだったのです。

クレブスはさらにこう続けています。「軍隊を、社会的価値観を表し、伝達するための重要な機関とみなす考えの源は古代ギリシアにある」。そして、それは二〇世紀初めによくみられた考え方であり、欧州では世界的な通念になっており、また第二次世界大戦後の十数年の間に独立したアジア、アフリカの国々では、「軍隊が、社会の亀裂によって引き裂かれた国家の綻びを修復する役割を果たした」。

しかし、イスラエルの人種のるつぼ政策に関していえば、軍隊の力を借りて国の統一を図り、社会的・人種的な相違をなくそうとする考え方はまもなく放棄されました。とはいえ、イスラエルに根強く残ったものは、イスラエル軍が活動する条件下での自然の成り行きでした。つまり、政策は失敗しても、自然の状況が功を奏したのです。

国全体に広がる社会的絆

兵役義務が終わっても、そこで芽生え、育まれた兵士たちの絆のストーリーに終わりはありません。兵役期間中に醸成された社会的絆は、その後も予備役として軍隊に戻るため、二〇年間にわたって年ごとに強化されていきます。予備役のもつ最大のパワーは、予備役としての実際の機能以上に、社会的絆を強化することにあるのです。

予備役としての経験（毎年、仕事や個人生活その他、これまで従事していたことを中断して軍服姿に戻るということ）は、イスラエル人の経験の中に深く浸透しており、彼らが二〇代前半で初めて経験した「一体化」を絶えず思い起こさせるものなのです。

イスラエルの大半の政策と同様、予備役も必要性から生まれたものです。建国以来イスラエルは、兵士たちの献身ぶりとモチベーションの高さにもかかわらず人数が少ないというアンバランスに常に悩まされてきました。イスラエルは、国防上のニーズと課題に応える常備軍を持つだけの余裕がまったくなかったのです。

ルイス・ウィリアムズがその著書『イスラエル国防軍――国民軍』（*The Israel Defense Forces: A People's Army*）の中で述べているところによれば、「軍隊が国民のあらゆる層を対象としているがゆえに、また予備役は各個人が最初に離隊する前から各自の軍務に応じて編制されているがゆえに、軍隊はしばしば民間組織のピラミッド構造とは逆の構造になります。その結果、大学教授が自分の教え子の一人の指揮下に置かれたり、工場長が自分の一従業員の下に配属されたりするようなことが起こり、それがわかるのは彼らが予備役として集合したときなのです」（＊4）。

このように組織化された軍隊は疑いもなく、イスラエル社会の他の面でみられる階級および社会階層の境界線を曖昧にするのに大きく寄与しているばかりか、国は一つの家族であり、各自は他者の幸福に責任を負うのだといった国民意識の形成にも多大な貢献をしています。

軍は、状況に応じて醸成される受動的ながら強力な人間関係の範囲を超えて市民生活に関与しています。軍隊はさまざまな社会階層をつなぐ自然のプラットフォームであるのみならず、イスラエル社会で重要と思われる社会的課題を推進する上で積極的な役割を果たしているのです。ウィリアムズは一例をあげて、こう述べています。「独立戦争の後、イスラエル軍は、ドルーズ派、少数のチェルケシ人、それより少数のベドウィン人で主として構成された〝マイノリティ部隊〟(旅団300)を作りました。この部隊は今日に至るまで活動しており、そのメンバーは国境警備などで重要な役割を果たしています」

もう一つ例をあげると、兵士が最初の軍務期間中に受ける教育は、軍事上の目的を効果的に実行するのに必要とされる専門トレーニング以上のものです。兵士はほどなく民間人になるため、イスラエル軍は彼らが民間人としての生活を準備する役割をも担っているのです。したがって、新移民や恵まれないイスラエル人など軍隊としてはさほど重要とは思われない多くの人々が、ヘブライ語コースや高校卒業資格取得の支援など、軍が提供する便益を受けられるのです。

さらに通常の軍務期間中、兵士たちは、歴史、地理学、自然、イスラエルの国家と社会などの分野を中心とした一週間の教育セミナーに参加できます。イスラエルのヤド・バシェムにはホロコースト博物館やディアスポラ博物館とならんで、軍の教育部隊がいくつかあります。イスラエル軍はまた、軍事基地で教室の授業と仕事とを同時に教えることによって、恵まれない若者たちの支援活動も行っています。重要なのは、これらのプログラムは兵士を対象としたものではなく、イスラエル社会の弱者のためにあるということです。プログラム運用上のメリットは、軍にとってあるかないかの微々たるものに過ぎません。

実際、テルアビブ大学のモシェ・シェラーはこう述べています。「経済的に恵まれないために教育の機会を奪われている若者に対して、教育と訓練を施し、社会に溶け込むための民間スキルを身につけさせることを主たる目的としたプログラムを通じて、イスラエル軍は彼らに第二のチャンスを与えているのです」（＊5）

結局のところ、軍がイスラエルの社会領域に密接に関与しているのみならず、その逆でもあるのです。つまり、市民が非軍事作戦的な活動に参加しているのです。たとえば、多くのボランティア団体が資金を集め、防衛予算の範囲を超えたプログラムに積極的に参加しています。こうしてイスラエル兵士福祉協会は、資金を集めて兵士たちにスポーツ器具や文化的ニーズやプレゼントを提供するだけでなく、協会のボランティアは戦線にも出向いて兵士にケーキや果物を届けたり、必要であれば彼らのメッセージを家族に伝えたりもするのです。

イスラエルの軍隊はイスラエル人の生活に完全に編み込まれ、多くの点でイスラエル人の体験の不可欠な要素となっている事実を理解することが重要です。イスラエル人は軍と民の境界を絶えず越境しているようなものであり、この流動性を双方の領域で活用しているのです。

軍事資本、社会的ネットワーク、同窓会組織

イスラエルの軍とテクノロジー産業との関係を考える上で、テキサス大学社会学部の教授であるオリ・スウェッドとジョン・バトラーは「軍事資本」（＊6）という独特な言葉を提唱しています。この用語によって二人が言及しているのは、防衛施設といった物理的資産ではなく、人的資本（軍隊で習得した新たなスキル）と社会的資本（新たな社会的ネットワーク）と文化的資本（新たな社会規範と行動基準）の集合体です。

スウェッドとバトラーはその研究の中で、軍事資本はイスラエルのテクノロジー分野できわめて価値があり、実際に活用されていることを発見したのです。彼らの研究データによれば、テクノロジー分野で働く従業員の九〇％は軍隊経験者でした。さらに、軍隊経験のない人たちはテクノロジー産業に関係していないことも判明しています。また、ある関連統計によれば、「テクノロジー産業の給与所得者のうちでイスラエル系アラブ人はわずか三％にすぎません。兵役が免除されているユダヤ教の超正統派ハレーディーに至っては、その数字は二・四％です」。イスラエルの総人口は、この二つのグループだけで三〇％を占めています。彼らはイスラエル経済の大半の領域で活動しているにもかかわらず、「テクノロジー産業からはほとんど

締め出されている」と、スウェッドとバトラーは指摘しています。社会的諸問題を別にして、このデータは、軍役を経験した人間は経験しなかった人間に比べて明らかに有利であることを示しています。

軍隊経験者のこの特権的な地位は、いくつかの要因に起因しています。一つは、兵士が訓練中に習得して、軍役中に熟達する能力です。そして、おそらくはそれよりも重要なのが、兵役中に獲得する社会的な人脈です。人脈が広がれば広がるほど、「個人が所有する社会的資本も増える」と両教授は指摘しています。

軍役中に築かれた人脈はたいていたい維持され、しかも軍の文脈を超えて拡張します。たとえば、軍隊経験者によって設立された公共団体やフォーラムやグループは社会的なハブとして機能し、軍役中に形成された仲間意識を市民生活にまで広げています。これらのネットワークは軍隊経験者が社会に復帰するのを支援する上で重要です。ほとんどの国では、軍隊経験者の市民生活への復帰と就職斡旋は難題となっています。民間組織と軍隊の関係についてのラファエラ・ディ・シエナの研究によれば、米国では軍隊経験者がホームレスとなる事態が生じており、対策が急務とのことです。

イスラエルでは、米国とは異なっています。軍役経験はメリットであると考えられ、軍役中および軍役後に作られた人脈は社会復帰の発射台として機能するのです。スウェッドとバトラーによれば、「イスラエルの人口の七〇%以上が軍役は人脈形成に貢献していると信じ、六八

％以上がイスラエルの軍役は雇用の機会を増大させていると信じているのです」。

このような社会的ネットワークはしばしば、同窓会といった形で組織化されています。たとえば部隊の価値観やレガシーの宣伝に努めたり、軍隊経験者の社会復帰と就職斡旋を支援したり、海外旅行中のイスラエル人にボランティアを奨励したりする組織団体（「命のための戦闘員」）などがあります。

しかし、これらの同窓会組織のうちで最も組織化され、最も影響力を持っているのは、おそらく８２００部隊同窓会です。この８２００部隊の名は、この部隊の卒業生たちがイスラエルのテクノロジー業界とベンチャーキャピタル業界で活躍して名を上げることにより注目されるようになりました。他の軍隊経験者と比較して、８２００部隊の卒業生は自らの軍事資本を民間で活用して大成功を収めているのです。

８２００部隊同窓会は一九八九年に設立され、他のほとんどの部隊の同窓会の場合と同様、設立当初の目的は部隊のレガシーを維持発展させることにありました。今では、会員数は一万六〇〇〇人以上に達し、イスラエル社会の数多くの分野で活動しています。

８２００部隊同窓会の物語は、変容の物語です。それはイスラエル産業界のリーダーであり変革のスペシャリストであるニール・レンパートによって始まったのです。

現在、マー・グループ（Mer Group）のＣＥＯであるニールは、再建が必要な組織を立て直すエキスパートです。マー・グループの前は、イスラエルのテレビ放送局チャンネル10

(Channel 10)のCEOでした。そこで彼は、数多くの危機を見抜いて局に多大な貢献をしました。それ以前はイスラエルのマルチチャンネル会社イエス社(Yes)の副CEOを務め、かつてイスラエルのイエローページとして知られていたザップ・グループ(Zap Group)のCEOも一〇年ほど務めました。ニールはこの会社をプリント媒体からデジタル媒体へと転換、その立て直しにおよそ七年を費やしました。変革のエキスパートが一社の立て直しに七年も要したことに皮肉を感ずる向きもあるかもしれません。しかしよく見ると、最初に彼が仕事に取りかかったときの会社と、その一〇年後に彼が去ったときの会社とでは、見違えるほど違っていたのです。

俊敏性は別にして、忠誠心はニールの最も傑出した資質です。彼はイスラエル軍に二二年間人生を捧げ、8200部隊の中でさまざまな任務に就き、最後は大佐で退役しました。しかし、彼の8200部隊への愛着心に終わりはありません。今日、彼は8200部隊同窓会の会長を務め、イスラエル人に起業家精神のスキルと心構えを植え付け、奨励する活動計画に注力しています。

ニールは、8200部隊同窓会がその活動の幅を広げ始めた二〇〇六年に会長となりました。当時の模様を、彼はこう回想しています。「私たちは、部隊のレガシーを守るだけでなく、同窓会の人的ネットワークを拡充・強化して、もっと幅広い社会活動に役立てることに着手したのです」(*7)。同窓会の成功は、その会員数の伸びが証明しています。彼によれば、「同窓会創設当初の数百人から、会員数は今では数万人に拡大しました。数多くの活動やプロジェクトに積極的に参加するボランティアが大勢います」。

さらにニールはこう続けます。「世界観として、私たちは８２００部隊同窓会のネットワークの力を、その知識と経験を、そしていわゆるブランドとしての名前さえも活用しようと決めたのです。私たちはこのコンセプトと事象をどうしたらイスラエル社会全体に知らしめることができるかを考えました。今では運営中のプログラムは五つあり、多くの活動やプロジェクトに取り組んでいます。すべてのプログラムは、８２００部隊同窓会の会員だけでなく誰にでも開かれています。これらのプログラムは同窓会が管理運営してはいますが、同窓会員のみを対象としたものではありません。できるだけ多くの人たちを対象としているのです。実際、これらのプログラムの参加者の大多数は、同窓会員以外の人たちです」

「私たちの狙いは、いまだ構想段階にある新たな起業家に対して、起業のためのツールを提供することにあります。私たちはアイデアそのものには興味はなく、その人そのものに関心を向けています。実際に私たちがやることは、人と人を結びつけることです。講師にコンタクトしたり、過去の事例を紹介したり、同窓会のネットワークと外部社会との連携を図ったりすることです。そうすると、必ずしも８２００部隊の卒業生でない同窓会員も８２００部隊の卒業生とのつながりができて、新しいコミュニティが形成されるのです」

二〇一〇年、私は弁護士としてのキャリアを捨ててテクノロジー企業へと転身し、起業家としての人生を歩み始めました。最初に実行したのは、８２００部隊起業イノベーション支援プログラム（ＥＩＳＰ）で、これは８２００部隊同窓会のために私が設立したものです。このプログラムの目的は、初めて起業する起業家たちのために、そのバックグラウンドがどうであれ、８２００部隊同窓会のネットワークを活用してもらおうというものです。人材の審査選抜手法などの部隊の基本的価値観を基にして、私たちは最も有望な初期段階の起業家を特定し、彼らに８２００部隊のネットワークを提供し、彼らが仲間との新たなネットワークを作れるように動きました。現在、このプログラムを卒業したスタートアップ企業とテクノロジー企業は一〇〇を超え、８２００部隊起業イノベーション支援プログラムの同窓会ネットワークを立ち上げています。８２００部隊同窓会プロジェクトとして始まったものが、今や別の独立したネットワークに発展しているのです。

イスラエル社会全体を通じて、軍隊で形成された組織とネットワークのモデルが、民間分野でコピーされ応用されているケースが見られます。その一例が、ニールと８２００部隊同窓会が先頭に立って取り組んだ、アラブ人とドルーズ派の起業家を対象にしたプログラムです。ニールはこう述べています。「彼らは大きな二つの課題に直面しています。まず第一に、彼らのほとんどは辺境に住んでいること。第二に、彼らは少数民族であるということです。状況からみて、彼らは一般の社会的ネットワークから切り離されてしまっているのです。８２００部隊のネットワークについては言うまでもありません（彼らのほとんどはこの部隊に入っていません）。私たちは、彼らがテクノロジーのエコシステムに入り込めるように支援しているのです。現在検討中の『ハイブリッド』というプログラムは、経験豊かな起業家や企業と彼らが一緒になって、数ヵ月にわたって実際の事例を研究・検討するという一種のアクセラレーター・プログラムです。『８２００部隊ウーマン２ウーマン』というプログラムもあります。このプログラムでは、８２００部隊の卒業生であるおよそ三〇人の女性が、キャリアの重大な岐路に立っている若い女性たち（必ずしも８２００部隊の卒業生とは限りません）のメンターとして体系的に支援にあたっています」

８２００部隊同窓会は、イスラエルで一般的な草の根の活動の効果を示すすばらしい例と言えます。ニールはこう語っています。「同窓会には、決まった手続きなどありません。部下に命令を下す雇われマネジャーもいなければ、オフィスもありません。すべてはネット上でバーチャルに運営されています。会長としての私の役目は、物事を円滑に進め、すべてを調整し、同調させるオーケストラの指揮者のようなものです。私たちは、同窓会の基金が一〇〇％所定の行き先に渡ったことに誇りを感じています。同窓会の一から十までのありとあらゆることを、軍隊経験者が管理・運営しているのです」

第13章　マネジメントについて

ボスは誰？

個人もシステムも状況に順応せざるを得ない場合、その結果はポジティブなこともあり、ネガティブなこともあります。幸運にも、イスラエル軍では多くの状況の制約がポジティブで有力な結果を生み出し、やがてそれが一定の手順となり、最終的には軍全体の姿勢、文化、哲学に発展しています。軍が直面している最大の難題の一つは、人員不足です。前の章ですでに触れたように、軍のスタッフは三年から五年ごとに入れ替わります。したがって、上級の指揮官に頼ることは非常に難しいのです。米国の新兵募集や士官訓練システムを持ち込むのは、人口が少ないイスラエルでは不可能です。イスラエルのシステムは、何が可能で何が不可能かを見極めてできた結果であり、たまたまそれが実にうまく機能しているのです。

他国の軍隊と比較すると、イスラエル軍では職業軍人が占める上級ポジションはきわめて少ないのです。したがって、下士官の間は、新兵を含む新参者は毎年多様な任務を果たすために必要な訓練を受けなければなりません。これは士官の場合にも当てはまります。イスラエル軍では士官になる出世コースなどありません。ほとんどの士官は部隊内から昇進し、その後部隊に戻りますが、部隊内に年功序列なるものはありません。イスラエルの士官はみな、元々は一兵卒にすぎないのです。これは、軍にとって明らかにメリットです。つまり、軍としては最初にイスラエルの全住民を兵士として起用し、その後、昇進の梯子を上らせればいいわけです。

これは、イスラエル軍の別のユニークな一面、つまりフラットな階層構造の形成に役立っています。士官は通常、出身部隊に戻って、ともに徴兵され訓練を受けた兵士たちを指揮する地位に就くので、士官も兵士も指揮官に対し他国の軍隊でみられるような服従の態度で接することが難しいのです。彼らは指揮官としての士官を、仲間の一人としてよく知っているからです。

しかし、これは規律の妨げになるどころか、指揮官に対する敬意が生まれる文化を育てています。指揮官はこれまで兵士とともに訓練し、戦ってきているのです。そもそも指揮官は、その実績ゆえに士官であり続けてきているのです。ルイス・ウィリアムズはこう論じています。「すべての兵士は、一兵卒であれ、軍曹であれ、小隊長であれ、参謀総長であれ、出発点はみな同じであるがゆえに、そしてイスラエル軍は異なるバックグラウンドを持つ人々を一つにまとめることに長けているがゆえに、階級は技量と指揮能力の承認と見なされているにすぎません」。そして、こう付け加えています。「士官その他の階級の者たちはみな同じ制服を支給され、食べるものも同じです。前線部隊や野戦部隊の兵士は、士官と同じ食堂で食事をし、同じ兵舎で生活しているのです」
イスラエル軍のフラットな階層組織のもう一つの特徴は、責務を下級の兵士に任せるように機能しているということです。軍事史家のエドワード・ルトワックはこう説いています。「イスラエル軍では上級レベルの人間がかなり不足しています。このことは、命令を出す上級士官の数が少ないことを意味しています。上級士官の数が少なければ、下級の下士官たちの個人的な指導力がより重要なものとなります」（＊1）

マーケットに先んじる

「ベドウィン・ラブソング」は有名なイスラエルのバラードです。これは、テントを後にして砂漠の砂嵐に吹き飛ばされながら旅をする根っからの放浪者を歌ったものです。この美しい歌を聞くと、私は世界市民として開花している現在の新たな放浪者たちの姿が思い浮かびます。

一九七〇年、キリヤ・アナビムのキブツで生粋のイスラエル人の両親から生まれたナダフ・ザフリルは、二歳の頃から旅を経験しました。まず、彼の家族はキリヤ・アナビムのキブツからモシャブのキブツに移動しました。この両キブツは同じ農業協同体といっても、当時は文化的にかなり異なるものでした。彼の父親は酪農を営み、ナダフの人生に大きな影響を与えました。彼の子ども時代の思い出といえば、子牛に餌を与えたり、家族が所有するオレンジ畑に水をまいたりしている光景です。彼が初めての記憶として覚えているのは、急いでシェルターに駆け込んでいく光景で、その時、父親は軍服を身につけ、母親はシェルター内で唯一の情報源であったトランジスタ・ラジオをしっかりと手につかんでいました。第四次中東戦争のときのことです。

ナダフが七歳の時、彼の家族はドミニカ共和国に移住しました。そこで、父親はイスラエル外務省による発展途上国援助プログラムの一環として、酪農協同組合を組織しました。ナダフは人格形成期の三年間をアメリカンスクールで過ごします。家族は数年の間イスラエルに戻り、今度はエクアドルの首都キトに移住しました。そこで父親はソーセージ工場を経営。ナダフは一八歳の時にイスラエルに戻り、軍隊に入隊しました。

放浪者の生活は生やさしいものではありません。変化する環境に絶えず順応しなければならず、生涯の友と思っていた友人を、時とともにさまざまな事情によって失ってしまいます。ナダフは何度も一からやり直すことになりましたが、その恩恵は計り知れないほど大きいのです。ナダフの軍歴をここですべて明らかにすることはできません。知られているのは、彼が優秀なテクノロジー部隊を経て、パラシュート部隊から特殊作戦部隊へと移り、最終的には諜報局8200部隊に入隊し、そこでイスラエル軍サイバー司令部を創設。最後は准将としてその部を指揮したということです。専門知識豊かな職業人生と人脈網、そして上級役員になるのに必要な他のあらゆる要素を保持していく地道な努力は、簡単に習得できるスキルではありません。

ナダフが偉大な士官にして指導者、そしてユニークな起業家になれたのは、おそらくさまざまな人々が持つ異なる文化に適応するたびに、新たな課題を乗り越えて自らを変容させていったからでしょう。

起業家としてのナダフの偉業は、二〇一三年に共同で創設したシンクタンク兼ベンチャー創生企業であるチーム・エイト社（Team8）のCEOとしての役割です。この会社はビッグデータや機械学習（マシンラーニング）、サイバーセキュリティ分野が交差する難題にもっぱら取り組んでいます。サイバー攻撃に対するナダフの戦闘姿勢は、相手の機先を制するというものです。会社を立ち上げ、その発展を加速化するために全経営資源を投入し、市場に適合してその規模を拡大し、その上で次の会社を立ち上げる。常に革新することを心掛けよ、「常識」や「ベストプラクティス」をガイドラインにするな、自分の意見に固執するな、年に一度は攻撃側と防御側との果てしない学習戦争に勝利するよう自らを追い込め、というわけです。

それが事業を続け、マーケットに先んじる方法なのです。今日まで、チーム・エイト社は多くの会社を誕生させています。Illusive Networks, Claroty, Sygnia, Hysolate, Portshift などで、そのいずれもが有望なサイバーセキュリティ企業です。またチーム・エイト社は、MIT（マサチューセッツ工科大学）の教授や高等数学の世界的なパイオニアと共同でデュアリティ・テクノロジーズ社（Duality Technologies）を立ち上げ、現在はデータ駆動変換のセキュリティ問題に取り組んでいます。

ナダフはいくつかのサイバー関連企業の諮問委員を務め、ビジネスや教育、軍事分野におけるサイバーセキュリティに関する権威として知られています。

彼は、変化のスピードが加速化することに伴う複雑性によって、マネジメントのパラダイムも試練を受けざるをえないと指摘しています。旧来の階層的な指揮命令系統は失敗する運命にあり、もっと緩やかにつながったフラットで敏捷なモデルにとって変わらなければならない、というわけです。変化のスピードが速い世界では、本当の意味での進歩が一枚岩のマネジメントモデルでなされるなどと考えるのは馬鹿げています。

複雑性はテクノロジーの世界だけでなく、製造、マーケティング、販売の分野でも然りです。このような世界では、透明性のあるデータ収集と、常に代替案を考え、批判を歓迎する意思決定プロセスとを促進するシステムを構築することが必要です。ナダフはこう述べています。「実際のところ、軍隊の世界と今日のビジネスの世界では、階層などに時間をとる余裕などありません。いずれの世界も、階層構造にとらわれないコミュニケーションのチャネルを必要としています」（＊2）

イスラエル軍は確かに階層組織です。しかし、イスラエル軍が他の階層組織（軍事的なものであれ民間のものであれ）と違う点は、ナダフが示唆しているように、「イスラエル軍では、頭は常に体の各部分と相談し合っているということです。厳格な指揮命令系統はありますが、上層レベルと下層レベルとは切り離されていません。したがって、意思決定はフラットで分散的なプロセスなのです」。前にも触れたように、このアプローチでは、下層レベルであっても戦略的プランニングに参加、あるいは少なくともそれを認識しなければならないことを示しています。指揮命令系統の階段を上る時間的な余裕が常にあるとは限らないので、すべての兵士は戦略的プランニングといった大きな目標を理解し、その達成に向けて行動できるようにしなければならないのです。

ナダフはこう回想しています。「イスラエルの初代首相ベングリオンが述べたように、すべての兵士は自らを、あたかも参謀総長の笏《しゃく》を持つ者として考えなければならない。もちろん、そのような組織に問題がないわけではない。第一に、それは多くの混乱をもたらす。状況を思った通りにコントロールできない場合もある。要は、命令の必要性と迅速化の必要性とのバランスが問題なのだ。しかし、そのようなバランスは旧来の階層構造をもった組織ではけっして達成することはできないだろう」

ナダフは自分の軍隊体験を活用して、自らの会社組織を活性化しています。彼はこう述べています。「わが社は、企業創生のプラットフォームです。一方ではスタートアップ企業の機敏性を、他方では自社の綿密な調査能力を活力源としています。企業創生の手法は高度に体系化されたものであり、規律を必要とします。複雑な環境で繁栄するには、カオスと秩序の間を絶えず揺れ動いて対応する能力が欠かせません」。階層構造は時には必要であり、時には障害となります。私たちは時には自由を求め、時には指示を求めます。カオスは脆弱性を惹起し、秩序は進歩の妨げになります。ナダフは決然としてこう語っています。「最も独創的なイノベーションは、カオスの淵で生まれ、バラガン（混沌状態）の中で生じる柔軟な思考によって突き動かされ、展開していくものだと思っています」

まさにリーダーシップは、深みと構造、柔軟性と新鮮味をもってつくりあげる芸術活動というべきものです。ナダフはこう続けます。「たとえば、私とパートナーとの間には、もちろん上下関係というものはありません。このことは、各自がそれぞれの肩書、専門分野の知識、責任を受け持つという事実と何ら矛盾しません。重要なことは、経営責任が完全に共有され、透明性が確保され、各自がいかなる分野にも関与し貢献することです」

ナダフは世界中を旅しています。起業家や会社役員や数多くの聴衆に対して、今日の複雑な環境下でのレジリエンス（強靭さ）の涵養について説いているのです。彼の放浪の旅は、イスラエルのイノベーションの活力とテクノロジーの専門知識を、ビジネス、政治、医療、学術の各分野の世界的リーダーと結びつけるという確固たるビジョンと情熱に満ちています。世界的な大問題を解決するには、生まれた時から世界市民として住める「ビレッジが必要である」と彼は思っています。彼こそ、そのビレッジを率いるにふさわしい適任者でしょう。

イスラエルのオープン・ユニバーシティのヤギル・レビーは、軍隊であれ民間組織であれ、フラットな組織構造はマネジメントの階層の数を減らし、コストを削減することになると述べています。もっと重要なことは、「中央司令塔から部隊への、および部隊間での情報の流れが迅速化され、より詳細かつタイムリーな情報を活用しようとするインセンティブが生まれることです。このモデルなら、階層の下層レベルが主体性を発揮して、とくに想定外の事象に対して部隊がより迅速に対応できるようになります」（＊3）。

イスラエル軍がこれまで何十年もかけてやってきたことを、今や世界中の軍当局が支持し始めています。レビーが言うように、たとえばネットワーク中心の戦争ではフラットな階層構造が威力を発揮するのです。

フラットな階層構造のメリット

ビジネスの世界では、ナダフの会社の場合のように、フラットな組織構造では従業員と経営幹部との間に多くの階層がありません。各従業員は経営幹部に具申するために、多くのチャネルをたどる必要がないのです。上層部への報告の仕方を簡素化することによって、フラットな組織構造は他の組織モデルと比べてより多くの報告書を検討し、より迅速な意思決定ができるようになるのです。

また、フラットな組織構造モデルでは、従業員は自社の意思決定プロセスに積極的にかかわり、権限とモチベーションを持てるようになります。会社側からみれば、このモデルは創意に富んだ議論と多様な作戦を生み出し、さまざまな意見やアイデアを受け入れる寛容性を育むのに役立ちます。個々の従業員に権限を与え、中間管理職をある程度削減すれば、社内および社外の利害関係者からのフィードバックはより効果的かつ迅速に処理・解決されるのです。

フラットな階層組織に慎重な人は、階層は軍隊であれ企業であれ、業務の成功に不可欠なものと思い込んでいます。また、営業マンなど現場で働く従業員を、必要な業務内容やそのやり方を決める従業員よりもステータスが低いと思い込んでいます。つまり、実務に携わる従業員、現場で意思決定をし、顧客と会って日々厳しい営業活動をしている従業員は、その事業を指揮する幹部よりも能力が劣るとみなされているのです。しかし、これらの仮定は、たいていは見当違いです。今日の多くの成功企業はフラットな階層組織によって繁栄しているのが現実なのです。

その一つの例が、ウェブ開発会社のオートマチック社（Automattic）です。同社はワードプレス社（WordPress）の親会社で、世界のウェブサイトの約二〇％を占めています。オートマチック社の従業員はわずか数百人にすぎず、全員がリモートで仕事をしており、その経営組織はきわめて自律的でフラットです。Half-life や Portal をはじめ多くの人気ゲームを制作し、独占的なソフトウエアを保有するバルブ社（Valve）は、ボスがまったくいない会社として有名です。

さらにもう一つの例として、世界で最も成功した企業の一つ、W・L・ゴア社（W. L. Gore）があります。従業員数は一万人を超えますが、組織階層は、ＣＥＯ、最高幹部、その他すべての従業員の三層だけです。すべての意思決定は八～一二人からなるチームによって行われます。このチームが、人材の採用からプロジェクト関連の支払いに至るまで、すべて自主的に管理・運営しているのです。同社で民主的に選ばれたCEOのテリ・ケリーは「ハーバード・ビジネス・レビュー」誌のティム・カステレにこう語っています。旧来の指揮命令系統に代わって、「価値観を共有し、組織の全成功に当事者意識を感じる個々人とリーダーたちを信頼することのほうがはるかに良い。権限を与えられ、責任感を持った個々人は、一人の有力なリーダーとか官僚的な組織よりも、はるかに優れた監視役の役割を果たすと言えます」(＊4)。

37シグナル社(37signals)の共同創業者兼CEOのジェイソン・フリードは、「インク」誌の記事でこう述べています。「わが社はこれまでずっとフラットな組織だったし、事実、それがわが社の中核的価値の一つです。プログラマーは八人いますが、CTO(最高技術責任者)はいません。デザイナーは五人いますが、クリエイティブ・ディレクターはいません。顧客サポートチームには五人いますが、マネジャーはいません。実務をしない人を受け入れる余地などないのです」(＊5)。実際、軍事作戦であれマーケティング・キャンペーンであれ、重要なことは実務であり、達成すべき実際の目標なのです。

特に環境が絶えず急速に変化する場合、フラットな組織構造は効果を発揮します。共通の目標をめざして動く多くの自立的なチームでできた企業は、厳格な階層構造モデルよりも柔軟で、適応力に優れています。マーケティングの専門家であるクリスティ・ラコツィ・ビーバーは、フラットな組織は従業員間の協調とコミュニケーションを向上させるメリットがあると指摘して、こう付言しています。「当然のことながら、部署の数が少ないので、情報はよりスムーズに伝達されます。トップマネジメントは中間およびそれ以下のマネジメントと密接につながっているので、コミュニケーションはより効率的になります」（＊6）。コミュニケーションがよくなれば意思決定はより迅速に行われ、官僚的なプロセスの障害を取り除くことができます。さらに、「フラットな組織では、コミュニケーションがよくなるので、政策を実行に移しやすくなります」。そのためには透明性が必要であり、それがあってこそ組織の末端の従業員も会社のビジネスモデルを理解し、戦略的に考えることができるのです。

このようなアプローチを採用すれば、六日戦争と言われる一九六七年の第三次中東戦争の勝利と同様、大きな成果をあげることができるでしょう。文化や政治、経済、ビジネス、テクノロジーに関する著名なコラムニストであるパスカルエマニュエル・ゴブリーは、イスラエル軍はシナイ半島侵入の戦闘計画を事前には持っていなかったと指摘した上で、こう述べています。「重要な玄関口のエリ・アリシ市を奪った後、……イスラエル軍部隊ははるばるとスエズ運河へ進攻しました。これは誰かの命令によって行われたものではありません。当初の目的を堅持し前進し続けた現場の指揮官たちのイニシアティブによってもっぱら実行されたのです。彼らは中央司令塔からの指令を座して待ってはいませんでした」（＊7）

第14章

即興力と最適化を求めて

軍隊にようこそ！　入隊すると、ヘルメット、軍服、コンパス、救急箱、そしてもちろん銃などの標準装備品が支給されますが、あなただったらこれらを勝手に改造したりするでしょうか？　正当な理由があっての標準装備品なのだからと、勝手につくり変えたりしないのではないでしょうか？　一般のイスラエル人ならどうすると思いますか？

イスラエル兵が入隊した時から、軍服や武器などの装備品を絶えず自分用にカスタマイズするのは意外なことではありません。彼らはそれらをより良いものに改善するばかりではなく、自分独自のものに変えるのです。これはヘブライ語で「シフツル」shiftzur といい、「改造する、修理する、再装備する、改善する」ことを意味しています。実際には、それはある既存のものを自分のニーズや好みやスタイルに合わせて変更・改造することを指しています。

Shiftzur は、イスラエル軍ではごく普通に行われています。改造に長けた人物は、上官などからも称賛され、模倣されます。最もよく改造されるのは、ヘルメット、軍服、銃器などです。兵士たちが最初に改造に手をつけるのは弾丸カートリッジで、落ちないように銃器に紐で結び、湿気を防ぐためにそれを絶縁テープで包んで巻きつけるのです。

改造には士官の命令で実行される作戦上のものもありますが、その他はもっぱら他人に見せびらかすためになされます。つまり、兵士が自分の銃器や軍服をより格好よく、よりユニークで個性的なものに見せるためです。たとえば、兵士はよく自分の銃器に貼ったパッチに部隊の記章を縫い付けたりします。実際、部隊のタグは、ヘルメットや銃器、週末に家に持ち帰るバッグにいたるまで、兵士のすべての装備品に付いています。

このような現象は他の国の軍隊でも見られるかもしれませんが、一般的ではないですし、奨励されてもいないでしょう。その理由の一つは、たとえば米国の軍隊では装備品はきわめて品質が高く、ほとんど改良する必要がないということもあるでしょう。別の理由としては、ユニークであったり創造的であったりすることは、軍隊の価値観にそぐわないということもあるでしょう。ところがイスラエル軍では違います。兵士は入隊初日から装備品を自分用にカスタマイズすることを期待、奨励されているのです。なぜならそれは必要なことであり、自らを表現し、自分の部隊に対する誇りを表現する行為だからです。

部隊の中には、装備品の改造を目的とする専門部署まであります。特殊部隊を退役したノアム・シャロンの場合がその一例です。彼女はその特殊部隊で数名の兵士たちと裁縫場の任務に就き、部隊の戦闘兵たちの装備品を改造したり最適化するのを手伝う任務に就いていました。彼女はこう述べています。「改造は、装備品を特殊作戦に合わせるのを目的にして行うか、それとも個々の兵士とそのニーズに合わせて行うかのいずれかです」（＊1）。そしてこう続けています。

改造に対するニーズは通常、兵士自身からでてきます。仕事場にやってきて、たとえば自分のベストをちょっと改良してほしいというわけです。訪れる兵士はみな、自分のニーズや困っていることを私たちに説明します。直ちに改良するにはどうすればいいかとか、ニーズに合うようにするにはどうすればいいかなどを私たちに説明し、それに応じて私たちは彼らの装備品に手を加えます。もちろん、私たちが相手にするのは兵士たちだけではありません。部隊の士官らと、来るべき作戦や必要な装備品について打ち合わせをします。既存の装備品をカスタマイズするか、一から作るのかといった具合です。

この職務のすばらしい点は、私たちがそれぞれ自立して考え、行動することができるということです。私たちは一人で、購買リストの作成から納入業者との交渉まで、購買プロセス全体を取り仕切っていました。監督と付き添いはありましたが、総じて責任は私たち全員が負っていたのです。私たちは創造力と想像力を思う存分に発揮していました。これは、軍隊という組織の中で得た最もやりがいのある経験の一つでした。

驚くかもしれませんが、ノアムがこのポジションに就いたのは一九歳の時でした。デザインや製造、裁縫などの経験はほとんどなかったため、彼女は何もかも仕事をしながら習得したのです。

キャセイ・イノベーション（Cathay Innovation）のパートナーで、タイム・インベストメント・グループ（The Time Investment Group）の元マネージング・パートナー兼ＣＥＯであったウリ・ワインヘバーは、shiftzurのルーツはイスラエル文化、特にイスラエル軍に固有の即興性にあると示唆し、こう続けています。それは「イスラエル人の多様性の一例です。軍隊はある意味でイスラエルの社会と文化の縮図です。shiftzurはイスラエル文化の一断面です。実際、イスラエル人には、現状を観察したら直ちに順応し、その現状を変更改善する道を常に追求する国民的傾向があります。現状を拒否してより良いものを求めようとする、まさにイスラエル的なものなのです。それは変化のための変化ではなく、実際により良いものを作ろうとする国民性なのです。イスラエルでは改善はたいてい、即興で行われます」（＊2）。

ウリの経歴は、この哲学を体現しています。彼は自分の経歴は三つの軸から成り立っていると説明しています。彼は歩兵隊戦闘兵士としてスタートし、後に士官、やがて初代の司令官になりました。文字通り、予備役期間中に精鋭戦闘部隊の創設者になったのです。彼は部隊を指揮して多くの作戦や戦闘に参戦し、過去数年間は予備役として前線戦闘部隊の大佐として従軍しました。学者としてのウリは、科学、テクノロジー、社会の相互相関について研究しており、彼の博士論文はインターネット関連の対立や紛争に焦点を当て、それが新たなテクノロジーと革新的な製品を生み出すと指摘しています。彼によれば、「対立や紛争は改善とイノベーションの引き金」なのです。

一九九〇年代初め、イスラエルのテック・エコシステムにおけるウリのポジションは、プロダクト・マネジャーでした。イノベーション、創造的なソリューション、破壊的なテクノロジーに熱中した彼は、やがて製品担当副社長に昇進し、その後スタートアップ企業の創業者兼CEO、複数の投資会社のCEO、やがてベンチャーキャピタリストとなり、一〇社ほどのイスラエルの革新的なスタートアップ企業に投資をしています。投資先の多くは成功しており、有名な企業ばかりです。

ウリはこう述べています。「プロフェッショナルの中には、投資プロセスを技術の視点から考える人がいます。ほとんどのエンジニアがそうです。また、プロフェッショナルの中には、金融の視点から考える人もいます。多くは金融畑やMBAで育った人たちです。しかし、私はスタートアップ企業を問題解決の視点から見ています。私は戦闘司令官だったとき、毎日そうした視点から考えていました。テクノロジー系のスタートアップ企業に対しても、投資家として、そのような視点から考えています。学術研究にもこのアプローチを採用しています。私は現在とか将来の問題に取り組むにあたり、ユーザーの視点に立って課題をとらえ、限られた資源でクリエイティブかつ常識破りの意欲的な解決策を見つけだそうとするのを常としているのです」

ウリはさまざまな方法を活用して、常により良いものを求める環境の中にいることに満足しています。即興こそが最も効率的な戦略の一つなのです。彼はこう述べています。

「イスラエルは総体として、特にイスラエル軍は、即興的なプラットフォームからスタートしたのです。私たちの文化は即興で対応する特殊な能力（と必要性）を持ち合わせているのです。それは固定的な方法論とか手順といったものではなく、現場の現実に基づいて必要性から生じた考え方なのです。したがって、即興能力はイスラエル人の手続き上の側面というよりは、もはや文化なのです。すべての組織と同様、即興能力は必要性から生まれたのです」

Shiftzurはユーザーの必要性から生まれるものなので、草の根の現象と考えられています。ウリが説いているように、「装備やシステムや手順を改善することは、絶えざるボトムアップ（下意上達）のプロセスです。だからこそ、それは効率的で生産的なのです。ニーズと欲求は『マーケット』、つまりユーザー自身から生じるのです。その意味で、shiftzurはイスラエル軍の『製品市場適合プロセス』の一面を表しています」。さらに彼はこう付け加えています。「軍装備品は、ユーザーによって改造された後、〝製造業者〟に戻されて必要な修正や変更を加えられ、次のサイクルに向けて製品として再出荷されるのです」。ここでいう軍装備品という言葉は、最初の製品やサービス、方法論などを表す一種の比喩にすぎません。

ケーススタディ――イスラエル空軍（＊3）

イスラエル軍が追求する最適な「製品市場適合」においてもう一つの不可欠な要素は、失敗から学ぶという厳しい考え方です。このことは、イスラエル空軍（ＩＡＦ）の事例が如実に物語っています。

スティーブン・プレスフィールドは、六日戦争について触れた自著『ライオンの門』（*The Lion's Gate*）の中でこう述べています。「イスラエル空軍には、非情なほど率直に反省する文化があります。訓練が終わった日はその後に、飛行隊はブリーフィングルームに集まります。リーダーのランが正面で立ち上がると、その日に自分たちが犯したすべての過ちについて検討を始めます。若いパイロットが犯した過ちだけでなく、ラン自らが犯した過ちもです。ランは自己批判を恐れず、他の者たちにも同じように率直に話すよう促します。もし失敗してしまったら、それを認めて罰を受ければいいのです。自尊心は何の役にも立ちません。改善こそがすべてです」（＊4）

米軍での報告反省会は通常、軍事作戦が終わって一週間以内に開催されます。この間に、兵士は気力を回復し、考えをまとめられるというわけです。イスラエル軍の場合は通常、報告反省会を取り仕切るのは部隊長ですが、軍事作戦に参加していればすべての階級の兵士が参加することができます。一回の報告反省会に参加するグループメンバーの数は、だいたい一〇名程度です。

プレスフィールドによれば、米国の場合、報告者は「プレゼンテーションのトレーニングを受け、地域の情報源に詳しく、精神的ストレスとその対処方法に精通した人物」が受け持ちます。報告反省会を取り仕切る人物はスペシャリストとみなされており、おそらくは中立性を確保するために、部隊外から選ばれます。

イスラエル軍の、特に空軍の報告反省会の文化は、米軍のものとはまったく異なっています。まず、イスラエル軍の報告反省会を取り仕切るのは、実際に訓練や戦闘に関与した兵士たちです。時には部隊の指揮官も参加しますが、部隊外の「スペシャリスト」は関与せず、すべての教訓は部隊内で共有され、学習します。兵士たちは良くも悪くも自己批判を行う責任を負っており、また自分の過ちを精査・分析し、そこから学ぶ責務も負っているのです。米軍の場合とのもう一つの違いは、情報の守秘義務と開示性についての考え方です。米国陸軍の報告手順についての基本的な考え方は、その報告会資料からも明らかなように、「報告反省会で話し合われたことは外部には厳秘であり、後日再び兵士を悩ませるようなことがあってはならず……情報はスケープゴート探しをするのが目的ではなく、報告反省会で議論された情報は、指揮命令系統には回付されない」という具合です。

イスラエル軍では、報告反省会での結論を共有することは習慣となっています。結論を共有することは、兵士を侮辱したり、兵士を改めて苦しませたりするためのものではないのです。それどころか、もし重大な出来事が起こった場合、誰もが学べる機会が与えられるように他者と結論や成果を共有することが大事であると考えられているのです。

しかし、イスラエル軍の報告反省会の文化には、失敗から学ぶための効果的な方法という以外にもっと大きな意味があります。この文化を支えている哲学や姿勢は、即興と最適化という考えに深く根差しているのです。そのルーツと仕組みを真に理解するためには、イスラエル文化の内面からみるのがベストです。この文化のエッセンスを捉えているのは、何よりもヘブライ語の「ドゥグリ」dugriという言葉です。それは、物事を飾ることなくありのままに表現する、ということを意味しています。dugriとは、不愉快であっても、あるいは不愉快な時こそ、正直かつ適切に自らを表現することです。

Dugriはすべての報告反省会の中核にあります。その戦略とは、事実をしっかりと捉えて、それを参加者が理解しやすいように伝えることです。たとえば、期待したような結果が得られなかった日のことを想像してみてください。あなたは重要なプレゼンをしたけれども、期待した通りにはいかなかったとしましょう。プレゼンを終えてオフィスに戻ると、パートナーがこう訊ねます。「プレゼンはどうだった？」。それにあなたはどう答えるでしょうか？

多くの人は、「ひどかったよ」とか「あまり良くなかったよ」と、自らの感情を表現するでしょう。しかし、もし次のように自問したらどうでしょうか。「期待通りの成果を得るために、明日はどうしたら違ったやり方ができるだろうか?」。このシナリオでは「ひどかったよ」という答えは見当違いなものとなります。

イスラエル空軍の報告反省会のプロセスでは、次の三つの質問をして、出来事とその結果を分析します。「何が起こったのか?」、「どうして起こったのか?」、「次はどうしたら違ったやり方ができるのか?」

これらの質問は、報告反省会のプロセスを組み立てる上で役に立ちます。つまり、自分を責めるのではなく、学習体験として活用するのです。したがって、「プレゼンはひどかったよ」といった答えに囚われるのではなく、次のような言い方に変えるのです。「自分はそれほど明快ではなかったし、思ったように首尾一貫してはいなかった。午前二時に寝たので、大変疲れていた。最低七時間は眠らないといけないな」。でも、こうした文章の先頭に、依然として次の言葉を付け加えたくなるかもしれません。「ひどいもんだったよ」。このような言い方をすることで、精神的ストレスや悪い気分は解消されるかもしれませんが、しかし明日を変えることにはならないでしょう。dugri であることの最大のメリットは、感情面を排して、学べる教訓に真正面から向き合うことなのです。

こうした理由によって、イスラエル軍の報告反省会では、すべての参加者は主として事実に注目します。この報告プロセスについて初めて知った人は、次のような問答を展開するかもしれません。「何が起こったのか?」「うまくいかなかったよ」。「どうして?」「わからない」。

「次はどうしたら違ったやり方ができるのか?」「うまくやれよ」

おわかりのように、こうしたプロセスからは何の事実も行動も得られません。つまり、これらのやり取りではdugriになっていないために、感情のみが強調されて具体的な行動に結びつかず、結果としてこのプロセスからは何の行動事項も生まれないのです。

出来事を分析するにあたってもう一つ陥りやすい過ちは、自分の責任を棚上げして他のもののせいにすることです。たとえば、飛行機を着陸させようとしたパイロットが横風を受けて、滑走路を外れてしまったとしましょう。そのパイロットは事実を正しく説明できても、「なぜこんなことが起こったのか?」という問いに対して「横風があったから」と答えるかもしれません。このような答えは、パイロットが責任を回避しているのです。正しい答えは、「横風があって、経路を十分に修正できなかった」というものです。

出来事から学ぶ最善の方法は、同じ事実を考慮して、こう自問することです。「自分ならどうやって別のやり方をしただろうか?」。これは単純な教訓ですが、最も重要な教訓です。そうでなければ、常に責任を他に転嫁することになるでしょう。

よく犯す過ちとして最後にあげるのは、間違った教訓を学んでしまうことです。たとえば、自転車から落ちてしまったとしましょう。間違った教訓は「自分には自転車に乗るのは無理だ」、「自転車に乗るといつも落ちる。だから自転車には乗らないほうがいい」といったものです。これらの教訓は、うまくなろうという次に向けての行動の助けになりませんし、学習を途中で放棄させかねません。

いい経験則とは次のようなものです。「その教訓は目標を達成するのに役立つだろうか?」、「同じ事実から同じ教訓を学んでいる人が他にいるだろうか?」。たとえば、自分が自転車から落ちてしまうのは、走っている時に進行方向ではなく、前輪を見ているのが原因だとしましょう。そうした場合、私はこの教訓を他の誰かと共有することができるでしょうか。この場合、教訓は間違いなく次のようなものです。「常に前を見て、前輪を見たい時にはちらっと見て、すぐにまた目を道路へ向けること」

以上に述べたプロセスは、物事がうまくいかなかった場合のみならず、ポジティブな結果を得るためにも役立ちます。どうしてうまくいったのかと自問すれば、次にも利用できる行動項目のリストが作れます。これは士気を保つ上で重要であるだけではありません。一度成功したからといって次も成功するとは限らないのです。具体的な教訓を手に入れれば、目標達成に持続的に役立ち、他人の助けにもなるのです。

こういう理由から、イスラエル空軍のミッションは飛行士たちの報告反省会をもって終了するのです。あらゆる小隊にはすべての教訓を文書化する任を負った士官がおり、自分の隊や他の隊のパイロットのみならず組織全体のために文書を公表・共有するシステムが整備されています。イスラエル空軍には次のようなことわざがあります。「自らの過ちよりも、他人の過ちから学ぶほうが賢明だ」

自分の過ちだけでなく他人の過ちから学ぶことは、イスラエル空軍が直面しているような急速に変化する環境に適応する上で重要な戦略です。イスラエル空軍は大組織です。しかし、テクノロジー系のスタートアップ企業と同様、新たなチャレンジに常に立ち向かわなければならず、激務の中で常に教訓を学習する余裕などありません。これを達成するためには、隊のすべてのメンバーが問題に即座に対応して解決する準備を怠らず、同時に自分以外のポジティブかつネガティブな教訓を絶えず学び、共有していかなければならないのです。

自ら考え、行動すること

即興行動を、無秩序で無計画で達成未熟な行動とみなす人もいます。このような考え方は明らかに不当なものであり、正当化することはできません。即興行動には、極度に洗練されたスキルと迅速性、柔軟な考え方、知識とデータを統合する能力、その他多くの複雑な資質が必要なのです。

英語の improvise の語源はラテン語の動詞「計画する（provisus）」です。英語の improvised（ラテン語の improvises）は「計画してない、あるいは準備していない」という意味です。ヘブライ語でこれに該当する単語は「イルトゥル」iltur で、英語の「即刻の（immediate）」を意味する「レアルタル」le'altar に由来しています。英語の improvisation という言葉には不意を突かれるという意味合いがありますが、それと違ってヘブライ語には即興性、「今この瞬間を生きる」という意味合いがあります。

イスラエル人にとって即興行動は、あらゆる問題に対して迅速に対応し、効果的な解決策を見出す能力とみなされています。よくあることですが、イスラエルでは資源がなくなると即興的に行動します。すると人々は次第に資源に頼らなくなり、その結果、資源不足を感じなくなります。イスラエル人の心理状態からすると、iltur とは予期せぬ事態に突然対処しなければならないということではなくて、初めから計画というものに頼らず、今の瞬間を生きて順応することを意味しているのです。

芸術、特に演劇やジャズ演奏の分野においては、即興は、事前に計画しない、または計画できないような状況に対応するための協働作業にとって非常に重要なことです。編集者のジョージ・フーバーとウィリアム・グリックは、著書『組織の改編と再設計』(*Organizational Change and Redesign*)で次のように書いています。「即興者のグループは、事前の合意事項を最小限にとどめることで、その場その場の局所的な不具合や不備に対して各自が個々に調整して対応することができる能力を備えています。その結果、個人ではなし得ないことを集団で一致協力して達成することができるようになります。しかし同時に、グループの多種多様な能力ゆえに予期せぬ問題も多く発生するわけで、そのような問題に対して個人がそれぞれに対処する能力も合わせて身につくようになるのです」(＊5)

文脈、スキル、暗黙のコミュニケーション、これらはすべて、即興行動を達成するために必要な要素です。意思疎通能力がないと、役者たちは共通のゴールを見出せず、それを達成するのに必要なステップを調整することができません。同様に、スキルがないと、いかなる場合でも演技を期待できません。また文脈がなければ、まず状況を読むことができず、したがって適切な対応が何であるかを知ることができません。さらに、フーバーとグリックは、即興は迅速に起こることを強調して、こう語っています。「行動が即興的であればあるほど、作曲と演奏との、デザインと製作との、概念化と実行との時間差はより縮まります」

ある意味では、すべての人々が毎日、ほとんどすべての会話で即興を演じています。二〇世期の英国の哲学者ギルバート・ライルは、即興についての記事の中で次のように言っています。「即興演奏家は、ピンチだと思ったら、その一度限りのピンチに自らを順応させながら、同時に過去に学んだ教訓を応用する必要があります。その演奏家の対応には、過去に培ったいくらかのノウハウとその場しのぎのやり方がミックスされているに違いありません。予測できない問題や障害に直面したりチャンスに遭遇すると、自己を適応させることと、これまでに学んだ教訓やスキルを動員することとのせめぎ合いが起こるのです」（＊6）

米国の組織論学者カール・バイクが、優れた即興能力を持ったグループの特徴について、次の通りわかりやすく要約しています。

1 リアルタイムに行動するために、事前の計画やリハーサルをしないこと
2 内部資源および手元にある材料について十分に理解していること
3 青写真や情報がないことに慣れていること
4 余計な飾りを最小限にした組み立てを見つけ出すか、それを受け入れていること
5 ルーティンな事柄を見直して、そこから脱却すること
6 進行中の行動の流れを形容する有意義なテーマや片言、フレーズが豊富なこと
7 新奇性を出すため、過去の経験の一部を利用すること
8 ルーティンでないイベントに対処するスキルに自信をもっていること
9 即興的な行動にコミットする仲間、またその能力を備えた仲間をもつこと
10 他人の功績に注目し、それをもとに相互交流を確保して、互いに興味ある可能性を追求できること
11 他人が即興で行うペースとテンポを維持できること
12 現下の連携に集中し、過去の記憶や期待に惑わされないこと
13 組み立てよりもプロセスを優先し、それを快適に感じること（＊7）

まさにこれらの原則はイスラエル軍が体現し、その空軍が採用している手法であり、また演劇の世界にも見られ、スタートアップ企業や一般企業でも適応可能なものです。即興行動は文

化現象として、いかなる規模の企業でもメリットがあると思います。即興行動は利用可能なスキルであるばかりか、短期間で学ぶことができるものであるとも考えられます。これは、経験が行動や知識に対して系統的な変化をもたらすときに学習は生まれるという、すでに確立された考え方に基づくものです。

アン・マイナー、ポーラ・バソフ、クリスティン・ムアマンによる、組織の即興行動についてのフィールド調査によれば、過去の経験が知識と行動の変化の最も重要な要因であるとする学習形態と即興行動とは著しく対照的だと言います（*8）。さらに彼らは、あるグループが製品変更を意図して協同行動をとるときのように（一個人の手柄にはならない）、即興行動はチームのレベル、あるいは組織全体のレベルでこそ最も効果を発揮すると強調しています。

この種の即興行動の最も画期的な事例は、NASAによる一九七〇年の月面着陸です。当時、アポロ13号の搭乗員は幾多の困難を乗り越えなければなりませんでした。その一つが、月から帰還途中の宇宙船が大気圏に突入する際に見舞われる過熱現象でした。この問題を解決するため、エンジニアリング・チームはアルミニウム製の熱シールドを開発しました。それは外部からの過剰な熱を、放散・反射・吸収して処理するものでした。

おもしろいことに、この技術はまもなく一般家庭用の断熱材の基本的なツールとして活用されるようになりました。NASAの衛星は元々は一九六二年、米国とヨーロッパの人々がそれぞれのテレビ、ラジオ放送を受信、視聴する目的で作られたものでしたが、今や気象観測に利用されたり、GPS（全地球測位システム）のような高度なナビゲーションシステムによって貨物機や旅客機の位置を追跡したり、衛星情報をもとにしたロケーションコンポーネンツなどの先進兵器システムに活用されるなど、その応用例は枚挙にいとまがありません。蓄電、煙感知器、磁気共鳴画像、メガネコーティング、義肢など、すべて元々は特定の目的のために作られたわけですが、これらの技術は後に他の産業分野にも広く採用されています。

軍隊などのある分野での即興的なソリューションが他の分野の製品に転用された例は、イスラエルには数多くあります。たとえば、消化器疾患を発見する画像診断機器を製造販売する医療技術企業、ギブン・イメージング社。基本的には、その機器は嚥下可能なカプセル内視鏡、ピルカムズです。この小型内視鏡は現在、六〇ヵ国以上で販売されていますが、この会社の特筆すべき点は、その成功というよりもその生い立ちにあります。小型内視鏡のアイデアは、ガビ・イダンがラファエル・アドバンスト・ディフェンス・システムズ社（Rafael Advanced Defense Systems）のミサイル部門にいたときに閃いたのです。ラファエル社は、イスラエル軍および輸出用の武器や軍事品の開発・製造を担当するイスラエルの有名な防衛関連機器メーカーです。イダンはミサイル技術を研究していた時に、小型カプセル内視鏡を思いついたのでした。

もう一つの例はズィーキット社（Zeekit）です。同社はオンライン上で顧客がファッションアイテムを試着できるサービスを提供するアプリを開発しました。この会社は三二歳のヤエル・ビゼルが立ち上げました。彼女は、イスラエル空軍の電気通信将校コースと地上および航空通信クルーを指揮した最初の女性指揮官です。

開発の経緯はどうだったのでしょうか。ズィーキット社は、先進的な深層学習を利用した画像処理技術によって買い物客の身体の特徴を画像にして、ファッションアイテムが客の体や好みにどうフィットしているかが見えるアプリを開発したわけです。ビゼルは軍隊にいた時に、このアイデアを思いつきました。イスラエル空軍での諜報任務を受けて、ビゼルと彼女のチームは二次元写真を三次元画像に変換する軍事用システムを開発したのでした。

彼女は、このテクノロジーのアルゴリズムを他に転用できると確信し、人体のトポグラフィー画像を作成するアイデアを思いついたのでした。この類のイノベーションはイスラエルではごく一般的であり、それを支援するための組織も立ち上がっています。一九九三年、ラファエル社がイスラエルのハイテク産業の代表的企業であるエルロン・エレクトロニック・インダストリーズ社（Elron Electronic Industries）と手を組み、技術移転企業としてのラファエル・ディベロップメント・コーポレーション（Rafael Development Corporation）が誕生したのです。両社による合弁事業は大変にうまくいき、医療、公衆衛生、宇宙航空、通信をはじめ多くの分野で新たな技術が生まれています。

今日、イスラエルには一七の技術移転企業があります。これらの企業は、世界屈指の大学や研究所、病院などと提携関係にあります。しかし、民間企業、教育機関、それに軍隊との連携は技術の発明だけにとどまりません。ギブン・イメージング社のケースでは、手法や理論、思考法とコミュニケーション法の、異なる分野への移転が行われています。ミサイル技術が医療やその他の文脈において考えられるなど、本当にすばらしいことです。イスラエルの学際的な志向や考え方は、起業家や民間、軍に対して、それぞれが活用している技術をまったく違った文脈で、まったく違ったやり方で活用することを想像する能力を提供しているのです。

STAGE V

ソフトスキルを絶えず養う

RENEWAL

私たちはこれまで本書の旅を、ガラクタ広場での幼児の遊びから始め、幼年期、青年期、軍務期とイスラエル人の成長過程をたどってきました。これらの段階を観察すると、新規事業がアイデアの探求・発見からソリューションと市場の発見を経て、一定規模の効率的な企業組織の形成に至るまでの道のりを、より深く理解するのに役立ったことでしょう。

軍役から解放され、安定した企業から飛び出した若い人たちは、成長のさらなる機会、発掘すべき新天地を必要とします。さまざまなスキルを習得している彼らは、周囲の環境変化を見るにつけ、自らをつくり直す必要性を感じているのです。彼らの手元には自由に使える多くの資源があります。それは、人的ネットワーク、各自がそれぞれの領域で培ったノウハウと専門知識（これらはおそらく他の領域でも活用できるでしょう）などです。彼らはソフト面、ハード面を問わず、自らの地平線を広げ、自らの存在を拡大するのに適切な資源を手にしているのです。

自らをつくり直すのは、けっして簡単なことではありません。しかし、個人であれ企業であれ、あくまでも楽観的になり、自らの能力を信じなければなりません。そうすれば、新たな地平の開拓のためにルーティンの世界とコンフォート・ゾーン（安全圏）から抜け出して、新たな課題に取り組むことができるようになるのです。長期的に成功する人と一時的な成功で終わる人とを分かつものは、探究と挑戦とリスクをとる行動を継続していけるか否かにあるのです。

第15章 スキルとネットワークの活用

可能性のある新人を面接したり、スタートアップ企業の創業チームを投資目的で評価したりする際には、私はいつも彼らをびっくりさせてやります。彼らは、具体的な質問をされることには慣れています。たとえば、職務経歴や以前のポジション、具体的な実績、その関連データと評価基準などです。しかし、私はこれらとはまったく違ったことを話し合うために時間を使います。つまり、相手のソフトスキルを見るのです。

とはいうものの、相手に自らのソフトスキルについて説明を求めても、真っ当な答えを得るのは容易ではありません。そこで、私は巧妙にならざるをえません。相手がかかわった重要な業務などにスポットを当て、実際の事実ではなくその業務のプロセスについて相手に話をさせるのです。つまり、相手の過去のポジションについて尋ねるのではなく、「前の仕事ではどんな役割だったのですか?」と私は質問します。その役割についての相手の説明は、相手の対処法を見抜く手がかりを与えてくれるからです。

すると、「私はCFO(最高財務責任者)でした」という答えではなく、「私は門番でした」

といった答えが返ってくるかもしれません。そこで私は、ちょっと子どものように「どうして？」と聞くわけです。ここからより意味深い答えが現れはじめます。「CEOはリスクをとる立場なので、私は彼とバランスをとる必要があったんです」。なるほど。この答えによって、相手は自分の役割の重要な要素として、この種の機能を考えていたことがわかります。あるいは相手はこう言うかもしれません。「CFOはどんな会社でも門番でなければならないから、欠かすことができない職務なんです」

この回答から、それは相手が抱いている仮定、思い込みであることがわかります。相手は、不必要な思い込みから自らを解放するだけの精神の柔軟性を持っているでしょうか？　この種の質問に対する答えは、組織における個人の将来の成功を予測するにあたって、通常の評価基準よりもはるかに有効なのです。

企業や諸機関は全体として、この点をもちろん認識しています。過去数十年とは違って、ソフトスキルに対する重要性は年を追うごとに高まっています。世界経済フォーラムの「職業の将来」レポートでは、「今日の雇用市場と求められるスキルは、一〇年前どころか五年前の状況とさえきわめて異なっており、変化の速度は加速化している」(＊1)と指摘し、さらにこう述べています。実際、「ほとんどの職業で必要とされたこれまでの中核的スキルの三分の一以上は、二〇二〇年までには、今日ではまだ重要とは見なされていないスキルによって占められていると思われる。概して、説得力や心の知能指数、教える技術などの社会的スキルは、プログラミングや機器の操作と制御といった狭い技術的スキルよりも、産業界全体を通じてその必要性が高まるであろう」

しかしこの指摘は、テクノロジー産業の求職者は、たとえば数学の知識やプログラミングの経験が期待されていないと言っているわけではありません。もっぱら特殊なスキル、あるいはきわめて特殊な領域に限定して使われるスキルだけでは、もはや通用しないということを意味しているのです。特定の仕事を実行する上で必要な一技術を持つよりも、さまざまなスキルを素早くかつ効率的に獲得して創造的に活用できる認識能力を持つほうが賢明なのです。ある意味で、私たちはロボットのような仕事をする段階から、多くのことをなしうる高度なスキルを備えた計算システムへと進化していると言えなくもないのです。

ネットワークでつながる

私がかつて働いていたスタートアップ企業のモドゥ社が、多大な期待を集めながら突然倒産してしまった話を思い出してください。同社は優秀なシリアルアントレプレナー、ドブ・モランによって設立されました。彼の経験と人的ネットワークは、主としてフラッシュメモリ業界にありました。一方、彼が新たに立ち上げたベンチャー企業であるモドゥ社は電気通信業界に属していました。モランは、以前はイスラエル海軍のエンジニアでした。彼は最初、最高技術責任者（CTO）と研究開発（R&D）担当副社長を雇いました。電気通信分野での自分の人脈が狭いと認識していた彼は、より広範な人的ネットワークを持つ役員二人を意識的に採用したのです。偶然にも、この二人はいずれもイスラエルの電気通信分野における研究開発人材の供給源である8200部隊の同窓生でした。

彼の戦略は功を奏しました。数ヵ月以内にモドゥ社は一〇〇人ほどのソフトウエア、ハードウエア関係のエンジニアと専門家を採用し、雇用したのです。彼らの多くはすでに顔見知りであり、以前軍隊で一緒だったこともあって入社研修も順調に進み、きわめて大きな効果を上げました。彼らは協同して仕事をする仕方がわかっていたのです。モランの人脈、そしてCTOとR&D副社長の人脈によって、イスラエル産業史上最高のチームが出来上がったのです。

しかし最終的には、モドゥ社はビジネスとしては失敗しました。でも、そこから新たな人的ネットワークが生まれました。そのメンバーは会社が閉鎖されて九年後の今も、イスラエル国内と海外で活躍しています。彼らは時には共同で多くのスタートアップ企業やベンチャー企業を創設し、何億ドルもの富を生み出しました。最近ドブに会ったのは、イスラエルの週の始まりである金曜日の朝でしたが、過去三〇年以上にもわたって彼は、毎週金曜日には自分のビジネスとは直接関係のないミーティングを少なくとも五件こなしてきました。単純に計算すれば、三〇年間、毎金曜日の朝に平均五件のミーティング。少なくとも毎年三〇週とすると、彼はこれまでほぼ五〇〇〇人と会っていることになります。この金曜ミーティングから、彼の人的ネットワークが系統的に育っていったのです。彼はまた、面白い人たちと会う機会にも恵まれました。彼は私にこう言いました。「金曜ミーティングが僕には楽しみなんだ。いろんな案件や提案にかかわっているさまざまな人に会うのは楽しいよ。彼らはアイデアを示して、僕にアドバイスを求めるんだ」（＊2）

ドブはこのようなミーティングを行い、多くの人の相談に乗り、支援をしても、相手から提示される金銭や株式などの報酬は一切受け取りません。彼は微笑みながらこう語っています。「ミーティングは、実際のところ僕にとって大変有益なんだ。報酬を受け取ってしまったら、興味がないことに深入りしてしまうと思うよ。報酬を受け取らなければ相手はウィン、自分もウィンだ。これが良き人生を送る法則だよ」

ドブと身近で仕事をしてきた私には、「人が第一」という彼の信念、モドゥ社の中核的価値は、彼にとっての人生観なのだと断言できます。

ドブや本書で紹介した他の人たちの話から言えることは、発明の才は人との連携から生まれるということです。イスラエル人は、自分一人だけではほとんど仕事をしません。彼らは子どもの頃から人的ネットワークを育みます。それは革新的なアイデアを考え出すときに重要だからです。同じように重要なのが、新しいアイデアによってビジネスを成功に導こうとする場合に人的ネットワークが持つ価値です。どれほど簡単かつ迅速に投資家やビジネスパートナーを確保したり、従業員を採用したり、必要な資源を獲得したりできるかは、人的ネットワーク次第です。ネットワークはまた、新しいビジネスを始める場合によく見られるように、実績がなかったり、それゆえにその事業への支持を他から得られなかったりしている状況をカバーしてくれます。イスラエル人にとって幸運なことは、民間や政府の、また教育や企業の諸機関がすべてこれらのネットワークの構築に力を入れ、若い起業家と熟達した起業家に対して、自らの起業家世界での人的コネクションと関係を拡大・深化するように支援していることです。

先に触れたイスラエル軍同窓会の場合のように、このネットワークから、全産業で初期段階にある新起業家を支援する8200部隊EISPのようなプログラムが誕生したのです。その他、ユニークなソリューションを求める特殊なネットワークもあります。たとえば、カマテック（KamaTeck）は超正統派のユダヤ人をイスラエルのハイテク産業の労働市場に送り込むことを推進するプログラムです。また、ハイブリッド（Hybrid）はイスラエルのアラブ人、ドルーズ派、ベドウィン族の起業家たちによる初期段階のベンチャーを支援するプログラムです。いずれのプログラムも、マイノリティの起業家たちを対象にした人的ネットワークです。他にも、たとえばワイツマン科学研究所学生起業クラブ（WISe）のように、アカデミックなネットワークから生まれたプログラムもあります。同プログラムは、同窓生たちが学生に対して、スタートアップ・ベンチャーを立ち上げ、成長させる上で必要な知識やスキルを提供するものです。

しかしほとんどの場合、イスラエルのネットワークは自然に形成されていきます。イスラエル人は学校でも、青年運動や軍隊でも、海外などでもつながっているのです。彼らの社会的な接触範囲に限りはありません。彼らは、他人のために自分の人的コネクションを進んで提供する傾向があります。相手の人的ネットワークに入れてもらうこと、つまり何か頼みごとをお願いしようとしている場合、相手が知っているかもしれない別の相手の連絡先を尋ねる前に、相手と懇《ねんご》ろな間柄をつくる必要などありません。イスラエル人は、自分の知っている誰とでも他人が付き合うことに大歓迎なのです。

誰もがネットワークに頼っているので、イスラエル人は積極的にネットワークに参加し、それを拡大しようとします。社会的サークルは、必ずしも親密な友好関係を維持することが目的ではなく、個人的に知っているか否かに関係なく、できるだけ多くの人と知り合いになり、誰とでも連絡が取れるようにすることにあるのです。

結局、イスラエル人のネットワークは、強力な共有体験がベースとなっています。たとえば軍隊では、部隊で形成された友情はきわめて強いので、たとえ関係が一時途絶えても、壊れずに依然として有効なのです。イスラエルでは、会う人はみんな何らかの形でつながっています。まったく知らない人同士でも、バンコクの同じホテルに宿泊したとか、軍服姿でヘルモン山の凍てつく冬を耐えたとか、同じ青年運動に属していたとか、あるいは同じストリートで育ったとか、とにかくどこかでつながっているのです。これらの共通項をベースに、エチケットや厳格な社会的道徳を超えて強力なコネクションが形成されているのです。だからといって、イスラエル人が、世界中の起業家が活用しているネットワーク作りのイベントやその他のツールの上をいっていると言いたいわけではありません。イスラエル人は自分たちの間で、ネットワークを構築し活用するユニークな方法を持っていることを指摘したいのです。

個人の付き合いは？

イスラエル人が互いにつながっていることのもう一つの根拠は、人々がバーチャルでのみならず、物理的にも強くつながっていることと関係しています。テルアビブ市内のロスチャイルド大通りの一角でミーティングをセットした時はいつでも、私はその場に行くのに実際にかかる時間の倍の余裕をとります。大通りを少し歩くだけで、投資家やスタートアップ起業家、会社役員や幼なじみの友人など、顔なじみの人たちに挨拶するため何度となく立ち止まることになるのは間違いないからです。

イスラエル人が行列して並んでいると、その行列はたいてい整然としたものではなく、塊りのようになっておしゃべりを始めるのは必至です。混み合ったレストランではお互いの話にくちばしを入れたり、病院の待合室では個人的な、時には相手にとっては余計なお世話と思われる質問をしたりします。街ではすれ違った見ず知らずの相手が立ち止まって、あなたの子どもには重ね着をさせるべきだと忠告したり、ついでに、自分の孫が同じ歳だから明日公園で会おうなどと言ってきたりします。投資家や多国籍企業、テクノロジー企業が入っている高層ビルでのミーティングに向かうエレベーターの中では、おそらくこんな会話が交わされていることでしょう。

「ここの誰と会うんですか?」

あなたがそれに答えると、相手はこう提案するかもしれません。

「それなら、あの人にも会ったほうがいいですよ。彼は投資家としてうってつけですよ」

イスラエル人たちが普段の生活で親密なのは、人と人との交流という人間的なニーズを間違いなく満たしてくれるからです。このニーズは人との実際の接触が乏しい地域や国々では見過ごされているものです。人と人との交流はイスラエル人の生き方にとって不可欠なものであり、だからこそ彼らは海外にいてさえもあらゆる方法で人的ネットワークを求め、維持しようとするのです。

第16章

世界を舞台に

紛争が絶えない中東の小国イスラエルは、まるで巨人たちの間を歩いているようなものです。イスラエルは政治的にも地理的にも西欧諸国から孤立し、近隣諸国との実り豊かな経済的・政治的関係を形成・構築することを拒否されています。それにもかかわらず、建国以来わずか七〇年の間に、今日の国際的なビジネス世界で最も重要なプレーヤーに成長してきました。この成果の大部分は、他の諸地域のことを体験して学ぶというイスラエル人の飽くなき欲望によってもたらされたものです。

イスラエル人は海外へ頻繁に、それも長期間にわたり旅行します。二〇一五年だけで、二八万五〇〇〇人のイスラエル人が一ヵ月から三ヵ月の間、自国を離れ、二五万四〇〇〇人にのぼる人たちが三ヵ月から一年間、海外に行っています。同年のイスラエル人海外旅行者は合計三一〇万人、そのうち一二〇万人は複数回にわたって海外に出国しています。登録出国者総数は五九〇万人でした。

出国者は若者だけではありません。出国者の年齢の中央値は四〇歳です。つまり、若者だけでなく高齢者も旅行熱に感染し、旅行にハマっているのです。二〇一五年時点のイスラエルの人口は八三八万人、その三七％が毎年海外に出かけているわけです。ちなみに米国の人口は三億二一四〇万人、そのうち海外旅行者は二〇一五年に七三〇〇万人で、全人口の二三％にも満たないのです。

国連統計局では、国際的長期移住者を「少なくとも一年のうちの一定期間、通常の居住地のある国とは別の国に移動する人」と定義しています（＊1）。イスラエル中央人口登録局によれば、二〇〇九年現在、イスラエルから他国に移住したイスラエル人は五四万二〇〇〇人から五七万二〇〇〇人の間です。この数字は、今後増え続けていくとみて間違いないと思います。

移民は多くの国で政治問題となっています。移民問題に対処しなければならない点ではイスラエルも例外ではありません。イスラエル人の海外移住者の数は、シリア難民やフランス人の比ではありません（ちなみにカナダのモントリオールへのフランス人移住者数は約七万人です）。しかしもちろん、イスラエルを他の諸国と数だけで比べることはできません。要は、海外移住の否定という社会的圧力があるにもかかわらず、人口規模に比して多くのイスラエル人が海外での生活体験を求めるという際立った特徴を持っているということなのです。

ビッグトリップ

イスラエルの国際空港でよく見られる光景は、南米やインドや中国行きの搭乗手続きで列をなし、大きな荷物を抱え、バックパックを背にして、目を輝かせて搭乗を待っている若者たちの集団です。彼らは搭乗を待つ間、荷物の上で居眠りもしないほど興奮しています。彼らには、やがて手にする数多くのチャンスが待っていることでしょう。ほどなく、彼らはネパールの山岳地帯を疲労困憊しながら旅し、その後おそらくバス乗り場で何時間も待つことになるでしょうが、空腹ではあるものの日焼けした顔は幸福感であふれ、自由を満喫していることでしょう。

兵役を経験した後、イスラエルの若い男女はたいてい長期旅行をします。行き先は通常は極東か南米で、そこで彼らは各地の文化と自然を旅し、探検し、他の旅行者と出会ったりします。これが、グレートジャーニー（すばらしい旅）として知られるビッグトリップです。バー・イラン大学心理学部のシュムエル・シュルマン博士はこれらの旅のデータを収集して分析した結果、この旅の期間は二ヵ月から一年続くことを突き止めました。博士はこう述べています。「若者たちが行きたくなる『必見』目的地リストはあるにはありますが、彼らの旅程はたいてい柔軟で、一箇所に長期間、たとえば何週間、何ヵ月間と滞在することがあります。旅行中の体験には、異国情緒のある目的地の訪問だけでなく、危険な難所のトレッキングやバンジージ

ャンプなど向こう見ずな行動もあります」（＊2）

彼らの目的地の五二％はアジア、一五％は南米、一二％は中米、一一％はアフリカ、八％はオーストラリアあるいはニュージーランドで、米国あるいはヨーロッパはわずか二％に過ぎません。

旅行費用は、平均三万から五万シェケル（米ドル換算で約八五〇〇ドルから一万四〇〇〇ドル）です。若者は少なくとも丸一年働いて（通常はサービス産業のウェイター）旅行資金を貯め、それをすべてバックパック旅行に注ぎ込みます。これを常軌を逸していると見る向きもあるかもしれませんが、若者は経済的な安定よりも冒険を選択するというのが本当のところなのです。

シュルマン博士は、ビッグトリップはイスラエルの若者に、本国では体験できない何か、つまり「本国の家族と文化から離れた未知の体験」を提供するものだと指摘しています。この新たな舞台で、イスラエルの若者は自分の能力や強み、弱みや限界、関心事を自分で評価するようになるわけです。博士は続けてこう述べています。「このような観点から、ビッグトリップの旅は、個人の成長を目指して自らを試し、鍛え、経験を重ねる場として考えられます。さらに、国を離れることによって、若者は自分の属する社会をこれまでとは違った視野から、あるいは幅広い視野から理解できるようになり、自らの社会に戻るにしても、従来とは違った『一家言』をもって戻ってくるのです」

遊牧民（ノマド）は多くの文化圏で比喩としてよく使われています。遊牧民は単独の旅行者と想像するかもしれませんが、イスラエル人の遊牧民は複数で旅するか、あるいは旅の途中のさまざまな休憩地点で出会う仲間に合流していく傾向があります。この目的のために、イスラエル人にターゲットとされている有名な目的地もあるくらいです。大半のイスラエル人は、「離島をたった一人でバックパッカー旅行する」のを自慢せず、「港で会った他の数人のイスラエル人とバックパッカー旅行をする」ことに誇りを覚えるのです。

ビッグトリップは人生の特殊な通過儀礼です。社会の年長者が定めたルールである伝統的な儀礼とは異なり、イスラエル人の長期旅行は仲間たちによって計画され、サポートされます。とはいえ、ビッグトリップは多くの点で他の伝統的な儀礼と似ています。たとえば、家族および社会から長期間にわたり隔絶されること、苦難など強烈な個人的体験、自己認識の高揚などです。

ビッグトリップから戻ると、若者のほとんどは学業に就くか、両親のもとを離れるか、異性と真剣な付き合いを始めるなど新たな挑戦に乗り出します。シャレム・センターが行った調査によると、ビックトリップ参加者の半数以上はこの長期旅行を、学業の選択に大変役立ったとか、少なからぬ影響を与えたと評価しています。年齢二一歳から三五歳までの調査参加者五〇〇人のうち、六三・二％は修士課程へ、そのうちのかなりが博士課程に進んでいます。四六％はビッグトリップ中か、帰った後すぐに専攻科目を決め、一三％は以前に決めていた学業の進路を変更したと答えています。たとえば、調査に協力したモラン・デケルは現在、ヘブライ大学で経営管理と東アジア研究を学んでいます。彼女によれば、この分野に興味を持ったのは中国へのビッグトリップと大いに関係していて、そこで中国語と中国文化について体験したからだとのことです。

ビッグトリップのもつ個人的なメリットとは別に、この伝統の中で、大義に貢献する可能性を見出す人もいます。ギリ・コーヘンは、特殊戦闘部隊での八年間の軍役を終えた後、多くの同期生と同じように妻と一緒にタイを探検することにしました（彼らの一歳半の娘はコーヘンの義理の母親にあずけました）。タイから戻っていつまでも彼の心に残っていたのは、タイでのある一夜の出来事です。その日、タイ在住のイスラエル人一三五〇人ほどが地元のハバドハウスで行われる金曜礼拝への参加を求めて騒いでいました。

コーヘンは、このパワーを活用すれば真のイスラエルを世界に示す機会になるかもしれないと思いました。エルサレム・ポスト紙のハーブ・ケイノン記者とのインタビューで、コーヘンは妻にこう語ったと回想しています。「海外に医師団を派遣する『国境なき医師団』のように、イスラエル軍を除隊した退役軍人たちに海外へ行ってもらえれば、イスラエルのメリットになり、同時に地元民に対して善行を施せるようなものがつくれるかもしれない。そう思ったから、イスラエルに戻って取り組むことにしたんだ」（＊3）

イスラエル軍の二人の同僚ヤイル・アティアスおよびボアズ・マルキエリと共に、コーヘンはビッグトリップの一環として世界の貧困地域を旅するイスラエル人のバックパッカー集団を活用することを思い立ったのです。コーヘンはさらにこう語っています。「バックパッカーたちを〝愛国的な〟人道支援活動を行う人々を支えるインフラ基盤として活用することにしました。私たちは何か違ったこと、イスラエル人によるユニークなスタートアップ活動をしたかったのです」

仲間の三人で開設したフェイスブックは、「命のための戦闘員」(FFL、Fighters for Life)と名付けられました。彼らは、ペルーのリマとかネパールのカトマンズといったよく知られた目的地に直接出かけるのではなく、旅する国々の一つで数週間、ボランティア活動をすることにしたのです。彼らはブログを書いて、インドへの派遣団への参加を呼びかけました。すると、わずか三日で一五人の応募があり、一週間で四五人の申し込みがあったのです。

今日、FFLのフェイスブックのページには一万一〇〇〇人以上のフォロワーがいます。インドでのボランティア活動派遣団の三五の地点の一つには、現在五五〇人が申し込んでいます。いったん目的地――それがムンバイ、ブエノスアイレス、ゴンダール、メキシコシティなどこであれ――に到着すると、派遣団はたいてい辺境地域のみすぼらしい学校でボランティア活動をし、英語や数学、それにダンスや個人衛生、護身術などを教えます。

このプログラムのユニークな面は、まずFFLにとって大変コスト効率が良いことです。なぜなら、参加する若者はすでに旅行費用を自分で払っているからです。FFLは二週間半の部屋と食事を用意するだけです。つまり、ムンバイ近隣の荒廃した地域にきわめてモチベーションの高いイスラエル人の若者三五人の派遣団を送るコストは、総計一一〇〇ドルほどなのです。現在では毎年、一〇の人道支援派遣団が世界の四〇〇〇人を超える子どもたちを支援するために、アルゼンチンやグアテマラ、ペルー、カトマンズ、ムンバイ、ウガンダなどに派遣されています。

ビッグトリップの目的と期待について質問されると、若者は自由を満喫するためとか、他人を気にしないですむからといった返事をします。彼らが通常計画しているのは国を離れることであり、具体的な計画や旅程などは意図的に白紙としているのです。一〇年にわたる教育システム、その後の数年間の軍役から解放されて、イスラエルの若者は二〇代の初期・中期において、初めてこのような自由を体験する機会を手にするわけです。

しかし、ビッグトリップの内容の大半は、肉体的な試練とチャレンジの克服を目的にしています。具体的には、トレッキングはすべての旅行者にとって「必須」と考えられています。トレッキングは数日から数週間に及びます。たいていは高度の高い山路や狭い小道を危険を冒して苦労してハイキングします。よく知られた例としては、ネパールのアンナプルナ一周トレッキング、ペルーのマチュピチュの有名なインカトレイル・トレッキング、それにチリのトーレス・デル・パイネのトレッキングなどがあります。きわめて危険なルートを、オートバイを借りて、それも往々にして無免許で、見知らぬ国を横断しながら旅するケースもあります。通常、こうした活動は究極の体験をしたい場合や高リスクの行動に没頭したい場合になされます。

軍隊でとてつもない肉体的、精神的な苦難を体験し、それから解放されたばかりのこれら若い旅行者たちは、いったいなぜ、このような過酷な体験に身を委ねようとするのでしょうか？彼らの動機を理解するには、まずヘブライ語の「ダブカ」davkaという言葉の意味を明らかにしなければなりません。この単語には二通りの意味があります。一つは、意図的に無礼で無思慮、もっぱら人に迷惑な行動をとることを指しています。たとえば、安息日にラジオの音楽を聴きながら静かな近所をドライブする場合は、普通なら車の窓を閉めるでしょう。車の窓を開けて音楽を鳴り響かせるのはdavkaな行為です。davkaのもう一つの意味はより個人的なものであり、攻撃的で有害な響きはまったくありません。それは、他人には理解できないような理由で何事かをする場合に見られる行動です。たとえば、リスクを冒してまでエベレストに登るのはなぜかとか、心臓に病気があるのになぜマラソンをするのかといった場合です。私たちは、体験し、肌で感じ、「やった！」と言いたいからそれを行うわけです。

イスラエルの若い旅行者が自らをこのような状況に追い込む場合、それはとてつもない困難を乗り越え、打ち勝ってこそ得られる彼らのプライドに関わるdavkaな行為なのです。以前に触れたガラクタ広場での幼児の向こう見ずな行動を、スリルを求める大人のスケールに拡大して考えてみてください。イスラエル人が自らの身をこうした状況に置くのは、意図的か否かにかかわらず、自らの力量を試す究極の冒険を求めるからです。それこそがプライドの源泉になるのです。外部の人には理解しがたいかもしれませんが、リスクに満ちた馬鹿げた行動を成し遂げようとする人にとっては、その行動の動機はきわめて明快なのです。

ビッグトリップを成し遂げたイスラエル人の中には、悟りの感覚を体験したと報告する人もいます。彼らは自らの人生、願望、能力を、そして自ら望んでいたライフスタイル、自らの国とその文化のあり方を、これまでとは違った視点からとらえて帰国するのです。ビッグトリップから帰国したある旅行者の言葉の中に、こういうのがありました。「ビッグトリップであなたは開眼する」

結局、世間は狭い

私は兵役を終えて大学生活を始めるまで、三ヵ月間のブランクがありました。私は8200部隊の女友達のアイナトと、メキシコに六週間旅をすることにしました。二人だけです。途中立ち寄る場所を数ヵ所決めただけで、胸はずませて冒険の旅に出ました。海外旅行をする多くのイスラエル人と同様、私たちもメキシコの片田舎の小さなホステルに入ると、先に来ていた他のイスラエル人から挨拶を受けたことが何度かありました。

ビッグトリップに出かける大半のイスラエル人と同様、私とアイナトは出発前、家族からできるだけ遠く離れたところへ行きたいと語り合いましたが、思ってもみなかった場所で他のイスラエル人から声をかけられるのは常に大歓迎でした。私たちは頼りになりそうなイスラエル人たちと知り合い、故郷から離れた場所で故郷のような感じを味わいました。この旅で私が最も不快だった思い出は、プラヤ・ジポライトと呼ばれるさびれたビーチに滞在していた時にかかったひどいウイルス性の腹痛です。三日間何も口にすることができず、高熱と腹痛に悩まされてマットレスに横たわっていました。友達のアイナトだけでなく、ビーチにいたイスラエル人のグループも看病してくれました。彼らは私たちの以前からの知り合いではなく、アイナトがゲストハウスのオーナーに私のことを話しているのを聞いて、直ちに援助を申し出てくれたのです。彼らは三日間交代で私に付き添い、一秒たりとも私のところから離れませんでした。

イスラエル人のバックパッカーは常に、同じイスラエル人から離れようとする傾向がありますが、しかし同時にまた、互いに似たような旅のルートを取る傾向があります。彼らの旅程はよく似ていて、他のイスラエル人の仲間と一緒にいたり、あるいはイスラエル人を積極的に探したりすることがよくあります。彼らは多くの時間をイスラエル人の仲間として過ごすわけです。彼らは過去に何千人もの他のイスラエル人が泊まった同じ宿泊所で眠ります。そして、イスラエル人が経営するレストランとか、あるいは主としてイスラエル人のバックパッカー向けにイスラエル料理を呼びものにして、ヘブライ語のメニューまで用意してケイタリングをするレストランで食事をするのです。最後には、彼らはイスラエル大使館や領事館を訪ね、家族との緊密な関係を保持するために、イスラエルからの手紙や小包、新聞を受け取るのです。

ビッグトリップから故郷に戻ると、イスラエル人たちはお互いに、他のイスラエル人が敢行したあの冒険をしようとか、新たな地域を征服しようとか、次のチャレンジへと駆り立てられます。世界を、特に発展途上国を観察してきたことは、イスラエルでは社会的資本と見なされます。それは同じ体験をした他の人たちと自分とを結びつけるものなのです。新しい人と出会ってお互いの人生と将来の計画について語り合う時、イスラエル人は相手に対して、どの場所へ行ったかとか、どこでトレッキングをしたかなどと尋ねるのです。

海外のイスラエル人

イスラエル人は、ビッグトリップにとどまらず、学問を追求し、自らのキャリアの向上を目指して海外で冒険しています。ビッグトリップの場合と同じように、母国を離れて職業人としての成長を追求するイスラエル人たちは、イスラエル人のネットワークを頼りにします。国を離れても、イスラエル国民が培ってきた共同体とか社会的ネットワークを失うことはありません。むしろ海外に出ると、イスラエル人は自分たちの人間関係をさらに強化・発展させ、自らのネットワークを広げ、両者を最大限に活用するのです。

たとえば、ICON（イスラエル共同ネットワーク）はシリコンバレーに拠点を置く非営利組織で、イスラエルの起業家と、米国の投資家や会社役員、影響力のある大物とを結びつける役割を果たしています。この組織は基本的に、シリコンバレーでの資金調達や事業活動に関心のあるイスラエル人をターゲットとして、彼らと地域コミュニティとを結びつける活動をしているのです。そのため、案内書、グループミーティング、プラットフォームといった形式で情報や支援・アドバイスを提供し、ICONの会員たち（イスラエルのテクノロジー企業の創業者、シリコンバレーのテック・コミュニティとそのリーダー）の間の交流と協働を促進することを狙っています。

ICONを率いているのはヤスミン・ルカツ。彼女は生まれながらのビジネスウーマンで、ICONのエグゼクティブ・ディレクターです。空軍作戦将校としての軍務を終えて、彼女のビジネスでのキャリアは離陸しました。まず、テルアビブ・ポートのイベント主催者として出発し、その後テルアビブ大学で会計学と経済学および法律の学位を取得し、それからスタンフォード大学でMBAを取得しました。そしてアーネスト・ヤング会計事務所に就職し、やがてイスラエルで最も人気のある新聞の一つであるイスラエル・ハヨム紙（フリーペーパーの全国紙）を立ち上げ、その取締役会長を務めました。

ヤスミンは現在、シリコンバレーに家族とともに住んでいますが、ICONの最も有名なプログラムの一つ、SV101の審査のためにイスラエルへ頻繁に出かけます。このユニークな新兵訓練所ともいうべきものは、起業家養成のためのトレーニング・プログラムで、シリコンバレーで成功するのに不可欠なツールを備えたスタートアップ企業一〇社の創業者たちを講師陣にしています。その目標は三つあります。シリコンバレーの視点から実際のフィードバックを得ること、シリコンバレーのメカニズムについてよく理解すること、そして、当然のこととして、シリコンバレーで専門的なネットワークを培い、それを活用することです。数百人の応募者の中から、ヤスミンの支援およびＩＣＯＮとSV101を通じて、毎年一〇社のスタートアップ企業がシリコンバレーの起業家社会の仲間入りを果たしています。

ヤスミンによれば、一人でベンチャーを興すのは、特にシリコンバレーでは起業家がけっしてしてはならないことです。彼女はこう語っています。「イスラエルでは、投資資金や良いアドバイスを求める起業家は、自分が持っているあらゆる人脈を活用しようとします。ここ何年も話したことがない軍隊時代の友人とか、弟の大学時代のルームメイトとか、元のガールフレンドの叔父などです。でも、シリコンバレーに到着すると、軍隊時代の友人もかつてのルームメイトもいません。第一印象を良くするのに失敗は許されません。ＩＣＯＮの価値が際立っているのはこの点にあります。つまり、何年もかけて構築してきた人間関係と人的コネクション、そして蓄積してきた経験は、すべての起業家が欲しがっている支援ネットワークでありセーフティネット（安全網）なのです。イスラエル人は、ＩＣＯＮに故郷を感じているのです。それは、耳に心地よくなくても正直なアドバイスが得られる場であり、見返りを求められずに必要な支援が得られる場なのです」（＊4）

最も強力なネットワークや企業というものは通常、ある問題に対して不満を抱き、何か対策を講じようと決意する人間から生まれます。この好例が、女性起業家を対象にしたウィアクト社（WeAct）の創設者ダリヤ・ヘニグ・シャキドです。

ダリヤが二〇一五年にシリコンバレーに移ったとき、彼女は一人で未知の世界に飛び込んだ印象でしたが、それはわずかの間のことでした。やがて彼女はスタートアップ団体の全メンバー二〇〇人以上のイスラエル人と知り合いになり、これは思いがけず手にした「起業家の財宝」だと気づきました。

起業家となる以前のダリヤはイスラエル軍広報部の将校として勤務し、そこでイスラエルの元首相エフード・バラクを知る機会を得、後にバラクをはじめ他の首相のコンサルタントになりました。政治の世界での短いキャリアを終え、バー・イラン大学で法律学修士の学位を得た後、サハラ砂漠以南のアフリカを対象とした国際的な投資会社バイタル・キャピタル（Vital Capital）に就職しました。二〇一五年、彼女はテクノロジー関連の投資家である夫のアヤル・シャキドと共に、シリコンバレーに移住することを決意しました。

ダリヤが起業家となったのは、個人的な欲望からというよりも、ある問題を解決しようという思いからでした。彼女はイスラエルの起業家たち、特に大西洋の対岸に移ることに不安を感じていた女性起業家たちと会合を重ねていました。ダリヤは彼女たちに同情を覚えました。現在のイスラエルでのネットワークを捨ててシリコンバレーの異質な集団に入り込むのは元々困難である上に、女性にとってはなおさら難しいことがダリヤには理解できたからです。というのも、シリコンバレーへの移動は彼女たちにとって、女性差別という問題を依然として抱えているマイノリティになることとさえ意味していたからです。

そこでダリヤは、女性起業家たちが相互に交流して共同体を形成する場、シリコンバレーのホームとして、二〇一六年にウィアクト社を創設したのです。二〇一八年、彼女は女性が投資業界に参入して必要な変革をトップダウンで生み出すのを支援する別のベンチャーも立ち上げました。三人の子持ちのダリヤは、シリコンバレーの最も傑出した女性起業家の一人として、今でも相変わらずあらゆる規範と性差の境界を破る戦いを続けています。

二〇一六年一一月、ウィアクトの最初のシリコンバレー派遣団として、イスラエルの主要な女性創業者二〇人が選ばれ、派遣されました。彼女たちにとって、ウィアクトとその一団は強力なネットワークとなりました。シリコンバレーにおいて、新たなソフトウエアを推薦したり、国際的ネットワークや経験を拡張したりするほか、文化的・性的偏見の問題、キャリアアドバイス、投資関連問題などで支援をする上でも、このネットワークは力を発揮したのです。ダリヤは、これはウィアクトの予見しえなかった最も強力な副産物だと思っています。

ダリヤはこう述べています。「ウィアクトのイスラエル側は、このうえなく強力です。すべての国がこのような組織を持つべきだと思います。イスラエルの女性起業家のほとんどは、働く母親たちによって生まれました。私の考えでは、フェミニストの彼女たちはイスラエル軍でさまざまな任務に就いており、そのほとんどは士官でした。専門的なトレーニングの有無に関係なく、彼女たちは学校では伝統にとらわれない科目を専攻し、職業では『オフィスには女性が一人しかいない』ような仕事をしてきました。私たちは社会階層に関係なく率直に自分の考えを述べるように育てられ、厳しい環境に置かれても辛抱強く実行する方法を学んできたのだと思っています。常に仮定や憶測に挑戦し、すべての人のためにあらゆることの改善に努めようとするイスラエル文化のこうした要素はすべて、まさに起業家的な人生観なのです。それはネットワークという形をとって、影響力を増幅させているのです」(＊5)

ダリヤの女性起業家に向けた活動は、官民を問わずテクノロジー分野のイスラエル女性を対象にした他のいくつかのプログラムによって強化されています。最近の調査によれば(＊6)、イスラエルのスタートアップ企業のうち女性起業家によるものはわずか八%にすぎません。この率は西欧諸国とほとんど違いがありません。イスラエルの女性が男性と同じように軍役に服している事実からすると、この数字は低いように思われるのは当然かもしれません。

二〇一九年の二月、イスラエル政府イノベーション庁の委員会は、スタートアップ段階にある女性主導のベンチャー企業への支援強化を企図したプログラムの立ち上げを承認しました。この決定は、性的偏向を減らし、イスラエルのイノベーション・エコシステムにおける女性起業家を増やす上での重要なステップであり、二年以内に同庁支援の女性起業家の数を二倍にすることを目標にしています。

もう一つの強力なネットワークの好例は、ニューヨークにあるイスラエルのスタートアップ企業群とその周辺に作られた共同体です。このすばらしい現象に初めて気づき、考え抜いてできたプロジェクトが「イスラエル・マップト・イン・ニューヨーク」（Israeli Mapped in NY）、その発案者はガイ・フランクリンです。

ガイは一〇代の頃、軍務に就くことを思い描きながら、軍の放送局であるアーミー・ラジオ、別名ガラッツのアナウンサーになりたいと思っていました。しかしそれは叶わず、建築家を志望し、それにも失敗すると、結局テルアビブ大学で法律と会計を学びました。その後、アーネスト・ヤング会計事務所に職を得て、スタートアップ企業相手の会計士兼コンサルタントになりました。二〇一二年にアーネスト・ヤングのニューヨーク本社へ転勤となり、その時、彼は起業家になるように運命づけられていることに気づいたのです。

ガイはスタートアップ企業のコンサルタントとしての仕事を続け、ニューヨークのスタートアップ企業の世界に深く関与すればするほどイスラエル人と会う機会が多くなりました。ニューヨークでのイスラエル人の存在が不思議なほど大きいことに気づいた彼は、好奇心から、ニューヨークにおけるイスラエル人のスタートアップ企業のマップをつくり始めたのです。

彼が予想したとおり、イスラエル人はスタートアップ市場にあふれていました。二〇一三年、ガイは、ニューヨークにはイスラエル系のスタートアップ企業が一〇〇社以上あり、その数は増え続け、数年で三五〇社を超えてイスラエルがニューヨークへの最大のスタートアップ事業の輸出国となることに気づいたのです。マップ上でスタートアップ企業の数の広がりを見れば、この現象の重要性は一目瞭然でした。しかし、ある一つのことがまだ欠けていました。コネクティビティ、連携です。

ガイが作成したマップは、スタートアップ企業だけではなく、投資家や政府の役人、企業やタレント、メディア、サービスプロバイダー、イベント主催者らの注目を集めました。ニューヨークにいるイスラエル人は互いに顔見知りになると、自然に連絡を取り合うようになりました。それからまもなく、このプラットフォームをベースにして、一つの完璧なエコシステムが形成され始めたのです。

ガイは、今ではSOSA NYCのジェネラル・マネジャーです。SOSA NYCは、企業、起業家、投資家、利害関係者が連携するイノベーション・ハブです。彼はこう語っています。

「すべてはここにある。あとは利用するだけだ」

ここに挙げたICON、ウィアクト、イスラエル・マップト・イン・ニューヨークは、ほんの一例に過ぎません。これらと似たネットワークが世界中に数多く広がっています。これらすべてに共通するのは、イスラエル人のテクノロジーとイノベーションへの関心、そしてそれを前向きに活用しようとする願望、つまり他のコミュニティのメンバーの繁栄を支援しようとする思いです。しかし、イスラエル人のコミュニティを形成するのは、なにもテクノロジーや起業家の世界だけに限りません。海外のイスラエル人に対して情報交換や人的ネットワークの機会を提供したり、国際社会へのスムーズな適応を支援したりするプラットフォームや、オンライン上の、あるいはリアルのコミュニティやハブなどの組織も多数あります。

海外に出かけたり移住したりするイスラエル人は、旅行者情報、求職情報や就業規則、ビジネス界で他のイスラエル人や非イスラエル人と知り合う方法などの情報を、簡単かつ迅速に収集することができます。ビッグトリップの場合と同様、国外でビジネスを行うイスラエル人はイスラエル式の生活法を貫いているのです。すなわち、たとえ故郷から七千マイル離れていようと、イスラエル人は緊密に結びついたコミュニティを求め、創り出しているのです。

第17章 どうにかなるさ

イスラエルのテクノロジー分野は過去三〇年、年を追うごとに強靭なものとなり、ある程度イスラエル経済を牽引してきました。大まかに言えば、この二〇年間、GDPに占める輸出シェアは平均して約三六％となり、同時期の輸入シェアは平均して約三五％に達しました。米国のナスダック市場に上場しているイスラエル企業の数は、米国、中国に次いで第三位。二〇一七年の海外からの直接投資は全産業分野で約一九〇億米ドルに達し、史上最高でした。二〇一四年の海外からの投資額六七億ドルに比べると驚くほどの伸びです。

実際、海外投資と国際貿易の両面において、イスラエルはきわめて好条件を備えています。関税は低く、国内の規制も緩和されているため、国際貿易を促進する上で有益です。イスラエルの貿易上の規制を緩和して市場開放を進める改革は段階的に行われています。国際基準の採用（国際基準に基づく新基準）は法律によって促進され、最近決議された法案では既存のイスラエルの基準と国際基準との一体化を求めています。さらに、イスラエルは国際的な経済共同体が定めた基準の遵守を受け入れています。マーストリヒト条約とワシントン・コンセンサスのガイドラインにしたがって自国の財政金融政策を打ち立て、重要な通貨改革を制度化することによって、イスラエル通貨シェケルを取引可能な通貨としています。

海外投資家を呼び込むのに必要なインフラストラクチャーの構築に加えて、政府は外国資本による投資や事業を奨励するために、補助金や優遇税制、さらには研究開発や賃金など諸経費の補塡や相殺といった免除措置も提供しています。こうした努力によって、外国投資家や企業による投資や事業の誘致を積極的に推進し、成果をあげてきたのです。

一九九八年から二〇一二年にかけて、イスラエルのテクノロジー産業は年平均で九％伸びました。これはGDPの二倍以上の成長率です。二〇一五年には二三五五のスタートアップ企業が二万六〇〇〇人以上の人材を雇用しています（二〇一四年より三五％増）。二〇一〇年から二〇一五年の間に誕生した二七七五社のうち四二〇社（一五％）が二〇一五年までに閉鎖されていますが、この数字は世界平均よりきわめて低いのです。

米国の労働統計局および中小企業局によれば、起業後二年以内に失敗し倒産する企業の割合は三三％です。存続企業は一貫して五〇〜六〇％で、この失敗率三三％という数字は非常に高く、リスク許容度が低いのです。このように世界のスタートアップ企業の中心地である米国では失敗率が高いわけですが、イスラエルで毎年開業するスタートアップ企業数は倒産企業数を上回っています。

二〇一〇年から二〇一四年にかけて、イスラエルのスタートアップ企業数は年平均四・四％

で伸びています。しかし二〇一四年以来、新規スタートアップ企業数は、年平均六％の率で落ちています。イスラエル統計庁の記録では、この数字は下降傾向を示していますが、二〇一六年のテクノロジー分野の雇用者数は二〇一五年に比べて七％増加し、雇用者の平均賃金も六％上昇しています。

二〇一七年には、イスラエルのスタートアップ企業は全体で五五億ドルのベンチャーキャピタル資金を調達しました。この額は過去三年間と比べて五〇％増になります。二〇一八年には、イスラエルのハイテク企業は五二三件の取引で六四億ドルの資金を調達し、六年連続の伸びで記録を更新しました。二〇一八年の資金調達額は二〇一七年を一七％上回り、二〇一三年と比べると実に一二〇％もの伸びを記録したのです。

何年にもわたるテクノロジー分野の繁栄のおかげで、イスラエルの人口一人あたりのスタートアップ企業数は、シリコンバレーを除けば世界の他のどの国よりも多いのです。

イスラエルのスタートアップ企業は、その規模に比例して米国のスタートアップ企業のほぼ二倍の資金を調達し、はるか以前より欧州や中国を圧倒してきました。また、近年のイスラエルでは海外投資家の数がきわめて増えてきており、革新的なスタートアップ企業への投資を狙う複数のベンチャーキャピタル・ファンドが組成・設立されています。代表例は、ディスラプティブVC（Disruptive VC）、TLVパートナーズ（TLV Partners）、83ノース（83North）、アレフ（Aleph）などです。さらにイスラエルは、研究開発投資（その大半は政府ではなく民間によるもの）の面でも世界をリードしています。

ユージン・カンデルはイスラエル国家経済評議会元議長で首相の前経済アドバイザー、現在はイスラエルのイノベーション・エコシステムと世界中の政府や企業、投資家との連携を図る非営利組織であるスタートアップ・ネイション・セントラル（Start-Up Nation Central）のCEOを務めています。カンデルは、イスラエル経済の主たる比較優位性は、世界が今後ますます直面するであろうさまざまな問題に対して、革新的技術による解決策を提供する能力にあると信じています。彼によれば、これらの問題はイスラエルが一〇〇年にわたって取り組んできたものであり、従来の方法では完全には解決できない類の問題だというのです。イスラエル人はもっぱら試行錯誤の積み重ねによって解決法を工夫してきたのであり、時間をかけて市民に水や食料、エネルギーや医療を提供し、繁栄を築いてきたのです。

スタートアップ・ネイション・セントラルの役割は、イスラエルのエコシステムに関して情報を収集・提供したり、参加者間の交流を図るものですが、この役割を担っているのはなにもこの組織ばかりではありません。政府その他の組織も人的コネクションの形成やデータの収集、提供、国の規制への対処や支援などに懸命に取り組んでいます。私自身、ほぼ毎日のように外国の要人や大企業の役員、新興国の投資家やテクノロジー起業家、ビジネススクールの学生など、イスラエルを訪れる派遣団に対してプレゼンテーションをしたり、話し合いをしたりしています。彼らは一様にイスラエルのテック・エコシステムの何たるかを理解することに関心を持っていますが、より重要なことはそこから何を学ぶかなのです。

何事も完璧ということはない

実際、イスラエルのテック・エコシステムは、世界中の起業家精神のハブとして多くの点で模範となる成功例ですが、それでも完璧には程遠いのです。最も重要なことの一つは——人によってはそれをチャンスと受け取るかもしれませんが——人的資本における多様性の欠如です。

イマド・テルハミはキリスト教の家庭に生まれましたが、キリスト教はハイファ地区のイスフィアのドルーズ派の村ではマイノリティで、そのドルーズ派もイスラエル全体ではマイノリティです。

イマドは父親の世界観の影響を受けて、マイノリティであることを強みと考えるようになりました。父親は思いがけず人を教えることに興味を抱くようになり、医療を勉強するためにレバノンに行ったのですが、一九四八年に独立戦争が勃発して村に戻りました。やがて、村の子どもたちの教育の現状、彼らの教育不足を見て、村の若者を教育して正しい人生を歩ませることを支援するのが自分の使命だと考えるようになったのです。彼の教育は愛を軸にしたもので、金銭は重要ではありませんでした。子どもの家族が本を買ったり、遠足の費用を出す余裕がなかったりした時には、彼の父親が負担しました。また、子どもたちが理解できるまで辛抱強く教え、金銭のことは問題にしませんでした。父親が息子のイマドに与えた貴重な教訓は、愛と揺るぎない信念があれば山をも動かすことができる、というものでした。金儲けを人生の目的にしてはならないと、父親はイマドによく言っていたのです。

イマドの生い立ちを一言で言うならば、ヘブライ語の「シャローム」shalomでしょう。これはおそらくヘブライ語で最もよく知られ、最もよく使われる言葉で（ハローとグッドバイの両方の意味で使われる）、「平安」を意味しています。ヘブライ語の中でも最も含蓄のある言葉であり、敵との調和、敵を受け容れることを表します。多くの人がユートピアとして表現する言葉ですが、イマドにとってはそれは生き方そのものなのです。

戸惑う人もいるかもしれません。マイノリティが苦々しい思い――抑圧された人々が抑圧する人々に対してしばしば抱く思い――を感じることなく、物事の決定当事者であるマジョリティをどうして愛せるでしょうか？　イマドによれば、平安に生きる秘訣は、父親が示してくれた模範に従って他人を尊重し、受け入れる気持ちを育むことだったのです。イマドが住む村では、男性がショートパンツをはいたり足を組んで座ることは、ドルーズ派の習慣や伝統からすると失礼にあたります。イマドと父親は、この伝統には従いませんでしたが、この規範を尊重することは他人の世界観を受け入れることを意味していました。つまり、困窮という理由からではなく、互いの共存を目的とした環境への適応という理由から、彼らのルールに従うことを意味していたのです。彼の子ども時代は他人を受容し尊重することを軸にしていて、他人に適合することを、犠牲ではなく愛と尊敬の念から受け入れていました。苦労のあるなしにかかわらず、この子ども時代のおかげでイマドは今日、産業界のリーダーとなり、shalomという言葉の真の意味での体現者となっているのです。

一八歳の時、イマドは医者になろうとしましたが、父親のアドバイスに従って、イスラエル中央部の街であるラマト・ガンのシェンカー工学芸術大学でインダストリアル・エンジニアリングおよびデザインの勉強をすることにしました。彼は週に一度、イスラエルの喧騒の中心街から村の自宅に戻りました。彼は正式には卒業しませんでしたが成績は優秀で、アモス・ベングリオンの目に留まるほど際立っていました。ベングリオンはイマドを自社の繊維製造会社ATAで働くよう勧誘、イマドの才能は同社でも注目され、一九八一年、今度はベジドー社(BegedOr)のオーナーであるヨッシ・ロンから工場長として招かれたのでした。しかし、その工場ではイマドは温かい歓迎を受けませんでした。ユダヤ人労働者がアラブ人と働くことを嫌ってストライキを起こしたのです。しかし、オーナーのロンは屈しませんでした。イマドは子どもの頃に身につけたスキルである忍耐力と愛と尊敬の念をもって、一年足らずで会社で最も慕われるマネジャーの一人となったのです。三年後にイマドが退職する時、労働者たちは再びストライキを打ちましたが、それはイマドの退職を止めようとするものでした。

ビジネスの世界に飛び込んで味わった厳しい体験から、イマドは貴重な教訓を学びました。ユダヤ人とアラブ人との紛争は「事実」ではなく、状況のなせる結果だということです。人間はみな同じだと彼は考えたのです。彼は私にこう語りました。「私たちはみな、呼吸し、食べ、笑い、泣き、同じように振る舞います。同じように恐れ、苦しみ、喜びます。しかし、互いに交流しなくなると互いを理解することが難しくなり、無理解の中で結局、互いに疎遠になり、憎しみ合うようになるのです。お互いを知り合うようになれば、私たちはみな同じ人間なんだと気づいて、たいていは分かり合えるようになるものです」（＊1）

イマドが次に得た職場は、男女および子ども向けの自社ブランドのアパレルメーカー兼販売会社で、今では世界で従業員数が一万人を超えるイスラエルのデルタ・ガリル社（Delta Galil）でした。デルタ社に入社すると、彼はドブ・ロートマンなる人物が自分と同じ原則を会社の隅々まで貫いているのを目の当たりにしました。ドブはイマドをアラブ人としては初の工場長に抜擢、その後、イマドのキャリアは上がっていきました。

イマドのすばらしい指導力を規定していたのは、少年時代に身につけたのと同じ原則、愛と受容でした。デルタ社でのキャリア全体を通じて、彼は従業員との交流を図る簡単な方法を見出しました。ヨーロッパであれ、米国や中東であれ、彼が管理監督する工場の至るところで、彼は誰もが理解できる言葉を探したのです。彼はこの言葉を「モチベーション」と呼びましたが、もちろんそれは金銭を意味するものではありません。協調と包摂を奨励するために、彼はスローガンとして「あなたと一緒に働く愛」という言葉を考え出しました。彼はこう述べています。「愛は誰もが理解できるものであり、異文化間をつなぐ言語です。これは、マネジャーは従業員に対して愛を告白すべきだという意味ではありません。そんなことをすれば高額の訴訟沙汰になりかねません。それが意味しているのは、マネジャーと従業員の双方は思いやりの心を持つべきであり、アラビア語でいうhanan、つまり「包摂する、包含する」ということなんです」

デルタ社でのイマドの成功の秘訣は、一方では従業員を動機づけるものと従業員にとって大事なものとのバランスのとり方を、他方で会社のニーズと期待とのバランスのとり方を考えたからに他なりません。

デルタ社での二五年にわたる勤務後の二〇〇七年、イマドとドブは退社を決めました。イマドはこれからの自分の生きる道を考えていたときに、憂慮すべき統計を目にしたのです。それは、イスラエル在住のアラブ人女性の八二%が失業しているというものでした。彼はそのことに責任を感じ、まもなくバブコム・センター（Babcom Centers）という組織を立ち上げました。これは、雇用、成功、共存、卓越したサービスに至る門戸となることを目指すものでした。この組織のビジネスモデルは、サービスの質の面でイスラエルのリーディング・カンパニーとなることでした。これを達成するために、バブコム・センターはまず真の意味での多様性を実現しなければならないとイマドは考えました。彼の証言によれば、「色とりどりのさまざまな花の束を集めた一つの豪華なブーケのような組織としてのバブコム・センターをつくる」ことだったのです。すべての文化と宗教のベストなものを持ち寄って、あらゆる人々に奉仕する組織をつくろうとしたのです。現在では、ハーバード・ビジネススクールのケーススタディ（「バブコム――門戸を開く」）に取り上げられているほど強力なビジネスモデルとなっています。
バブコムの成功は疑いの余地がありませんが、イマドは真の共存と包摂に対する自分の夢は完全には達成されていないと感じていました。二〇一三年、彼はこう言っています。「自分は五年間にわたってこういうことに取り組んではきたが、私の努力でいったいどれだけの新事業が誕生したのだろうか？　父のやり方に従った私の模範を、誰が受け継いでくれるのだろうか？　アラブ系イスラエル人は人口の二〇％を占めていながら、スタートアップ国家の一角をなしていないのはなぜなのだろうか？」。イマドが手がけたことはすばらしいものではありましたが、彼が意図したものにはとうてい届いていなかったのです。

この問題を解決するために、イマドは問題を明確化することから始めました。彼の得た結論はこうでした。「アラブ人は、偉大な起業家となるのを妨げる五つの大きな恐れを抱いている」。ユダヤ系イスラエル人は幼児期からこれらの恐れを克服することを学ぶが、アラブ系イスラエル人はそれに屈服することを教えられ、それによって大きな夢を抱くことが妨げられているというのです。

イマドの見解によれば、第一の恐れは失敗に対する恐れです。閉鎖的な小村で育てられ、たびたび偏見に晒される国のマイノリティであるために、アラブ系住民の間には根っからの恥の意識が生まれます。「私が失敗したら、他人は何と言うだろうか？」「誰が私のことを笑うだろう?」というわけです。彼らは失敗して屈辱を受けるより、リスクをとることをしなくなるのです。

第二の恐れは、政府に対する恐れです。イスラエル政府は、事業にアラブ人がかかわっていると、しばしば逃げ腰です。このため、アラブ系の人たちは起業家が必要とする支援を受けられないと思っているのです。

第三の恐れは、銀行に対する恐れです。政府と同様、銀行も金利や融資、与信という面でアラブ人をほとんど支援せず、融資をするにしても、アラブ人にはとうてい無理な土地や家などの担保を要求するのです。

第四の恐れは、成功例が乏しいことから来る恐れです。イマドは言います。「アラブ系イスラエル人の起業のロールモデルの数はきわめて限られています。また、経験豊富なメンターや野心的な人物が欠如していることが、ユダヤ系による事業の成功率が高いことによっていっそう際立っているのです」

第五は、ネットワーキングに対する恐れです。起業家を絶えず支援するには強力な人的ネットワークが重要であることは、いくら強調してもしすぎることはありません。アラブ人の持つビジネスや職業面のネットワークといえば、たいていは村議会議長や学校の校長くらいしかありません。それらは貴重な人脈かもしれませんが、ユダヤ人が持っている８２００部隊同窓会ネットワークやシリコンバレーのコネクション、大学その他のユダヤ人の人脈網と比べたら大海の一滴にしかすぎません。

　このように、アラブ人の起業問題を明確にして、イマドはその解決策に取りかかりました。彼はケミ・ペレスおよびエレル・マーガリットと一緒にタクウィン・ラブズ（Takwin Labs）という組織を設立して、アラブ系イスラエル人を蝕む五つの恐れとの闘いを支援することにしたのです。彼らは資金的な支援のほか、アラブ系の起業家に対して人的ネットワークや専門家としての支援、テクノロジー情報を提供し、メンターや戦略コンサルタントを紹介することにしました。とりわけ、彼らは起業家の夢を一〇倍に広げるように支援しています。イマドがよく言うように、「大きな夢をもつこと。そこからすべてが始まる」からです。

　イスラエルのテック・エコシステムにおける人的資本の多様性という課題は、なにもアラブ系住民だけが抱えているものではありません。その他に、たとえば超正統派のユダヤ人、女性、四五歳以上の高齢者も――グループそれぞれによって理由や根源的な原因は異なりますが――過小評価されています。

　しかし、イスラエルのテクノロジー産業が絶えず成長し、熟練した人材への需要が加速度的に高まり、さまざまなプレーヤーたちの間でこれら人的資源の争奪戦が行われている状況を勘案すれば、熟練した人材は顕著に不足しています。この重要な問題は、今ではチャンスに変わりつつあります。包括的で持続可能な経済成長を生み出すためには、イスラエル社会のあらゆる面でイノベーションを十分に達成することが急務なのです。したがって、政府と多くの民間のイニシアティブは、その成長を支援するためにも、潜在的な能力を持つこれら過小評価されているグループを活用することが求められているのです。

楽観主義と起業家精神

ビジネス記者も業界の専門家も、イスラエルの成功めざましいテック・エコシステムの背後にある要因を解明しようとしています。これは本書の目的そのものです。つまり、イスラエル文化のどの点が、これほど多くの強力な起業家精神に富んだ人物を生み出しているのかを正確に突き止めることです。イスラエル社会を支える豊かな起業文化は、ビジネスの分野に限りません。イスラエル人は幼児期から成人期に至るまで、実験、失敗、学習、精神的・身体的なリスクをとること、なんとかなるだろう（ヘブライ語の「イヒエ　ベセデル」yiheye beseder）というポジティブな信念（人によっては盲目的な信念と言うかもしれませんが）によって突き動かされているのです。

このヘブライ語の背後にある考え方は複雑で、また意味深いものです。ある意味では、この考え方は一般のイスラエル人がもつ他のすべての特質の源にある核心をなすものです。この点を理解するには、イスラエル文化の核心、つまり言語、歴史、コミュニティ、慣行について掘り起こす必要があります。

その理解の一助として、生粋のイスラエル生まれの一人であるケミ・ペレスに登場願いましょう。ケミは元イスラエル首相兼大統領のシモン・ペレスとソニアとの間に生まれました。彼はイスラエル空軍の戦闘機パイロットの任に就き、その後イスラエル最初のベンチャーキャピタルの一つであるモフェット社（Mofet）を立ち上げ、イスラエルのベンチャーキャピタル業界で最も影響力をもつ人物の一人となったのです。また、イスラエル・ベンチャーキャピタル協会の会長を務めた後、イスラエル最大のベンチャーキャピタル会社であるピタンゴ社（Pitango）を創業しました。

ペレスは、イスラエルのハイテク分野における成功と楽観主義との関係について一家言を持っています。彼はこう語っています。「要は、楽観主義は信念の問題です。きっとそうなると信じなければなりません。信念を別にすると、楽観主義はツールでもあり、心の持ち方でもあります。人を動機づけたり、駆り立てるために活用されます。楽観主義のかけらもなければ、起業家精神などありえません」（＊2）

しかし、楽観主義は起業家精神を超えたものです。彼はこう続けます。「私が思うに、多くの人は悲観主義ではうまくいかないという理由から楽観主義を利用しています。そのような考え方は、楽観主義とは関係がありません。楽観主義をもてば何事も可能になるということなのです。私の父は、新星の発見者が悲観主義者だったなどという話は聞いたことがないとよく言っていました。父は他界する前、歴史は私たちが思うよりもはるかに楽観的に描かれ、表現されているのだと私に語りました」

私たちは良くも悪くも、変化の兆候を見過ごしてしまう傾向があります。現在の基準によって自分の幸福や生活の質を推し量り、その一方で、わずか数十年前が現在よりもはるかに悪い状態であったことに気づかないのです。

過去を振り返った時、私たちは思わず進歩に気づきます。「今では物は手に入りやすく価格も手頃になり、人々は世の中が提供するあらゆるものを楽しめる機会をたくさん手にしています。物に限ったことではありません。教育でも、移動でも、医療を受ける場合でもそうです」。ペレスはこう述べてから、エボラウイルスを例にとって次のように説明しています。「私たちがエボラウイルスを比較的迅速かつ見事に抑え込んだことは称賛に値します。しかし医療の世界では、この最も複雑な疾病をとにかく克服したという事実に私たちは慣れてしまっているので、それをさも当然のことのように見なしています。私たちがそれほど楽観的でなかったら、たとえば医学にそれほど信頼を置いていなかったら、おそらくエボラ出血熱の治療は現代の医療における最も画期的な出来事の一つとして歴史に記憶されたことでしょう。しかし、私たちは楽観的であるがゆえに、結局 yiheye beseder（なんとかなるさ）と考えて、それを他の疾病と同じように一時的なものと見なしているのです」

彼はこう総括しています。「起業家の楽観主義のあるものは、単純素朴、世間知らずと言ってもいいほど純粋な信念です。あるいは楽観主義のあるものは、起業家が自らの製品やサービス、資源や力量にとって重要な目標である市場のニーズに精通し、またリスク要因を評価する自分自身の能力に基づくものです」。つまり、起業家は信念と実務能力の両方をもたなければならず、信念そのものは若い未熟な人間の性質であるというわけです。「現代の偉大な起業家たちが初めて起業したのが若い頃だったことは、特に驚くには当たりません。その好例がマイクロソフトをスタートさせたビル・ゲイツであり、アップルをスタートさせたスティーブ・ジョブズ、フェイスブックをスタートさせたマーク・ザッカーバーグなどです。彼らは、若者が自ら信じた目的を達成するためには、自らの満ち足りた生活をどれほど犠牲にしてもいいとわないかを示す好例です」

楽観主義には三つの種類があります。一つはその人が生来もっている類の楽観主義です。自分に任されたらうまくやれるといった、自分自身に対する信念です。

二つ目は他人に信頼を置く類の楽観主義です。ペレスはこう語っています。「たとえば、投資家としての私の楽観主義は、他人を信頼するということです。私は多くの優秀な人たちと仕事をしていて、彼らの能力を全面的に信頼しています。特にイスラエルの起業家世界で見られるのは、楽観主義のこれら二つの側面を兼ね備えたものです。最も成功を収めた起業家は、他人に求めるものが何かを認識する方法を知っていると同時に、他人と一緒にやることで自分には何でもできるという自己認識と真の信念をもっている人たちです」

Yiheye beseder はすべての複雑な文化現象と同じく、良いことばかりではなく悪い側面も宿しています。この言葉は、批判をかわしたり、難問を避けたり、過酷な仕事から逃げる場合に使われます。エタイ・シロニー博士は著書『イスラエル主義』（*Israelism*）の中で、物事をよく考えもせず軽率に処理するイスラエルの組織文化の傾向に警鐘を鳴らしています。博士によれば、この言葉はイスラエルの企業と政府に蔓延している「無視と怠慢、手抜きの文化」の象徴だというわけです。

一方、ペレスは反論します。「yiheye beseder の負の側面については根拠などありません。うまくいくだろうと言うだけでは不十分なのです。事の次第を確かめなければなりません。苦労せずとも物事は自然に解決すると考えるのは愚かです。この言葉をこうした意味で使うのは、聞き手の気持ちをなだめたり、責任を回避するためです。責任回避は危険なことであり、恐ろしい結果を招きます」。にもかかわらず、yiheye beseder が負の側面をもっているという事実は、この言葉のもつ意味の複雑さを表しています。しかし、自分の信念を再確認する場合に使われると、この言葉は起業家や国家にとって強力なツールとなりうるのです。

三つ目の楽観主義は、決断力と忍耐力がミックスしたものです。たとえば、アーバン・アエロノーティックス社（Urban Aeronautics）のCEOラフィ・ヨエリは、市街地飛行用の内部回転翼航空機の開発に二〇年近くにわたり取り組んできています。彼は辛抱強く困難に立ち向かってきたのです。彼のプロジェクトは投資家やパートナーを魅了するようなものではなく、その技術は難題を克服して成功するかどうかの瀬戸際にあるかのように見られています。ヨエりのような人物が、どうしてそんな底なしの楽観主義をもてるようになったのかは理解しがたいところです。堅固な意志によるものでしょうが、大いなる目標を目指すのだという信念も大いに関係しているに違いありません。ペレスはこう述べています。「私の父の場合、彼の楽観主義は人間に対する自らの信念、そして自分自身と自分の全世代よりももっと大いなることを成し遂げようという信念とに基づくものでした」。楽観主義とは生き方そのものなのです。

イスラエル人の楽観主義は説明しがたいものです。政治情勢を考えれば、イスラエル人が悲観的になるのはもっともだと言えるでしょう。ペレスによれば、イスラエル人に内在している楽観主義的姿勢は、実際にはイスラエルの生活状況から来ています。彼はこう説いています。「親は子どもたちをリスクに満ちた場所で育てています。彼らはシリアやレバノン、ヒズボラの武装組織からわずか数百フィートしか離れていない北部地域に定住しています。ミサイル攻撃に晒されるガザ地区周辺に町々を築き、自爆テロの長い歴史をもつエルサレムの街を歩いているのです。イスラエル人は今もなお、その地にとどまっています。一方で、家は安全安心の場であり、家庭の温かさと愛につながるものです。他方では、外の人から見れば耐えがたいと思えるような現実に私たちは晒されているのです」

ペレスが言いたいのはこういうことです——危険は目に見えて明らかであるにもかかわらず、子どもは家では安心感を覚えています。というのも、家は恐怖ではなく楽観主義に基づいて、親によってつくられたものだからです。物事は今よりも良くなる、あるいは私たちは困難も克服して生き延びることができるという希望と信念に基づいて、家は両親によってつくられたものだからです。

私たちはファラオの圧制を生き延びた。だから、この困難をも生き抜くことができる

イスラエルの楽観主義はユダヤ人の歴史の中に強く根を張っています。ユダヤ人の物語は、敵からの攻撃に直面して生き延びようとする物語であり、最近の最も忌わしい例がホロコーストです。yiheye beseder は、イスラエル文化とユダヤ人の歴史に深く浸透している物語、つまりユダヤ人は生き延びた人々であるという物語を反映した言葉なのです。

イスラエルの有名な歌手マイア・アリエルが言うように、「私たちはファラオの圧制を生き延びた、だからこれからも生き延びるであろう」。あるいはユダヤ教の祝日のユーモアにあるように、「彼らは私たちを殺そうとした。私たちは勝利した。さあ食べよう！」。ペレスが言うように、「私たちはどれほど困難かつ危険な状況でも乗り切れるのだという考え方は、楽観主義と強靭な精神力をイスラエルの人々の心に浸透させる」のです。

ユダヤ人の物語のもう一つの側面について、ペレスはこう述べています。「ユダヤ人には選ばれた人々であるという信念があります。私たちはユニークかつ強力な民族であり、そのよう

な存在として自分たちを取り巻く世界を改善する責任を負っています。つまり『世界の修復』(ヘブライ語の「ティックン オラム」tikkun olam)の任を課せられているのです。この言葉は今日では、社会正義の必要性に言及する際に用いられている宗教上の概念です。こうした価値観はきわめて若い頃から吹き込まれています。しばしばみられる盲目的な楽観主義とは違って、イスラエル人の楽観主義は、何世代にもわたる体験と生存という強力な物語に基づいた、きわめて意識的、教育的な意味をもった楽観主義なのです」

二〇一〇年一月、イスラエル大統領シモン・ペレスはドイツ連邦議会での演説の中で、ホロコーストに対するユダヤ人の答えは「tikkun olam」であると述べています。間違いを正し、自らと自らの環境を改善する試みというわけです。ペレス大統領の子息のケミ・ペレスはこう言っています。「tikkun olam は起業家としての活動の核心をなすものです。起業家であれば、理想通りに行われていないことを突き止め、改善点を見出すことが求められます。そこで、yiheye beseder(うまくいくだろう)は、物事がうまくいっていない現実への対応として生ずるのです。それは、今は物事がうまくいっていないように見えるけれども、まもなく好転するだろうという自己確認なのです」

一九五〇年代以降、イスラエル人は必要に迫られて、国内のニーズを解決する上でのすばらしい方法を発見し、同時にこれらの解決策を世界に提供できるようになりました。イスラエル南部の砂漠を活用する必要性から、イスラエル社会のみならず多くの発展途上国に影響を与える農業面での革新的な技術が生まれたのです。それは、農業の改善と食料貯蔵の安全を通じた食料安全保障面における解決策です。その最も有名な例の一つがネタフィム社（Netafim）の点滴灌漑システムであり、これは瞬く間に世界に広がりました。同社の最新モデルは自動浄化式で、水質や水圧に関係なく水は一定の流量を保つことができます。

Tikkun olam の概念はヘルスケア分野のイノベーションでも活用され、世界の医療の改善に役立つ画期的な発明品が登場しています。ギブン・イメージング社が開発した世界初のカプセル内視鏡は、これまでの危険な侵襲的処置をほぼ駆逐するものと思われます。また、多発性硬化症の治療に使う免疫調節剤コパキソン（グラチラマー酢酸塩）の開発があります。これはイスラエルのワイツマン科学研究所で開発されたもので、その領域で革命を起こしました。この他の発明品としては、対麻痺患者が直立したり、歩行したり、階段を上れるようになる生体工学的システムのように、ＳＦの世界から抜け出してきたようなものもあります。この装置はすでにＦＤＡ（米国食品医薬品局）の認可を受けています。

イスラエルのイノベーションはまた、世界のテクノロジーの開発・生産体制を変えています。ＩＢＭの最初のパソコンに搭載されたインテル８０８８の16ビット・マイクロプロセッサはイスラエルでデザインされ、Windows NT オペレーティングシステムはマイクロソフト－イスラエルで開発されました。ペンティアムＭＭＸチップの技術はイスラエルのインテルでデザインされ、最初のＵＳＢフラッシュドライブはイスラエルの会社Ｍシステムズ社によって開発されました。

Tikkun olamの考え方は、一つの領域のテクノロジーを他の領域に転用する場合でも見ることができます。スマートフォン向けGPSナビゲーション・アプリを開発したウェイズ社（Waze）は、ターンバイターン式情報や移動時間および経路などの情報を提供し、地図の活用方法を一変させました。車衝突回避・軽減用の視覚ベースの先進運転支援システムを開発したモービルアイ社（Mobileye）もイスラエル企業です。さらに自動運転車の技術からは、コンパクトな人工視覚デバイス、オーカムマイアイが開発されています。これによって視覚障害者は、音声フィードバックを通じて、文書を読めたり対象を突き止めたりできるようになりました。こうしたイスラエル企業のリストはまだまだあります。

Yiheye besederは重層的な概念です。その根源はイスラエル人全体の心に根差していて、世代を通じて受け継がれてきました。それは歴史に深く根差した概念であるばかりでなく、将来への展望をも含んでいます。つまり、yiheye besederと口にすることによって私たちは、たとえ今は苦しくても将来は良くなるのだということを自分にも他人にも言い聞かせ、再確認しているのです。それは、現状を異なった視点からながめ、希望と安心感を自らに吹き込み、それによって行動計画を立てる能力なのです。

ペレスはこう言っています。「yiheye besederは、私たちが航海する際の風であり、私たちに推進力を与えてくれるものです。しかし、方向は私たち自身が選び、決めなければなりません。どんな船乗りも、風と羅針盤がなければどうにもなりません。起業家も同じです。イスラエル人も含め起業家の多くは、そのどちらかは持っています。しかし、優れた起業家は両方を持っているのです」

Yiheye beseder はイスラエル文化の中心にあり、イスラエル人の起業家精神と立ち居振舞いの背後にある原動力です。イスラエル人にとって、今は決して最終地点ではありません。変化と成長の余地は常にあり、どれほど困難が待ち受けていようとも、未来は驚くほどポジティブなものなのです。

さて、あなたはどうでしょう？　どう考えますか？

謝辞

私はヘブライ語の「フィルグン」firgun という言葉が好きで、この謝辞のために残しておきました。

Firgun は、相手の喜びを自分の喜びとするという考え方や行動を表す場合に使われる言葉です。相手に何の見返りも求めず、もっぱら喜びを喜ぶ、つまり純粋な共感感情です。相手の幸せや功績に対し、嫉妬したり利己心にとらわれたりせず、わがことのように相手の喜びを感じる心の状態のことです。お世辞などを言って相手を当惑させるのではなく、相手を気持ち良くさせようとする純真な行為です。これはお世辞などよりもはるかに強力なものです。

私にとって、本書の執筆は簡単な仕事ではありませんでした。執筆の旅路を歩む過程で多くの人たちから感じた共感感情がなかったなら、本書を完成することはできなかったでしょう。

私の最も大事な三人の愛する息子、ヨナタン、ダニエル、ヤーデンへ——私は数年前から本書の執筆にとりかかりましたが、この間、あなたたちはそれぞれ自分なりの道を歩みながら成長してきました。あなたたちの幼年時代の旅路は本書執筆の励ましとなり、その内容を世界中の人々と共有するように私を促してくれました。あなたたちが、楽しくて独創的で生き生きとして影響力のある人生を送るように願っています。それは、あなたたちにとって重要かつ意義のある友人や同僚との間で自己実現を図ることで得られる人生なのです。それぞれ、自分にふさわしい勇猛果敢なフッパ精神を発揮し続けてください！

私の貴重なパートナーで、よき友で夫のニールへ——なんと結婚二〇周年の年に本書が刊行されるとは！　あなたは何年にもわたって、大きな夢を持つようにと私を教え諭してくれました。私が気づいていなかった起業家的スキルを発揮するよう鼓舞してもくれました。私が決めた選択を常に支持し、励ましてくれました。私の人生後半の最愛の人です。二〇年前に初めて会った時よりも、今はいっそうそう感じています。

私の愛する両親のミラとモッティへ——今ある私になれたのも、私に自由と開放感を与えてくれたおかげです。私を特定の道に進むよう強制などせずに方向性を示してくれたり、模範を示してもそれを真似ることは求めなかったことをありがたく思っています。豊かな幼年時代の環境を与えてくれたことに感謝しています。お父さん、安らかに眠ってください。あなたは今も日々、私を導いてくれています。

イスラエルのテック・エコシステムの私の同僚と友人へ——私が本書を執筆している間にいただいたあなた方のfirgunに感謝します。私の執筆作業に対するあなた方の関心と支援と批評のおかげで、本書は私の物語の枠を越え、内容豊かなものになりました。本書は私たちみんなの物語です。特に、次の方々に感謝いたします。自分たちの物語を私に教えてくれ、またそれを読者の前に公にすることに同意してくれたことにお礼を申し上げます。

アディ・アルトシュラー、アディ・シャラバニ、ベニー・レビン、ケミ・ペレス、ダリヤ・ヘニグ・シャキド、ドブ・モラン、ユージン・カンデル、ガイ・フランクリン、ガイ・ルビオ、イマド・テルハミ、イザール・シェイとシル・シェイ、キラ・ラディンスキー、マタン・エドビー、ミカ・カウフマン、ナダフ・ザフリル、ナーキス・アロン、ニール・レンパート、ノアム・シャロン、ラン・バリサー、サギー・バー、シャリン・フィッシャー、ツァヒ・ベン・ヨセフ、ウリ・ワインヘバー、ヤイル・セロッシ、ヤスミン・ルカツ、ヨナタン・アディリ。

さらに、私の執筆の旅を支援してくれた次の方々に感謝しています。私の原稿を読み、編集してくれたり、相談に乗っていただいたり、アイデアの示唆や貴重なフィードバックをしてくれたことにお礼申し上げます。

アディ・ジャノウィッツ、アミー・フリードキン、アナ・フィリップス、アリアナ・カムラン、ブライアン・エイブラハムズ、チャヤ・グラスナー、ダン・セノール、ウエンディ・シンガー、テリー・カッセルとPSE基金、ダニエル・アルフォン、エフラット・ドゥブデバニとペレス平和イノベーション・センター、ガビー・チェルトック、ガディ・ゼダー、ゴニー・アラム、ガイ・ヒルトンとスタートアップ・ネーション・セントラルのチーム、モアとガイ・ペレド、イタイ・シッガー、ジュディ・ヘイブルム、ネタ・エシェットとレビ・アフタ、リック・アレン、ローズ・カーン、サー・フリードマン、シャーリー・シュラフカ、サウル・シンガー、シャロン・ブラット、シュキー・カッポン、シギ・ナギアー、スジャータ・トーマス、ウエンディ・レベルとバックストーリーグループ、ヨナタン・イド。

特にシラ・リベリスには、調査への協力と私の原稿の入念な検討、私の夢を実際の本に仕上げてくれたことに感謝しています。

シンセシス社の大事なチームとパートナーたちには、本書執筆の刺激を与えてくれたことに感謝しています。なかでもシャーリーは最良の友にして最良のビジネスパートナーでした。

そして最後に、私の最新のファミリーへ――私の本の版元であるハーパーコリンズ社のホリス・ハイムバウフのチーム、そして私のエージェントであるジャン・ミラー社のデュプレ・ミラーのチームに対して、私とフツパ精神を信じてくれたことに感謝しています。一緒に仕事ができて大変光栄に思っています！

用語集――私の好きな起業家精神に関連したヘブライ語

Balagan　バラガン

［第2章「バラガン」を歓迎する］

騒々しいストリートの情景を想像してみましょう――バスの運転手に怒鳴り散らす老婆、政治論議をする商人たち、ジーンズにダブダブのTシャツ姿のハイテク企業の役員、ガラクタ広場で遊ぶ子どもたち、ファラフェル（コロッケのような中東の伝統料理）を買って基地に戻る兵士たち。何事も極度の緊張状態に置かれたこの地の中心にあるのは混沌状態。でも、見た目に騙されてはいけない。前もって整った秩序はないものの、すべてはとても効率的に機能している。いわば、チャンス有望な混沌状態のこと。

Chanich　ハニーフ

［第8章　リスクに満ちたマネジメント］

initiation（開始、入門）を意味する語根 chanicha から由来した言葉。chanich は訓練を受ける人、見習い、実地によって学ぶ人の意。

Chutzpah　フツパ

［イントロダクション］

無作法で自説を曲げないこと。たとえば、ショッピングモールで見ず知らずの若い母親に向かって、子どもの服装や食べ物や教育について説教する人。ポジティブな意味では、自分の目標達成を重視して、政治的公正さよりも率直さを優先すること。ネガティブな意味では、無礼で攻撃的な人やその行動を表す。しかしまた、特にビジネスの文脈では、勇敢な、あるいは大胆不敵な人やその行動を指す。アラム語からイディッシュ語を経て近代ヘブライ語、英語に持ち込まれた。

Combina コンビーナ

［第3章　火遊びで学ぶ］

英語のcombinationから来た言葉で、型破りな、あるいは非公式な方法によって自分の利益を追求したり問題解決を図ること。複雑なお役所的手続きや決まった指揮系統などの通常のチャネルを見下して行われるところから、汚職や買収など腐敗行為の軽妙なやり方と誤解される場合もある。しかし、この言葉そのものには悪い意味はないことから、解決法として歓迎されている。

Davka ダブカ

［第16章　世界を舞台に］

行為者以外の人には理解できないような理由によって、常識に反したこと、あるいは意図して望ましくないことを行うこと。たとえば、宗教色の強い地域を、土曜日に大音響の音楽を流して車で走ること。しかし、特定の考えや指摘に対する反発を表す場合があり、たとえば、雨の中をジョギングに出かけるのはいい意味でのdavka。矛盾対立や皮肉を含意した言葉で、しかるべき方向とは逆の、都合の悪い方向で起こったことに対して反発したり、いら立つこと。アラム語に由来。

Dugri ドゥグリ

［第14章　即興力と最適化を求めて］

単刀直入で、遠回しな言い方をしないこと。会話の際、話し手が次に言おうとしていることが会話全体の重要部分であることを示すスピーチマーカーというものがあり、したがって聞き手は最善の注意を払う。ぶっきらぼうで不愉快だが、事実に即した発言をする場合はしばしば正直率直な表明とみなされ、それを指して使われる。トルコ語とアラビア語から借用した近代ヘブライ語。

Firgun フィルグン

［謝辞］

他人の喜びを自分の喜びとする考えや行為を表す。たとえば、友人がずっと望んでいた職に就けたとする。その朗報を電話で聞いた時、あなたは心から幸せを感じて相手を誇りに思う。そして、お祝いするのは当然としてお祝いし、喜びを率直に表現する。これは相手の幸せや業績に対して嫉妬心や利己心なく共感し、喜ぶ状態のこと。動詞のlefargenは、相手にお世辞を言ったりへつらったりせず、相手を気持ちよくさせようとする純粋な行為。イスラエルのテクノロジー起業家が好むヘブライ語。

Iltur イルトゥル

［第14章　即興力と最適化を求めて］

英語のimprovisation（即興）はヘブライ語では即時を意味し、実際面ではあらゆる問題を迅速かつ効果的に解決することを指す。ilturはイスラエル人が幼児期から完璧に身につけようとする資質である。イスラエルは資源不足のゆえに即興力が必要とされ、身につければ一生もののスキルとなる。資源に頼らず、自らが創意に富んだ人間に成長する。逐語的には「即興」「直ちに」の意だが、激務中に解決策や改善策を思いつく訓練をすること。もとはミシュナ律法から来た言葉で、軍隊のスラングを通じて近代ヘブライ語になる。

Katan alay カタン アライ

［第3章　火遊びで学ぶ］

逐語的には「私には簡単」という意。最も近い言い換えは「お安いご用」。より深い含意としては、何でもできるという言語表現。あまり大した仕事ではないと言う場合、その仕事の複雑さやその仕事に必要な資源を考慮して客観的な視点から言っているのではなく、主観的な立場から「どんなことでも朝飯前だ」と自らに言い聞かせているのである。

Leezrom リズロム

［第5章　自由を求めて］

「流れに従う」という意。物事を自然の成り行きに任せるだけでは十分でない。人生上の予期せぬ出来事を受け入れる余地をつくり、計画になかったことにも前向きに取り組み、その帰趨を見守ることが必要である。zorem（柔軟性に富んだ）人は気楽で、時におおらかで、あらかじめ計画していなかった活動に熱意をもって進んで参加する。

Madrich マドリフ

［第8章　リスクに満ちたマネジメント］

ガイドやインストラクターの意で、通常は学校以外の教育・トレーニング施設などで使われる。道を意味する語根derechから由来。

Rosh gadol ローシュ ガドール

［第10章　社会的資源としての若者］

「自負心」の意。ヘブライ人は必要最低限以上のことをする。これは態度や心構え、人となりを表す言葉。rosh gadolとは、言われたこと以上のことを考え、かつそれ以上のことを実行することを意味する。大局的なものの見方をして、その達成に向けて努める。驚くべきことにこれは軍隊で生まれた言葉で、イスラエル兵は命令に従うだけでなく、大局的に物事を考えることを奨励される。rosh gadolをもつ人は他人のロールモデル、模範である。起業家は本質的にrosh gadol。口語的には、期待されている以上に率先して責任をもって行動する人を指して使われる。反意語はrosh katanで、逐語的には「小さい頭」の意。口語的には、求められていることしかしない人の意。

Shalom シャローム

［第17章　どうにかなるさ］

逐語的には「平安」の意。また、ハローとグッドバイのどちらの挨拶でも使われる。日常語でありながら政治的な意味をもった言葉であり、ありふれていながらきわめて含みのある言葉である。時には祝福を表すときに用いられ、時には世界平和への呼びかけとして、また簡単な挨拶にも使われる。より広くは、相対立する当事者間の調和、安全の状態を指す和平の意。

Shiftzur シフツル

［第14章　即興力と最適化を求めて］

問題を特定し、解決策を描き、実行可能なタスクに分解すること。倹約的な文化から生まれた概念で、分解されないからといって改善・解決できないことを意味しない。軍隊では通常の習慣として、兵士は自分の武器や装備を改造・改善する。たとえば、弾薬筒のホルスターに刺繍を施すなど。

Tachles　タフレス

［第9章　若者たちに任せる］

要点をつかんだという感覚と実用性との二つの意味をもつ。政治や天候、製品の品質などさまざまな話題で利用される。逐語的には「目標、目的、ゴール」の意。つまり、私たちは、行為・行動しながら、結末を目指して目的志向的であること。イディッシュ語から借用された近代ヘブライ語。

Yalla　ヤッラ

［イントロダクション］

逐語的には「さあ、やろう」（let's go）の意。核心部分に入ろうという熱意を示す。また、性急、短気、熱狂、もっぱら実用的・現実的であることを表す。まれに、会話の際の、他人事のような素っ気なさ、上の空で話している状態を指す。エジプトから来た言葉で、エジプト、ペルシャ、トルコ、ヘブライのスラングとして広まった。一般には「行こう」「急げ」といった使い方をされるが、ヘブライ語では、これからのイベントや活動を心待ちにしている状態を表すときにも使われる。

Yiheye beseder　イヒエ ベセデル

［第17章　どうにかなるさ］

イスラエル人の精神状態を理解するうえでのキーワード。何が起ころうと大丈夫という意。鍵の紛失から離婚にまでも使われるこのキャッチフレーズは、人生は続き、物事は自然に解決していくものだという考えを表す。世間知らずで、イライラするほど無関心という側面もあるが、「確かに今はよくなくても、最後は万事うまくいくのだからそのまま続けよう」といった人生観を示している。心を慰め不安を和らげるために利用される。イノベーターや起業家にとって重要な心構え。

訳者あとがき

本書はインバル・アリエリ著「Chutzpah: Why Israel Is a Hub of Innovation and Entrepreneurship」の日本語訳です。本書のテーマは、「イスラエルはどうして世界の起業家精神とその活動のハブなのか」、「起業家精神の源流はどこにあるのか」、「起業家精神はどのようにして身につけるのか」というものです。

これらのテーマについての書籍は、すでに多数出版されています。しかし、本書がそれらと異なっているのは、著者の属性です。著者のアリエリはイスラエル人であり、女性であり、三人の子どもを持つ母親であり、また自身が起業家であるということです。彼女の視点は自ずと、政治面、経済面、企業・ビジネス面、育児・教育面、マイノリティ問題、女性問題と多岐にわたります。特に、イスラエル人の幼児期から成年に至る成長段階においてどのように起業家精神が育まれていくのかについての記述は、他の類書にはみられないものです。そして、彼女は「イスラエルの起業家精神の源流はフツパ精神にある」と結論付けています。

著者が本書で紹介する「フツパ精神」は、要約すると次のようになるでしょう。

- 混沌状態、不確実な状態を歓迎する
- 即興力と創造力を発揮して自ら行動する
- 失敗を恐れず、失敗も選択肢の一つとして考える
- 困難に直面しても「何とかなるさ」と構える
- レジリエンスを発揮して逆境を糧とする
- 積極的に個人、社会、世界のネットワークを形成する

これらは、私たち日本人には欠けているものかもしれません。

しかし著者は、「フッパ精神」はけっして天性のものではなく、筋肉と同じように、意識して訓練することで身につけ、強化することができると言っています。つまり、フッパ精神とは、生き方、人生観、そして物事に対処するにあたっての考え方であり、このための訓練は年間の行事や毎日の出来事を通して行うことができるというのです。

ただ、著者はイスラエルがスタートアップ・ネーション（起業国家）であることを自画自賛しているわけではありません。イスラエルの弱点として、企業を世界レベルの大企業に育成する能力に欠けている、としているのは興味深い指摘です。新規企業を生み出し、ある程度まで成長させる「苗床機能」を果たすことはできても、さらなる成長を果たしてグローバル企業に

育てることができていないというのです。

ここに日本との接点の可能性がある、と訳者としては思います。人間の成長段階にたとえれば、幼児期から青年期に至る企業のライフサイクルをイスラエルが、そして青年期以降を日本が受け持つことで、イスラエルと日本との協働関係ができるのではないかと思うのです。その意味で、日本とイスラエルの今後のさらなる交流を期待したいと思います。

イスラエルといえば、第二次世界対戦中に欧州各地から逃れてきたユダヤ難民を救った杉浦千畝による「命のビザ」の史実については多くの日本人の知るところです。イスラエルには杉原によって救われた人たちやその子孫も多く、親日的な人たちが多いのです。日本人とイスラエルの人たちの交流がさらに活発なものとなり、日本が経済的にも政治的にもさらに世界に貢献できるようになることを期待したいと思います。本書がその一助になればと思っています。

本書を翻訳するきっかけは、私が文部科学省支援のアントレプレナー育成武者修行プログラムの団員として選抜され、２０１９年の12月にイスラエルのテルアビブを訪れた際に、著者のアリエリさんに会ったことです。私は講演を終えた彼女に歩み寄り、「あなたの本を日本に紹介したい」と申し入れたのです。彼女の答えは、「それは良い考えだわ。なんでも協力するから言って」というものでした。そして最後に、彼女は私を見つめてこう言いました。「あなた、それこそフツパ精神よ」と。

最後に、本書の翻訳出版を引き受けていただき、私にとってはじめての翻訳作業にいろいろとご指導をいただいたCCCメディアハウスの鶴田寛之氏と石川宏氏に感謝申し上げます。

そして、これまでの人生の中で、私のフツパ精神のパワーを奮い立たせ、ポジティブな影響を与えてくださった皆様、私の可能性を信じ、失敗を恐れず成長するチャンスを提供してくださった皆様、今この本を手に取ってくださった皆様に、深く感謝申し上げます。

前田 恵理

令和三年二月

World Finance. "Israeli Innovation Drives Foreign Investment." Interview by Eyal Eliezer. February 3, 2017.

Yin, David. "Out of Israel, into the World." *Forbes*, December 19, 2013. https://www.forbes.com/sites/davidyin/2013/12/19/out-of-israel-into-the-world/#3ed5e9e2367d.

Yorumlar. "The Importance of Business Networking for Entrepreneurs." *Startupist*, November 7, 2014. http://www.startupist.com/2014/11/07/the-importance-of-business-networking-for-entrepreneurs/.

Zacarés, Juan Jose, Emilia Serra, and Francisca Torres. "Becoming an Adult: A Proposed Typology of Adult Status Based on a Study of Spanish Youths." *Scandinavian Journal of Psychology* 56, no. 3 (2015): 273–82.

Zilber, Amnon, and Michal Korman. "The Junkyard as Parable." *Magazine of the Design Museum Holon*, 2014.

Useem, Jerry. "The Secret of My Success." *United Marine Publications* 20, no. 6 (1979).

Van der Kuip, Isobel, and Ingrid Verheul. *Early Development of Entrepreneurial Qualities: The Role of Initial Education.* Zoetermeer: EIM, Small Business Research and Consultancy, 1998.

Waite, Sue, Sue Rogers, and Julie Evans. "Freedom, Flow and Fairness: Exploring How Children Develop Socially at School through Outdoor Play." *Journal of Adventure Education and Outdoor Learning* 13, no. 3 (2013): 255–76. http://www.tandfonline.com/doi/abs/10.1080/14729679.2013.798590#.V2KVQrt97IU.

Wakkee, Ingrid, Peter Groenewegen, and Paula Danskin Englis. "Building Effective Networks: Network Strategy and Emerging Virtual Organizations." In *Transnational and Immigrant Entrepreneurship in a Globalized World*, edited by Benson Honig, Israel Drori, and Barbara Carmichael, chapter 4, 75–79. Toronto: University of Toronto Press, 2010.

Walker, Tim. "How Finland Keeps Kids Focused through Free Play." *Atlantic*, June 30, 2014. http://www.theatlantic.com/education/archive/2014/06/how-finland-keeps-kids-focused/373544/.

Waters, Jane, and Sharon Begley. "Supporting the Development of Risk-Taking Behaviours in the Early Years: An Exploratory Study." *Education* 35, no. 4 (2007): 365–77. http://www.tandfonline.com/doi/abs/10.1080/03004270701602632.

Weick, Karl E. "Introductory Essay—Improvisation as a Mindset for Organizational Analysis." *Organization Science* 9, no. 5 (1998): 543–55.

Weinreb, Gali. "The Black Box: Who Are the Teenagers of 2012?" (Ha'Kufsa Ha'Shehora: Mihem Bnei Hanoar Girsat 2012) *Globes*, June 2012. https://www.globes.co.il/news/article.aspx?did=1000759126.

Weitzman Institute of Science. "WISe." 2017. https://www.weizmann.ac.il/entrepreneurship/wise-program.

Wells, Ke'Tara. "Recess Time in Europe vs America." *Click2Houston*, March 10, 2016. http://www.click2houston.com/news/recess-time-in-europe-vs-america.

Williams, Lawrence E., and John A. Bargh. "Experiencing Physical Warmth Promotes Interpersonal Warmth." *Science* 322, no. 5901 (2008): 606–7. http://www.ncbi.nlm.nih.gov/pmc/articles/PMC2737341/.

Williams, Louis D. *The Israel Defense Forces: A People's Army.* New York: Authors Choice Press, 2000.

World Economic Forum. *The Future of Jobs: Employment, Skills and Workforce Strategy for the Fourth Industrial Revolution.* Global Challenge Insight Report, January 2016.

———. *The Global Competitiveness Report: 2015–2016.* Edited by Klaus Schwab. Geneva: World Economic Forum, 2016.

———. *The Global Competitiveness Report: 2017–2018.* Edited by Klaus Schwab. Geneva: World Economic Forum, 2017.

Small Business BC. "Five Benefits of Networking." January 16, 2018. http://smallbusinessbc.ca/article/five-benefits-networking/.

Smith, Marc. "Importance of Failure: Why Olympians and A-Level Students All Need to Fail." *Guardian*, August 16, 2012. https://www.theguardian.com/teacher-network/2012/aug/16/a-level-student-success-failure.

Space IL, http://www.visit.spaceil.com/. Accessed March 2019.

Start-Up Nation Finder. "Start-Up Nation Finder: Explore Israeli Innovation." https://finder.startupnationcentral.org/.

Sugarman, Eli. "What the United States Can Learn from Israel about Cybersecurity." *Forbes*, October 7, 2014. http://www.forbes.com/sites/elisugarman/2014/10/07/what-the-united-states-can-learn-from-israel-about-cybersecurity/#9f0ae8c2ad05.

Sun, Lijun, Kay W. Axhausen, Der-Horng Lee, and Xianfeng Huang. "Understanding Metropolitan Patterns of Daily Encounters." *Proceedings of the National Academy of Sciences* 110, no. 34 (2013): 13774–79. https://static1.squarespace.com/static/55b64ce8e4b030b2d9ed3c6a/t/55c116f6e4b01e62831610a2/1438717686708/encounter.pdf.

Swed, Ori, and John Sibley Butler. "Military Capital in the Israeli Hi-tech Industry." *Armed Forces & Society* 41, no. 1 (2015): 123–41.

Taggar, Simon. "Individual Creativity and Group Ability to Utilize Individual Creative Resources: A Multilevel Model." *Academy of Management Journal* 45, no. 2 (2002): 315–30.

Tognoli, Jerome. "Leaving Home." *Journal of College Student Psychotherapy* 18, no. 1 (2003): 35–48.

Tyler, Kathryn. "The Tethered Generation." Holy Cross Energy Leadership Academy. *HR Magazine*, May 1, 2007. https://www.shrm.org/hr-today/news/hr-magazine/pages/0507cover.aspx.

Tzarfati, Shira, et al. "Queen of the Yard: An Interview with Malka Haas." *Hazman Hayarok*, January 22, 2009. http://www.kibbutz.org.il/itonut/2009/dafyarok/090122_malka_has.htm. Accessed July 11, 2015.

Tzuriel, David. "The Development of Ego Identity at Adolescence among Israeli Jews and Arabs." *Journal of Youth and Adolescence* 21, no. 5 (1992): 551–71.

United Nations on Trade and Development (UNCTAD). *World Investment Report 2018: Investment and New Industrial Policies.* Blue Ridge Summit, PA: United Nations Publications, 2018.

United Nations Statistics Division. "International Migration." 2017. https://unstats.un.org/unsd/demographic/sconcerns/migration/migrmethods.htm.

Urdan, Timothy C., and Frank Pajares, eds. *International Perspectives on Adolescence.* Greenwich, CT: Information Age Publishing, 2003.

US Army. "Becoming a U.S. Military Officer." http://www.goarmy.com/careers-and-jobs/become-an-officer.html.

US Department of State, "2014 Investment Climate Statement." *Diplomacy in Action*, June 2014. https://www.state.gov/e/eb/rls/othr/ics/2014/.

vidualization Process." *Youth & Society* 37, no. 2 (2005): 201–29.
Scouts. "Scouts Be Prepared." http://scouts.org.uk/home/.
Selin, Helaine. *Science across Cultures: The History of Non-Western Science*, vol. 7. Dordrecht: Springer Netherlands, 2014.
Senor, Dan, and Saul Singer, eds. *Start-up Nation: The Story of Israel's Economic Miracle*. New York: Hachette Book Group, 2009.
Shahar, Golan, Esther Kalnitzki, Shmuel Shulman, and Sidney J. Blatt. "Personality, Motivation, and the Construction of Goals during the Transition to Adulthood." *Personality and Individual Differences* 40 (2006): 53–63.
Shamai, Michal, and Shaul Kimhi. "Exposure to Threat of War and Terror, Political Attitudes, Stress, and Life Satisfaction among Teenagers in Israel." *Journal of Adolescence* 29, no. 2 (2006): 165–76.
Sharp, Caroline. "Developing Young Children's Creativity through the Arts: What Does Research Have to Offer?" National Foundation for Education Research, 2001. https://www.nfer.ac.uk/publications/44420/44420.pdf.
Shavit-Pesach, Tamar. "*Tiyul acharei tzeva: lamah anakhnu o'sim et zeh?*" ["After army trip: why we do it?"]. *Clalit*, November 4, 2014. http://www.clalit.co.il/he/lifestyle/travel/Pages/why_do_you_travel.aspx.
Shay, Izhar, and Shir Shay. Interview by Shira Rivelis. July 2016.
Shepherd, Dean A., Trenton Williams, Marcus Wolfe, and Holger Patzelt. *Learning from Entrepreneurial Failure: Emotions, Cognitions, and Actions*. Cambridge: Cambridge University Press, 2016.
Sherer, Moshe. "Rehabilitation of Youth in Distress through Army Service: Full, Partial, or Non-Service in the Israel Defense Forces—Problems and Consequences." *Child & Youth Care Forum* 27, no. 1 (1998): 39–58.
Shilony, Itay. "*Yisraelism: ha-kokhot ha-m'atzavim et tarbut ha-nihul b'yisrael*" ["Israelism: the shaping factors of Israel's management culture"]. Ramat Gan: Ilmor Ltd., 2016.
Shnat Sherut for Everyone. "Year of Service." *Shinshinim*. http://www.shinshinim.org/.
Shochat, Eden. "Google I/O Talk: Geekcon & Unstructured Innovation." *Aleph*, July 30, 2014. https://aleph.vc/google-i-o-talk-geekcon-unstructured-innovation-4c853eeee95#.tj5n0tgmw.
Shulman, Shmuel. "The Extended Journey and Transition to Adulthood: The Case of Israeli Backpackers." *Journal of Youth Studies* 9, no. 2 (May 2006): 231–46.
Shulman, Shmuel, Benni Feldman, Sidney Blatt, et al. "Emerging Adulthood: Age-Related Tasks and Underlying Self Processes." *Journal of Adolescent Research* 20, no. 5 (2005): 577–603.
Slone, Michelle. "Growing Up in Israel." Chapter 4 in *Adolescents and War: How Youth Deal with Political Violence*, edited by K. Brian Barber. Oxford: Oxford University Press, 2010. http://www.oxfordscholarship.com.proxy-ub.rug.nl/view/10.1093/acprof:oso/9780195343359.001.0001/acprof-9780195343359-chapter-4.

Rejskind, F. G. "Autonomy and Creativity in Children." *Journal of Creative Behavior* 16, no. 1 (1982): 58–67.

Rittscher, Susan. "Six Keys to Successful Networking for Entrepreneurs." *Forbes*, May 31, 2012. https://www.forbes.com/sites/susanrittscher/2012/05/31/six-keys-to-successful-networking-for-entrepreneurs/#40e3d82c580b.

Roberts, Amos, and Alex de Jong. "Kids Gone Wild." *SBS*, February 23, 2016. http://www.sbs.com.au/news/dateline/story/kids-gone-wild.

Robinson, Ken. "Do Schools Kill Creativity?" *TED Ideas Worth Spreading.* Video File. February 2006. https://www.ted.com/talks/ken_robinson_says_schools_kill_creativity?language=en.

Roche, Jennifer. "What a Calligrapher Priest Taught Steve Jobs." *National Catholic Register*, January 1, 2012. http://www.ncregister.com/daily-news/what-a-calligrapher-priest-taught-steve-jobs.

Rosin, Hanna. "The Overprotected Kid." *Atlantic*, April 2014. http://www.theatlantic.com/magazine/archive/2014/04/hey-parents-leave-those-kids-alone/358631/.

Ryle, Gilbert. "Improvisation." *Mind* 85, no. 337 (1976): 69–83.

Sagi-Alfasa, Einat. "Key Children: Starting from Which Age Can He Return Independently from School." *Ynet Parents*, September 19, 2014. http://www.ynet.co.il/articles/0,7340,L-4571833,00.html.

Salomon, Gavriel, and Ofra Mayseless. "Dialectic Contradictions in the Experience of Israeli Jewish Adolescents." In *International Perspective on Adolescence*, edited by Timothy C. Urdan and Frank Pajares, chapter 7, 149–71. Greenwich, CT: Information Age Publishing, 2003.

Santi, Marina, ed. *Improvisation: Between Technique and Spontaneity.* Newcastle upon Tyne: Cambridge Scholars Publishing, 2010.

Sawyer, Keith. "Improvisational Creativity as a Model for Effective Learning." In *Improvisation: Between Technique and Spontaneity*, edited by Marina Santi, 135–52. Newcastle upon Tyne: Cambridge Scholars Publishing, 2010.

Sawyer, Taylor, and Shad Deering. "Adaptation of the US Army's After-Action Review for Simulation Debriefing in Healthcare." *Society for Simulation in Healthcare* 8, no. 6 (2013): 388–97.

Schneider, Elaine F., and Phillip P. Patterson. "You've Got That Magic Touch: Integrating the Sense of Touch into Early Childhood Services." *Young Exceptional Children* 13, no. 5 (2010): 17–27.

Schoon, Ingrid. *Transitions from School to Work: Globalization, Individualization, and Patterns of Diversity.* Cambridge: Cambridge University Press, 2009.

Schoon, Ingrid, and Mark Lyons-Amos. "Diverse Pathways in Becoming an Adult: The Role of Structure, Agency and Context." *London School of Economics and Political Science* (2016): 1–34.

Schwartz, Seth J., James E. Côté, and Jeffrey Jensen Arnett. "Identity and Agency in Emerging Adulthood: Two Developmental Routes in the Indi-

Novellino, Teresa. "Zeekit Intros Virtual Fitting Room with Rebecca Minkoff for Fashion Week." *New York Business Journal*, September 15, 2016. http://www.bizjournals.com/newyork/news/2016/09/15/zeekit-virtual-fitting-room-rebecca-minkoff-and-9k.html.

Nurmi, Jari-Erik. "Tracks and Transitions—A Comparison of Adolescent Future-Oriented Goals, Explorations, and Commitments in Australia, Israel, and Finland." *International Journal of Psychology* 30, no. 3 (1995): 355–75.

Ofek, Uriel. *Give Them Books: On Children's Literature & Juvenile Reading*. Tel Aviv: Sfirat Poalim, 1978.

Omniglot: The Online Encyclopedia of Writing Systems & Languages. "Hebrew." http://www.omniglot.com/writing/hebrew.htm.

Organisation for Economic Cooperation and Development. *Enhancing Market Openness, Intellectual Property Rights, and Compliance through Regulatory Reform in Israel*. 2011.

———. *Gross Domestic Spending on R&D*. https://data.oecd.org/rd/gross-domestic-spending-on-r-d.htm.

Park, Hyunjaoon. "Becoming an Adult in East Asia: Multidisciplinary and Comparative Approaches." *Asian Journal of Social Science* 44 (2016): 307–15.

Partnership for a New American Economy. *"The 'New American' Fortune 500." A Report by the Partnership for a New American Economy*. June 2011. http://www.renewoureconomy.org/sites/all/themes/pnae/img/new-american-fortune-500-june-2011.pdf.

Pima, Leora. "Managing Schools under Continuous Terror and Trauma Conditions: Maintaining Sanity in an Insane Reality." *ShefiNet* (October 2008). http://cms.education.gov.il/EducationCMS/Units/Shefi/HerumLachatzMashber/herum/Nihul-TerorTrauma-Pima.htm.

Pirola-Merlo, Andrew, and Leon Mann. "The Relationship between Individual Creativity and Team Creativity: Aggregating across People and Time." *Journal of Organizational Behavior* 25, no. 2 (2004): 235–57.

Pressfield, Steven. *The Lion's Gate: On the Front Lines of the Six Day War*. New York: Penguin, 2015.

Promovendum. "Heitje voor karweitje: 10 tips voor kinderen!" June 3, 2015. https://www.promovendum.nl/blog/heitje-voor-karweitje-10-tips-voor-kinderen.

Prusher, Ilene. "Building Communities of Kindness." *Time*, September 13, 2014. http://time.com/3270757/adi-altschuler-next-generation-leaders/.

Rakoczy, Christy. "Advantages of a Flat Organizational Structure." *Love to Know*, August 2010. http://business.lovetoknow.com/wiki/Advantages_of_a_Flat_Organizational_Structure.

Raveaud, Maroussia. "Becoming an Adult in Europe: A Socially Determined Experience." *European Educational Research Journal* 9, no. 3 (2010): 431–42.

_mcgonigal_how_to_make_stress_your_friend/transcript?language=en#t-530180.

Meehan, Colette L. "Flat vs. Hierarchical Organizational Structures." *Small Business Chronicle*, February 12, 2019. http://smallbusiness.chron.com/flat-vs-hierarchical-organizational-structure-724.html.

Merkovitch-Sloker, Gali. "The Cyber Trend Takes Over Youth: Israel Is Leading in the Cyber Field." *Maariv*, December 29, 2015. http://m.maariv.co.il/news/military/Article-519580.

Mestechkina, Tatyana. "Parenting in Vietnam." In *Parenting across Cultures: Childrearing, Motherhood and Fatherhood in Non-Western Cultures*, edited by Helaine Selin, 45–57. Dordrecht: Springer Netherlands, 2014.

Miele, Laura M. "The Importance of Failure: A Culture of False Successes." *Psychology Today*, March 12, 2015. https://www.psychologytoday.com/blog/the-whole-athlete/201503/the-importance-failure-culture-false-success.

Ministry of Defense. *Ha-keren v'ha-yichidia lle'hachavanat chayalim meshucharerim* ["The fund and unit for supporting discharged soldiers"]. https://www.hachvana.mod.gov.il/Pages/default.aspx.

Moorman, Christine, and Anne S. Miner. "Organizational Improvisation and Organizational Memory." *Academy of Management Review* 23, no. 4 (October 1998): 698–723.

Mosko, Yigal. "Meet the Woman Who Invented the Junkyard: An Interview with Malka Haas." *Mako News*, September 12, 2014. http://www.mako.co.il/news-channel2/Friday-Newscast-q3_2014/Article-1c57a4e4cca6841004.htm.

Moti, Bsuk. "Over 8 Million Residents in Israel; 70% Tzabars." *Marker*, April 2014. http://www.themarker.com/news/1.1993939.

Nachat. "Noar Hovev Tanach" ("Nahat: Bible-loving youth"). Accessed March 26, 2019. http://nachatsite.wixsite.com/nachat.

Naor, Mordechai, ed. *The Youth Movements 1920–1960.* Jerusalem: Yad Yitzhak Ben-Tzvi, 1989.

Nathanson, Roby, and Itamar Gazala. "Israeli Adolescents in Their Transition to Adulthood: The Influence of the Military Service." *Educational Insights* 5, no. 1 (2002).

National Authority of Evaluation and Measurement in Education. *Youth Movements in Israel: The Results of Relative Size Measurements of 2015.* Ministry of Education, February 29, 2016.

Nelson, Larry J. "An Examination of Emerging Adulthood in Romanian College Students." *International Journal of Behavioral Development* 33, no. 5 (2009): 402–11.

Nestmann, Frank. *Social Networks and Social Support in Childhood and Adolescence.* New York: Mouton de Gruyter, 1994.

Newsweek Staff. "Soldiers of Fortune." *Newsweek*, November 13, 2009. http://europe.newsweek.com/soldiers-fortune-77025?rm=eu.

der, and Sexuality in the Israeli Army." *Journal of Adolescent Research* 26, no. 1 (2011): 3–29.

Levy, Yagil. "The Essence of the Market Army." *Public Administration Review* 70, no. 3 (2010): 378–89.

Lieblich, Amia. *Transition to Adulthood during Military Service: The Israeli Case*. New York: State University of New York Press, 1989.

Lifland, Tara. "Krembo Wings: A Youth Movement Led by Children for Disabled Children." NoCamels, December 2012. http://nocamels.com/2012/12/krembo-wings-a-social-movement-led-by-children-for-disabled-children/.

Light of Education. "A Light of Education—A Springboard for Excellence." http://www.ore.ngo/.

Limor, Samimian-Darash. "Practicing Uncertainty: Scenario-Based Preparedness Exercises in Israel." *Cultural Anthropology* 31, no. 3 (2016). https://journal.culanth.org/index.php/ca/article/view/ca31.3.06.

Lukatz, Yasmin. Interview by Shira Rivelis. June 2017.

Luttwak, Edward. Quoted in *Start-up Nation: The Story of Israel's Economic Miracle*, edited by Dan Senor and Saul Singer, 53–58. New York: Hachette Book Group, 2009.

Majer, Oren. "Erika Landau—The Woman Who Taught Us All to Ask Questions." *Marker*, December 22, 2011. http://www.themarker.com/markerweek/markeryear/1.1596242.

Markoff, John, and Somini Sengupta. "Separating You and Me? 4.74 Degrees." *New York Times*, November 21, 2011. http://www.nytimes.com/2011/11/22/technology/between-you-and-me-4-74-degrees.html?_r=0.

Martin, Ruef. *The Entrepreneurial Group: Social Identities, Relations, and Collective Action*. Princeton, NJ: Princeton University Press. 2010.

Matt, Susan J. *Homesickness: An American History*. Oxford: Oxford University Press, 2011.

Maxwell, John C. *Developing the Leader within You 2.0*. New York: HarperCollins Leadership, 2018.

Mayseless, Ofra. "Growing Up in Israel: Positions and Values of Israeli Youth in the Last Decade." *Educational Consult* 5 (1998): 87–102.

Mayseless, Ofra, and Ilan Hai. "Leaving Home Transition in Israel: Changes in Parent-Adolescent Relationships and Adolescents' Adaptation to Military Service." *International Journal of Behavioral Development* 22, no. 3 (1988): 589–609.

Mayseless, Ofra, and Miri Scharf. "What Does It Mean to Be an Adult? The Israeli Experience." In *Exploring Cultural Conceptions of the Transitions to Adulthood: New Directions for Child and Adolescent Development*, edited by Jeffrey Jensen Arnett and Nancy L. Galambos, 5–21. New York: Jossey-Bass, 2003.

McGonigal, Kelly. "How to Make Stress Your Friend." *TED Ideas Worth Spreading*. Video File. June 2013. https://www.ted.com/talks/kelly

Jerusalem Post, October 17, 2016. http://www.jpost.com/Israel-News/Using-the-power-of-Israeli-backpackers-to-help-the-world-470232.

Kellett, Anthony. *Combat Motivation: The Behavior of Soldiers in Battle*, edited by James P. Ignizio. Dordrecht: Springer Netherlands,1982.

Kelty, Ryan, M. Kleykamp, and D. R. Segal. "The Military and the Transition to Adulthood." *The Future of Children* 20, no. 1 (2010): 181–201.

Kirshberg, Evyatar and Tal Enselman. "*Khevrot ha-zanek (start-up) b'yisrael 2010–2015: mi-motza'im rishonim mitokh basis ha-netunim al khevrot ha-zanek b'yisrael*" ["Start-up companies in Israel 2010-2015: first findings from the database on Israel's start-up companies"]. Central Bureau of Statistics, Press release, September 11, 2016: 1–12. http://www.finance-inst.co.il/image/users/171540/ftp/my_files/xx/29_16_278b.pdf?id=28551085.

Korvet, Rinat, Yaniv Feldman, and Anar Ravon. "*Temunat matzav: sichum shnat 2015 b'stzinat ha-startupim v'ha-hon b'yisrael*" ["Status report: a summary of 2015's start-up and venture capital scene in Israel"]. *Geektime*, January 6, 2016. http://www.geektime.co.il/geektime-zirra-2015-startups-report/.

Kovelle, Kim. "Tips to Teach Kids How to Build a Campfire." *MetroParent*, July 27, 2018. http://www.metroparent.com/daily/family-activities/camping/build-campfire-tips-teach-kids/.

Krebs, Ronald. "A School for the Nation? How Military Service Does Not Build Nations, and How It Might." *International Security* 28, no. 4 (2004): 85–124.

Kunda, Ziva, and Shalom H. Schwartz. "Undermining Intrinsic Moral Motivation: External Reward and Self-Presentation." *Journal of Personality and Social Psychology* 45, no. 4 (1983): 763–71. http://psycnet.apa.org/doi Landing?doi=10.1037%2F0022-3514.45.4.763.

Kutner, Lawrence. "Neatness Has Its Price: Experts: Messy Rooms No Cause for Alarm." *Gadsden Times*, March 17, 1992. https://news.google.com/newspapers?nid=1891&dat=19920317&id=HrZGAAAAIBAJ&sjid=8f0MAAAAIBAJ&pg=5859,1888167&hl=en.

Lakhani, Jahan, Alix Hayden, and Karen Benzies. "Attributes of Interdisciplinary Research Teams: A Comprehensive Review of the Literature." *Clinical and Investigative Medicine* 35, no. 5 (2012): E260–E265.

LEAD. "The Art of Human Diamond Polishing." http://lead.org.il/en/.

Lefkovitz, Daniel. *Words and Stones: The Politics of Language and Identity in Israel.* Oxford: Oxford Scholarship Online, 2011. http://www.oxfordscholarship.com/view/10.1093/acprof:oso/9780195121902.001.0001/acprof-9780195121902.

Leichman, A. Klein. "From the Airforce to the Fitting Room." *Israel 21st Century*, November 30, 2015. https://www.israel21c.org/from-the-air-force-to-the-fitting-room/.

Lempert, Nir. Interview by Shira Rivelis. Tel Aviv, February 12, 2017.

Levin, Dana S. "'You're Always First a Girl': Emerging Adult Women, Gen-

Hon, Shaul. "Let the Kid Search for Himself." *Historical Jewish Press*, July 8, 1970. http://jpress.org.il/Olive/APA/NLI_Heb/SharedView.Article.aspx?parm=W8f1VbCHvN1uSmXtkCP8KMqD7PhWKQy88Y1Fh6j%2BCCgDSkTk%2FQ4AZWJQgR1457%2B2Yw%3D%3D&mode=image&href=MAR%2f1970%2f07%2f08&page=13&rtl=true Maariv.

Hornsey, Matthew J., and Jolanda Jetten. "The Individual within the Group: Balancing the Need to Belong with the Need to Be Different." *Personality and Social Psychology Review* 8, no. 3 (2004): 248–64.

Howard-Jones, Paul, Jayne Taylor, and Lesley Sutton. "The Effect of Play on the Creativity of Young Children during Subsequent Activity." *Early Child Development and Care* 172, no. 4 (2002): 323–28.

Huber, George P., and William H. Glick, eds. *Organizational Change and Redesign*. Oxford: Oxford University Press, 1995.

Hurvitz, Eli. "LinkedIn Profile for Eli Hurvitz." *LinkedIn*, 2018. https://www.linkedin.com/pulse/talent-chutzpah-hard-truth-eli-hurvitz.

ICoN. "Bridging the Israeli and Silicon Valley Tech Ecosystems." 2017. http://www.iconsv.org/.

Institution of Society and Youth, Ministry of Education. Accessed March 26, 2019. http://cms.education.gov.il/EducationCMS/Units/Noar/TechumeiHaminhal/ChinuchChevrathi/TenuothNoar.htm.

InterNations. "The Best Destinations for Expat Families." *Expat Insider*, 2018. https://www.internations.org/expat-insider/2018/family-life-index-39591.

———. "Family Life Index." Family Life Index 2016. https://inassets1-internationsgmbh.netdna-ssl.com/static/bundles/internationsexpatinsider/images/2016/reports/family_life_index_full.jpg.

Israel Innovation Authority. https://innovationisrael.org.il/en/.

———. "Israel Innovation Authority Launches Incentive Program for Female-Led Startups." https://innovationisrael.org.il/en/news/israel-innovation-authority-launches-incentive-program-female-led-startups. Accessed February 2019.

IVC Research Center and ZAG S&W Zysman, Aharoni, Gayer & Co. Quarterly report, Q1 2018.

———. "Summary of Israeli High-Tech Company Capital Raising—2018." https://www.ivc-online.com/Portals/0/RC/Survey/IVC_Q4-18%20Capital%20Raising_Survey_Final.pdf.

Jeronen, Eila, and Juha Jeronen. "Outdoor Education in Finnish Schools and Universities." *Studies of Socio-Economic and Humanities* 2 (2012): 152–60.

Joint Council of Pre-Military Academies (Mechinot). "Home—The Joint Council of Mechinot." http://mechinot.org.il.

Kaplan, Jonathan. "The Role of the Military in Israel." Jewish Agency for Israel, 2015. http://www.jewishagency.org/society-and-politics/content/36591.

Kastelle, Tim. "Hierarchy Is Overrated." *Harvard Business Review*, November 20, 2013. https://hbr.org/2013/11/hierarchy-is-overrated.

Keinon, Herb. "Using the Power of Israeli Backpackers to Help the World."

Gibbs, Nancy. "The Growing Backlash against Overparenting." *Time*, November 2009. http://content.time.com/time/magazine/article/0,9171,1940697,00.html.

Globes Staff. "How Israeli High-Tech Happened." *Globes*, August 28, 2003. http://www.globes.co.il/en/article-258771.

Gobry, Pascal-Emmanuel. "7 Steps the US Military Should Take to Be More Like the IDF." *Forbes*, August 25, 2014. http://www.forbes.com/sites/pascalemmanuelgobry/2014/08/25/7-steps-the-us-military-should-take-to-be-more-like-the-idf/#741acd8ef834.

Godesiabois, Joy. "Network Analysis in an International Entrepreneurial Environment." In *International Entrepreneurship*, edited by Dean A. Shepard, 137–64. New York: Emerald Group Publishing, 2015.

Goldberg, Andrew. "Democratizing Corporate Innovation: Why Top Down Rarely Works." *IndustryWeek*, March 27, 2012. http://www.industryweek.com/global-economy/democratizing-corporate-innovation-why-top-down-rarely-works.

Graham, Paul. "What It Takes." *Forbes*, October 20, 2010. https://www.forbes.com/forbes/2010/1108/best-small-companies-10-y-combinator-paul-graham-ask-an-expert.html#22e0cc71acad.

Gray, Peter. *Free to Learn: Why Unleashing the Instinct to Play Will Make Our Children Happier, More Self-Reliant, and Better Students for Life*. New York: Better Books, 2013.
ピーター・グレイ『遊びが学びに欠かせないわけ――自立した学び手を育てる』（築地書館刊）吉田新一郎訳、2018

Green, Penelope. "Saying Yes to Mess." *New York Times*, December 21, 2006. http://www.nytimes.com/2006/12/21/garden/21mess.html?pagewanted=print&_r=1.

Grey, Miri. "War Room." *Mako*, October 29, 2011. http://www.mako.co.il/home-family-kids/education/Article-2ddf7ac34f05811004.htm.

Haas, Malka. "Children in the Junkyard." *Association for Childhood Education International* 73, no. 1 (1996): 345–51.

Hart, Roger. "Environmental Psychology or Behavioral Geography? Either Way It Was a Good Start." *Journal of Environmental Psychology* 7, no. 4 (December 1987): 321–29. https://www.sciencedirect.com/science/article/abs/pii/S0272494487800051.

Hay, Dale F. "Peer Relations in Childhood." *Journal of Child Psychology and Psychiatry* 45, no. 1 (2004): 84–108.

Hofstede, Geert. "Individualism." *Clearly Cultural: Making Sense of Cross Cultural Communication*, n.d. http://www.clearlycultural.com/geert-hofstede-cultural-dimensions/individualism/.

———. "What about Israel?" *Hofstede Insights International*. Accessed March 26, 2019. https://www.hofstede-insights.com/country/israel/.

Holzapfel, Olaf, and Galia Bar-Or. "Interview with Malka Haas and Kloni Haas." *Vimeo*. https://vimeo.com/156767854.

ada." *Economist*, May 4, 2017. http://www.economist.com/news/americas/21721675-mutual-incomprehension-takes-newcomers-surprise-culture-shock-french-immigrantsin-french.

EISP. "8200 EISP 2017." http://www.eisp.org.il/en/home.

Empson, Rip. "Startup Genome." *TechCrunch*, Startup Ecosystem Report 2012. Accessed March 26, 2019. https://techcrunch.com/2012/11/20/startup-genome-ranks-the-worlds-top-startup-ecosystems-silicon-valley-tel-aviv-l-a-lead-the-way/.

Erika Landau Institute. "The Erika Landau Institute Home Page." http://ypipce.org.il/?page_id=11.

Fabes, Richard A. "Effects of Rewards on Children's Prosocial Motivation: A Socialization Study." *Developmental Psychology* 25, no. 4 (July 1989): 509–15.

Fernhaber, Stephanie, and Patricia P. Mcdougall. "New Venture Growth in International Markets: The Role of Strategic Adaptation and Networking Capabilities." In *International Entrepreneurship*, edited by Dean A. Shepard, 111–15. New York: Emerald Insight Publishing, 2015.

Fischer, Stanley. "Stanley Fischer: The Openness of Israel's Economy to the Global Economy and the Importance of Israel's Joining the OECD." Globes Business Conference, December 11, 2006.

Fisher, Sharin. Interview by Shira Rivelis. Tel Aviv, October 2016.

Fjørtoft, Ingunn. "The Natural Environment as a Playground for Children: The Impact of Outdoor Play Activities in Pre-Primary School Children." *Early Childhood Education Journal* 29, no. 2 (2001): 111–17.

Fried, Jason. "Why I Run a Flat Hierarchy." *Inc.*, April 2011. http://www.inc.com/magazine/20110401/jason-fried-why-i-run-a-flat-company.html.

Friedman, Ron. "Buffet: 'Israel Has a Disproportionate Amount of Brains.'" *Jerusalem Post*, October 13, 2010. https://www.jpost.com/Business/Business-News/Buffett-Israel-has-a-disproportionate-amount-of-brains.

Froiland, John Mark. "Parents' Weekly Descriptions of Autonomy Supportive Communication: Promoting Children's Motivation to Learn and Positive Emotions." *Journal of Child and Family Studies* 24, no. 1 (January 2013): 117–26.

Gaaton, Yael. "Children Do Grow on Trees: Children in Mitzpe Ramon and the 'Forest Kindergarten.'" *Walla News*, April 19, 2016. http://news.walla.co.il/item/2954044.

Gal, Reuven. *A Portrait of the Israeli Soldier.* New York: Greenwood Press, 1986.

Geektime and Zirra. *Annual Report 2015: Startups and Venture Capital in Israel. Geektime*, January 2016. http://www.geektime.com/2016/01/11/annual-report-2015-startups-and-venture-capital-in-israel/.

Giang, Vivian. "What Kind of Leadership Is Needed in Flat Hierarchies." *Fast Company*, May 2015. https://www.fastcompany.com/3046371/the-new-rules-of-work/what-kind-of-leadership-is-needed-in-flat-hierarchies.

Churchman, Arza, and Avraham Wachman. "Kibbutz-Children Who Volunteer for a Shnat-Sherut in the Youth-Movement in the City: The Characteristics of the Experience and Its Influence on the Process of Maturation." In *Kibbutz Education in Its Environment*, edited by Yuval Dror. Ramot: Tel Aviv University, 1997.

Colleoni, E., and A. Arvidsson. "Knowledge Sharing and Social Capital Building. The Role of Co-Working Spaces in the Knowledge Economy in Milan." Unpublished report. Municipality of Milan: Office for Youth, 2014.

Corijn, Martine, and Erik Klijzing. *Transitions to Adulthood in Europe*. Dordrecht: Springer Science & Business Media, 2001.

Dachis, Adam. "The Psychology behind the Importance of Failure." *LifeHacker*, January 22, 2013. http://lifehacker.com/5978096/the-psychology-behind-the-importance-of-failure.

Dannen, Chris. "Inside GitHub's Super-Lean Management Strategy—and How It Drives Innovation." *Fast Company*, October 18, 2013. https://www.fastcompany.com/3020181/open-company/inside-githubs-super-lean-management-strategy-and-how-it-drives-innovation.

Dar, Yechezkel, and Shaul Kimhi. "Military Service and Self-Perceived Maturation among Israeli Youth." *Journal of Youth and Adolescence* 30, no. 4 (2001): 427–48.

Debriefing. "A Quick Overview of Various Debriefing Techniques." 2017. http://www.debriefing.com/debriefing-techniques/.

Deloitte Development. *2015 Global Venture Capital Confidence Survey Results: How Confident Are Investors?* New York: Deloitte, 2015.

Denegri-Knott, Janice, and Elizabeth Parsons. "Disordering Things." *Journal of Consumer Behavior* 13 (2014): 89–98.

Di Schiena, Raffaella, Geert Letens, Eileen van Aken, and Jennifer Farris. "Relationship between Leadership and Characteristics of Learning Organizations in Deployed Military Units: An Exploratory Study." *Administrative Sciences* 3 (2013): 143–65.

Doffman-Gour, Nadav. "*Matana mi-shomayim: pituchei ha-chalal shekvasu et kadur ha-aretz*" ["A gift from above: the space developments that swept earth"]. Geektime, September 2011. http://www.geektime.co.il/nasa-tech-on-earth/.

Dvorkin-Pogelman, Mor. "Children's Books: The Gangs Are Back on the Shelves." *City Mouse*, June 30, 2014. http://www.mouse.co.il/CM.articles_item,608,209,76376,.aspx.

Dweck, Tzafra. "Comparative Study of American and Israeli Teenagers' Attitudes toward Death." Master's thesis, North Texas State University, 1975.

Dyck, Noel, and Amit Vered. *Young Men in Uncertain Times*. New York: Berghahn Books, 2012.

Ecclestone, Kathryn, Gert Biesta, and Martin Hughes. *Transitions and Learning through the Life Course*. New York: Routledge, 2010.

Economist Staff. "Culture Shock for French Immigrants—in French Can-

Boroditsky, Lera. "How Does Our Language Shape the Way We Think?" *Edge*, November 6, 2009. https://www.edge.org/conversation/lera_boroditsky-how-does-our-language-shape-the-way-we-think.

Boundless Management. "Flattening Hierarchies." May 2016. http://oer2go.org/mods/en-boundless/www.boundless.com/business/textbooks/boundless-business-textbook/organizational-structure-9/trends-in-organization-68/flattening-hierarchies-321-3983/index.html/.

Boy Scouts of America. "The Adventure Plan (TAP)." https://bsatap.org/.

British Army. Army Be The Best. "Officer Recruitment Steps." https://apply.army.mod.uk/how-to-join/joining-process/officer-recruitment-steps.

Brodet, David. "Israel 2028 Vision Strategy for Economy and Society in a Global World." *Israel Science and Technology Commission and Foundation*, March 2008.

Brown, Benson Bradford, and T. S. Saraswati, eds. *The World's Youth: Adolescence in Eight Regions of the World*. Cambridge: Cambridge University Press, 2002.

Brown, Erika. "Swallow This." *Forbes*, June 10, 2002. https://www.forbes.com/forbes/2002/0610/139.html.

Brzezińska, Anna Izabela. "Becoming an Adult—Contexts of Identity Development." *Polish Psychological Bulletin* 44, no. 3 (2013): 239–44.

Buber, Martin, and Ronald Gregor Smith. *Between Man and Man*. London: Routledge, 2002.

Buell, Ryan W., Joshua D. Margolis, and Margot Eiran. "Babcom: Opening Doors." Harvard Business School Case 418-026, June 2018.

Bureau of Labor Statistics. *Entrepreneurship and the U.S. Economy*. Business Employment Dynamics, April 28, 2016. https://www.bls.gov/bdm/entrepreneurship/entrepreneurship.htm.

Catignani, Sergio. "Motivating Soldiers: The Example of the Israeli Defense Forces." *Parameters* (US Army War College Quarterly) 34, no. 3 (Autumn 2004): 108–21. https://ssi.armywarcollege.edu/pubs/parameters/articles/04autumn/catignan.pdf.

CBS Database. *Start-Up Companies in Israel 2011–2016. Findings from the CBS Database on Start-Up Companies in Israel*. May 21, 2018.

Central Bureau of Statistics. "*Se'i b'mispar ha-yetziot l'kh ul: 9.5 milion yetziot*" ["A record in the number of outbound flights: 9.5 million registered exits"]. http://www.cbs.gov.il/reader/newhodaot/hodaa_template.html?hodaa=201628007.

Chai, Shahar. "Shnat Sherut in Jeopardy: 18-Year-Olds Will Not Volunteer before the Army?" *Ynet*, August 2015. http://www.ynet.co.il/articles/0,7340,L-4691482,00.html.

Chaim, Noy. "This Trip Really Changed Me: Backpackers' Narratives of Self-Change." *Annals of Tourism Research* 31, no. 1 (2004): 78–102.

———. "'You Must Go Trek There': The Persuasive Genre of Narration among Israeli Backpackers." *Narrative Inquiry* 12, no. 2 (2002): 261–90.

———. Interviewing Adi Sharabani. Tel Aviv, July 2016.
———. Interviewing Wendy Singer. Jerusalem, June 2018.
———. Interviewing Uri Weinheber. Tel Aviv, August 2017.
———. Interviewing Nadav Zafrir, phone. October 2018.
Armée de Terre. "Quelle carrière à l'armée de Terre." https://www.sengager.fr/decouvrez-larmee-de-terre/nos-parcours.
Arnett, J. Jensen. *Debating Emerging Adulthood: Stage or Process?* New York: Oxford University Press, 2011.
———. *Emerging Adulthood: The Winding Road from the Late Teens through the Twenties.* Oxford: Oxford University Press, 2014.
———. "A Theory of Development from Late Teens through the Twenties." *American Psychologist* 55, no. 5 (2000): 469–80.
Arnett, J. Jensen, ed. *The Oxford Handbook of Emerging Adulthood.* Oxford: Oxford University Press, 2016.
Avitan, Sivan, et al. "Junkyard: Part A+B." *YouTube.* Video File. Edited by Nati Struhl. https://www.youtube.com/watch?v=nk2C5Y6DcrE, https://www.youtube.com/watch?v=hOLxgMAwwas.
Bamberger, Barbara. "Volunteer Service Draws Israeli Teens Before They Start Stints in Military." *Tablet*, June 2013. http://www.tabletmag.com/jewish-life-and-religion/133955/volunteer-service-israeli-teens.
Barber, Brian K. *Adolescence and War: How Youth Deal with Political Violence.* Oxford: Oxford University Press, 2009.
Bar-On, Naama. "Mechanisms of Chaotic Disorder: Order and Disorder as They Are Created and Alternated by Members of System." *Atidnet.* http://www.amalnet.k12.il/MADATEC/articles/B7_00003.asp.
Bartone, Paul T., and Amy B. Adler. "Event-Oriented Debriefing Following Military Operations: What Every Leader Should Know." In *Research for the Soldier.* Washington, DC: USAMRU-E US Army Medical Research Unit-Europe, 2015.
Becker, Ada, and Lizi Davidi. "Organizing the Educational Environment." http://www.gilrach.co.il, July 2000.
Ben-Haim, Gitit. "Junkyard." http://web.macam.ac.il/~tamarli/gitit/index.htm.
Ben Yosef, Tashi. Interview by Shira Rivelis. Tel Aviv, September/October 2016.
Berkowitz, David. "1.6 Degrees of Separation." *Social Media Insider*, June 5, 2012. https://www.mediapost.com/publications/article/176182/16-degrees-of-separation.html.
Bertele, Aviv. "*Mechaker: Tiyul acharei ha-tzvah machria b'bchirat to'ar*" ["Research: post army trip is a decisive factor in choosing an academic degree"]. *Ynet*, February 26, 2014. http://www.ynet.co.il/articles/0,7340,L-4492098,00.html.
Bhagat, Smriti, et al. "Three and a Half Degrees of Separation." *Facebook*, February 4, 2016. https://research.fb.com/three-and-a-half-degrees-of-separation/.

参考文献

Abrahamson, Eric, and David H. Freedman. *A Perfect Mess: The Hidden Benefits of Disorder—How Crammed Closets, Cluttered Offices, and On-the-Fly Planning Make the World a Better Place.* New York: Little, Brown, 2006.
エリック・エイブラハムソン、デイヴィッド・H・フリードマン『だらしない人ほどうまくいく』(文藝春秋刊) 田村義進、青木千鶴訳、2007

Aderet, Ofer. "Erika Landau, Educator Who Stressed Learning through Emotion, Dies." *Haaretz*, August 6, 2013. http://www.haaretz.com/israel-news/1.540088.

Alon, Narkis. Interview by Shira Rivelis. September 2016.

Altshuler, Yaniv. "Complex Networks." *Social Physics*, January 15, 2014. http://socialphysics.media.mit.edu/blog/2015/8/4/complex-networks.

———. "Hubs and Centers of Information." *Social Physics*, January 19, 2014. http://socialphysics.media.mit.edu/blog/2015/8/4/hubs-and-centers-of-information.

———. "Networks." *Social Physics*, January 14, 2014. http://socialphysics.media.mit.edu/blog/2015/8/4/networks.

———. "Six Degrees of Separation." *Social Physics*, January 18, 2014. http://socialphysics.media.mit.edu/blog/2015/8/4/six-degrees-of-separation-1.

———. "Small World Networks." *Social Physics*, January 17, 2014. http://socialphysics.media.mit.edu/blog/2015/8/4/small-world-networks.

Amplifier. "Krembo Wings: A Youth Movement for Children with and without Disabilities." https://www.krembo.org.il/.

Anderson, Stuart. "40 Percent of Fortune 500 Companies Founded by Immigrants or Their Children." *Forbes*, June 19, 2011. http://www.forbes.com/sites/stuartanderson/2011/06/19/40-percent-of-fortune-500-companies-founded-by-immigrants-or-their-children/#13f9c6827a22.

Arieli, Inbal. Interviewing Yonatan Adiri. Tel Aviv, December 2018.

———. Interviewing Professor Ran Balicer. Tel Aviv, November 2018.

———. Interviewing Guy Franklin. June 2017.

———. Interviewing Micha Kaufman. Tel Aviv, September 2018.

———. Interviewing Chemi Peres. Tel Aviv, November 2017.

———. Interviewing Kira Radinsky. Tel Aviv, September 2018.

———. Interviewing Guy Ruvio. Tel Aviv, May 2015.

———. Interviewing Yair Seroussi. Tel Aviv, November 2018.

———. Interviewing Darya Henig Shaked. June 2017.

第15章　スキルとネットワークの活用

＊1 World Economic Forum, *The Future of Jobs: Employment, Skills and Workforce Strategy for the Fourth Industrial Revolution*, Global Challenge Insight Report, January 2016.

＊2 Dov Moran, interviewed by Arieli Inbal, Tel Aviv, September 2016.

第16章　世界を舞台に

＊1 United Nations Statistics Division, "International Migration," United Nations, 2017, https://unstats.un.org/unsd/demographic/sconcerns/migration/migrmethods.htm.

＊2 Shmuel Shulman, "The Extended Journey and Transition to Adulthood: The Case of Israeli Backpackers," *Journal of Youth Studies* 9, no. 2 (May 2006): 231–46.

＊3 Herb Keinon, "Using the Power of Israeli Backpackers to Help the World," *Jerusalem Post*, October 17, 2016, http://www.jpost.com/Israel-News/Using-the-power-of-Israeli-backpackers-to-help-the-world-470232.

＊4 Yasmin Lukatz, interviewed by Arieli Inbal, Tel Aviv, June 2017.

＊5 Darya Henig Shaked, interviewed by Arieli Inbal, Tel Aviv, June 2017.

＊6 *Human Capital Survey Report 2018*, Israel Innovation Authority, https://www.dropbox.com/s/2cesfwevfpddgem/2018%20Human%20Capital%20Report.pdf?dl=0.

第17章　どうにかなるさ

＊1 Imad Telhami, interviewed by Arieli Inbal, Tel Aviv, November 2018.

＊2 Chemi Peres, interviewed by Arieli Inbal, Tel Aviv, November 2017.

70, no. 3 (2010): 378–89.

＊4 Tim Kastelle, "Hierarchy Is Overrated," *Harvard Business Review*, November 20, 2013, https://hbr.org/2013/11/hierarchy-is-overrated.

＊5 Jason Fried, "Why I Run a Flat Hierarchy," *Inc.*, April 2011, http://www.inc.com/magazine/20110401/jason-fried-why-i-run-a-flat-company.html.

＊6 Christy Rakoczy, "Advantages of a Flat Organizational Structure," *Love to Know*, August 2010, http://business.lovetoknow.com/wiki/Advantages_of_a_Flat_Organizational_Structure.

＊7 Pascal-Emmanuel Gobry, "7 Steps the US Military Should Take to Be More Like the IDF," *Forbes*, August 25, 2014, http://www.forbes.com/sites/pascalemmanuelgobry/2014/08/25/7- steps-the-us-military-should-take-to-be-more-like-the-idf/#741acd8ef834.

第14章　即興力と最適化を求めて

＊1 Noam Sharon, interviewed by Rivelis Shira by phone, October 2016.

＊2 Uri Weinheber, interviewed by Arieli Inbal, Tel Aviv, August 2017.

＊3 Written in collaboration with Matan Edvy, cofounder and CEO of Verstill, Israeli Air Force major (reserve).

＊4 Steven Pressfield, *The Lion's Gate: On the Front Lines of the Six Day War* (New York: Penguin Publishing Group, 2015).

＊5 George P. Huber and William H. Glick, eds., *Organizational Change and Redesign* (Oxford: Oxford University Press, 1995).

＊6 Gilbert Ryle, "Improvisation," *Mind* 85, no. 337 (1976): 69–83.

＊7 Karl E. Weick, "Introductory Essay—Improvisation as a Mindset for Organizational Analysis," *Organization Science* 9, no. 5 (1998): 543–55.

＊8 Christine Moorman and Anne S. Miner, "Organizational Improvisation and Organizational Memory," *Academy of Management Review* 23, no. 4 (October 1998): 698–723.

第11章　人的資本について

*1 Wikipedia, "Israel Defense Forces," https://en.wikipedia.org/wiki/Israel_Defense_Forces.

第12章　文化について

*1 Anthony Kellett, *Combat Motivation: The Behavior of Soldiers in Battle*, ed. James P. Ignizio (Dordrecht: Springer Netherlands, 1982).

*2 Sergio Catignani, "Motivating Soldiers: The Example of the Israeli Defense Forces," *Parameters* (Autumn 2004): 108–21, http://strategicstudiesinstitute.army.mil/pubs/parameters/articles/04autumn/catignan.pdf.

*3 Ronald Krebs, "A School for the Nation? How Military Service Does Not Build Nations, and How It Might," *International Security* 28, no. 4 (2004): 85–124.

*4 Louis D. Williams, *The Israel Defense Forces: A People's Army* (New York: Authors Choice Press, 2000).

*5 Moshe Sherer, "Rehabilitation of Youth in Distress through Army Service: Full, Partial, or Non-Service in the Israel Defense Forces—Problems and Consequences," *Child & Youth Care Forum* 27, no. 1 (1998): 39–58.

*6 Ori Swed and John Sibley Butler, "Military Capital in the Israeli Hi-tech Industry," *Armed Forces & Society* 41, no. 1 (2015): 123–41.

*7 Nir Lempert, interviewed by Shira Rivelis, Tel Aviv, February 12, 2017.

第13章　マネジメントについて

*1 Edward Luttwak, quoted in *Start-up Nation: The Story of Israel's Economic Miracle*, ed. Dan Senor and Saul Singer (New York: Hachette Book Group, 2009), 53–58.

*2 Nadav Zafrir, interviewed by Arieli Inbal by phone, October 2018.

*3 Yagil Levy, "The Essence of the Market Army," *Public Administration Review*

＊3 Tzofim, "Who We Are," http://www.zofim.org.il/magazin_item.asp?item_id=696909405721&troop_id=103684.

＊4 Tsahi Ben Yosef, interviewed by Shira Rivelis, Tel Aviv, September/October 2016.

＊5 Keith Sawyer, "Improvisational Creativity as a Model for Effective Learning," in *Improvisation: Between Technique and Spontaneity*, ed. Marina Santi (Newcastle upon Tyne: Cambridge Scholars Publishing, 2010), 135–53.

＊6 Yair Seroussi, interviewed by Arieli Inbal, Tel Aviv, November 2018.

＊7 Janusz Korczak, "9 tzitutim meorerey hashra'a shel Janusz Korczak, ha' mechanech haultimativy" [9 inspirational quotes by Janusz Korczak, the ultimate educator], https://www.eol.co.il/articles/323#, accessed February 2019.

＊8 Narkis Alon, interviewed by Shira Rivelis, Tel Aviv, September 2016.

第9章　若者たちに任せる

＊1 Tara Lifland, "Krembo Wings: A Youth Movement Led by Children for Disabled Children," NoCamels, December 12, 2012, http://nocamels.com/2012/12/krembo-wings-a-social-movement-led-by-children-for-disabled-children/.

＊2 Sharin Fisher, interviewed by Shira Rivelis, Tel Aviv, October 2016.

＊3 Darya Henig Shaked, interviewed by Arieli Inbal, June 2017.

＊4 Sagy Bar, interviewed by Arieli Inbal, Tel Aviv, July 2016.

第10章　社会的資源としての若者

＊1 Barbara Bamberger, "Volunteer Service Draws Israeli Teens Before They Start Stints in Military," *Tablet*, June 7, 2013, http://www.tabletmag.com/jewish-life-and-religion/133955/volunteer-service-israeli-teens.

＊2 Izhar and Shir Shay, interviewed by Rivelis Shira, Tel Aviv, July 2016.

第6章　失敗は選択肢の一つ

＊1　Jerry Useem, "Failure: The Secret of My Success," *Inc.*, May 1, 1998.

＊2　Jerry Useem, "The Secret of My Success," *United Marine Publications* 20, no. 6 (1979).

＊3　Michael Jordan, *Wikiquote*, https://en.wikiquote.org/wiki/Michael_Jordan.

＊4　Laura M. Miele, "The Importance of Failure: A Culture of False Successes," *Psychology Today*, March 12, 2015, https://www.psychologytoday.com/blog/the-whole-athlete/201503/the-importance-failure-culture-false-success.

＊5　Kathryn Tyler, "The Tethered Generation," Holy Cross Energy Leadership Academy, *HR Magazine*, May 1, 2007, https://www.shrm.org/hr-today/news/hr-magazine/pages/0507cover.aspx.

＊6　Adam Dachis, "The Psychology Behind the Importance of Failure," *LifeHacker*, January 22, 2013, http://lifehacker.com/5978096/the-psychology-behind-the-importance-of-failure.

＊7　Vince Lombardi, *Good Reads*, https://www.goodreads.com/quotes/31295-it-s-not-whether-you-got-knocked-down-it-s-whether-you.

第7章　不確実性について

＊1　InterNations, "Expat Insider." Family Life Index 2018, https://www.internations.org/expat-insider/2018/family-life-index-39591.

＊2　Kelly McGonigal, "How to Make Stress Your Friend," *TED Ideas Worth Spreading*, video file, June 2013, https://www.ted.com/talks/kelly_mcgonigal_how_to_make_stress_your_friend/transcript?language=en#t-530180.

第8章　リスクに満ちたマネジメント

＊1　Boy Scouts of America, "Youth," https://www.scouting.org/.

＊2　Scouts, "Scouts Be Prepared," http://scouts.org.uk/home/.

Immigrants or Their Children," *Forbes*, June 19, 2011, http://www.forbes.com/sites/stuartanderson/2011/06/19/40-percent-of-fortune-500-companies-founded-by-immigrants-or-their-children/#13f9c6827a22.

＊4 Kira Radinsky, interviewed by Arieli Inbal, Tel Aviv, September 2018.

＊5 Paul Graham, "What It Takes," *Forbes*, October 20, 2010, https://www.forbes.com/forbes/2010/1108/best-small-companies-10-y-combinator-paul-graham-ask-an-expert.html#22e0cc71acad.

第5章　自由を求めて

＊1 Roger Hart, "Environmental Psychology or Behavioral Geography? Either Way It Was a Good Start," *Journal of Environmental Psychology* 7, no. 4 (December 1987): 321–29, https://www.sciencedirect.com/science/article/abs/pii/S0272494487800051.

＊2 Kathryn Tyler, "The Tethered Generation," Holy Cross Energy Leadership Academy, *HR Magazine*, May 1, 2007, https://www.shrm.org/hr-today/news/hr-magazine/pages/0507cover.aspx.

＊3 John Mark Froiland, "Parents' Weekly Descriptions of Autonomy Supportive Communication: Promoting Children's Motivation to Learn and Positive Emotions," *Journal of Child and Family Studies* 24, no. 1 (January 2013): 117–26.

＊4 Richard A. Fabes, Jim Fultz, Nancy Eisenberg, et al., "Effects of Rewards on Children's Prosocial Motivation: A Socialization Study," *Developmental Psychology* 25, no. 4 (July 1989): 509–15.

＊5 World Economic Forum, *The Global Competitiveness Report: 2015–2016*, ed. Klaus Schwab (Geneva: World Economic Forum, 2016).

＊6 Guy Ruvio, interviewed by Arieli Inbal, Tel Aviv, May 2015.

＊7 Adi Sharabani, interviewed by Arieli Inbal, Tel Aviv, July 2016.

＊8 Erika Landau Institute, "The Erika Landau Institute Home Page," http://ypipce.org.il/?page_id=11.

＊9 Professor Ran Balicer, interviewed by Arieli Inbal, Tel Aviv, November 2018.

Planning Make the World a Better Place (New York: Little, Brown, 2006).
邦訳：エリック・エイブラハムソン，デイヴィッド・H・フリードマン『だらしない人ほどうまくいく』(文藝春秋，2007)

＊4 Janice Denegri-Knott and Elizabeth Parsons, "Disordering Things," *Journal of Consumer Behavior* 13 (2014): 89–98.

第3章　火遊びで学ぶ

＊1 Kim Kovelle, "Tips to Teach Kids How to Build a Campfire," *MetroParent*, July 27, 2018, http://www.metroparent.com/daily/family-activities/camping/build-campfire-tips-teach-kids/.

＊2 Ke'Tara Wells, "Recess Time in Europe vs America," *Click2Houston*, March 10, 2016, http://www.click2houston.com/news/recess-time-in-europe-vs-america.

＊3 Lawrence E. Williams and John A. Bargh, "Experiencing Physical Warmth Promotes Interpersonal Warmth," *Science* 322, no. 5901 (2008): 606–7, http://www.ncbi.nlm.nih.gov/pmc/articles/PMC2737341/.

＊4 Micha Kaufman, interviewed by Inbal Arieli, Tel Aviv, September 20, 2018.

＊5 Ruth Umoh, "Jeff Bezos' Wife Would Rather Have a Child with 9 Fingers than One That Can't Do This," CNBC, November 21, 2017, https://www.cnbc.com/2017/11/20/how-jeff-bezos-teaches-his-kids-resourcefulness.html.

第4章　「We」の中に「I」がいる

＊1 Datia Ben Dor, "My Land of Israel," https://ulpan.com/israeli-music/%D7%90%D7%A8%D7%A5-%D7%99%D7%A9%D7%A8%D7%90%D7%9C-%D7%A9%D7%9C%D7%99-my-land-of-israel/.

＊2 Matthew J. Hornsey and Jolanda Jetten, "The Individual within the Group: Balancing the Need to Belong with the Need to Be Different," Personality and Social Psychology Review 8, no. 3 (2004): 248–64.

＊3 Stuart Anderson, "40 Percent of Fortune 500 Companies Founded by

原 註

イントロダクション

＊1 Warren Buffett, quoted in Israel Ministry of Foreign Affairs, https://mfa.gov.il/MFA/Quotes/Pages/Quote-27.aspx.

＊2 Yonatan Adiri, interviewed by Arieli Inbal, December 2018.

＊3 Jack Ma, Opening of the Israeli Innovation Center and the prime minister's Israeli Innovation Summit, Tel Aviv, October 25, 2018.

第1章　ガラクタと遊ぶ

＊1 Malka Haas, "Children in the Junkyard," *Association for Childhood Education International* 73, no. 1 (1966).

＊2 Isobel Van der Kuip and Ingrid Verheul, *Early Development of Entrepreneurial Qualities: The Role of Initial Education* (Zoetermeer: EIM, Small Business Research and Consultancy, 1998).

＊3 Amnon Zilber and Michal Korman, "The Junkyard as Parable," *Magazine of the Design Museum*, Holon, 2014.

第2章　「バラガン」を歓迎する

＊1 Albert Einstein, quoted in David Burkus, "When to Say Yes to the Messy Desk," *Forbes*, May 2014, https://www.forbes.com/sites/davidburkus/2014/05/23/when-to-say-yes-to-the-messy-desk/#54b681781fdc.

＊2 Penelope Green, "Saying Yes to Mess," *New York Times*, December 21, 2006, http://www.nytimes.com/2006/12/21/garden/21mess.html?pagewanted=print&_r=1.

＊3 Eric Abrahamson and David H. Freedman, *A Perfect Mess: The Hidden Benefits of Disorder—How Crammed Closets, Cluttered Offices, and On-the-Fly*

[著者プロフィール]

インバル・アリエリ　INBAL ARIELI

イスラエル生まれ。フツパ精神とひよこ豆をペースト状にしたイスラエル料理フムスで育つ。テルアビブ大学法学士、経済学士、MBA（経営学修士）。米国のNSA（国家安全保障局）に相当するイスラエル国防軍（IDF）のエリート諜報部隊である8200部隊の中尉時代に起業家活動のスキルを修得。軍役を離れた後、20年間にわたりイスラエルのテクノロジー分野で指導的な役割を担い、イノベーター育成のための一連のプログラムを創設。現在は、IDFを退役した専門家と共同で設立したコンサルティング会社、シンセシス社（Synthesis）の共同CEO（最高経営責任者）を務め、リーダシップの評価・開発、エグゼクティブサーチ、コーチングなどを行っている。その他、スタートアップ・ネーション・セントラル（Start-Up Nation Central）やバースライト・イスラエル・エクセル（Birthright Israel Excel）、ワイツマン科学研究所の起業家養成プログラム、スタートアップ学習プログラムのSCOLA、8200部隊の起業支援プログラムなどのボードメンバー（取締役）やシニアアドバイザー（顧問）も務める。夫とやんちゃな３人の息子とテルアビブ在住。https://chutzpahcenter.com/

[訳者プロフィール]

前田恵理　まえだ えり

福岡県生まれ。幼少期より父親の仕事の関係でワシントンDC、ニューヨーク等で過ごす。早稲田大学人間科学部卒業。Stanford Graduate School of Business LEAD Program修了。独立系投資銀行にてM&Aアドバイザリー業務、プライベート・エクイティ・ファンド、ベンチャー・ファンド及びベンチャー企業などに関連したオルタナティブ投資及び投資家紹介業務に従事。現在は独立系業務改善コンサルティング会社にて幅広くコンサルティング業務に従事している。国内及びアメリカ、イスラエルの起業家や投資家とのネットワークをもつ。2018年、米国フィッシュ・ファミリー財団主催の女性リーダー育成のためのJapanese Women's Leadership Initiativeに選抜され、ボストンで4週間にわたる女性起業家養成プログラムを受講、現在同プログラムのフェロー。2019年、文部科学省支援アントレプレナー育成武者修行プログラムに選抜され、約３週間イスラエルにて多くのベンチャー企業を訪問し、同国の起業家活動の実態を調査。この際に本書の著者と出会う。横浜市在住。

起業家精神《きぎょうかせいしん》のルーツ
CHUTZPAH《フツパ》
イスラエル流“やり抜く力”の源を探る

2021年4月3日　初版発行

著　　者　インバル・アリエリ
訳　　者　前田恵理
発 行 者　小林圭太
発 行 所　株式会社CCCメディアハウス
〒141-8205
東京都品川区上大崎3丁目1番1号
☎03-5436-5721（販売）
☎03-5436-5735（編集）
http://books.cccmh.co.jp

ブックデザイン　轡田昭彦＋坪井朋子
印刷・製本　豊国印刷株式会社

ISBN978-4-484-21104-6